미니 바둑 퍼즐

사고력과 집중력을 높이는 신개념 두뇌 트레이닝

미니 바둑 퍼즐

전기현 지음

삼호미디어
samho MEDIA

본래 바둑은 19줄로 된 바둑판을 사용하지만 우리가 이 책에서 함께 도전할 미니 바둑 퍼즐은 그보다 훨씬 작은 바둑판을 사용합니다. 아래와 같은 가로와 세로가 각각 3줄, 4줄, 5줄로 된 미니 바둑판이 바로 그것입니다.

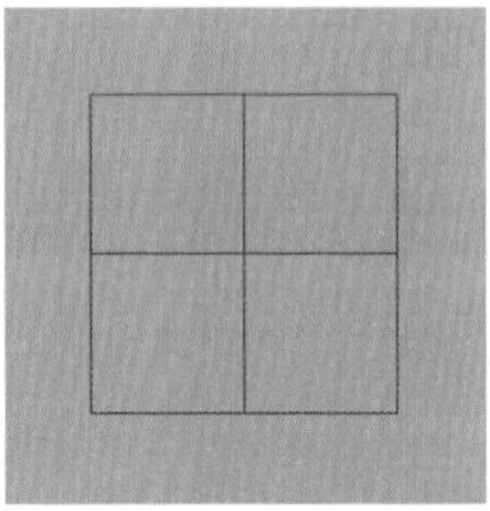
3줄 바둑 퍼즐판

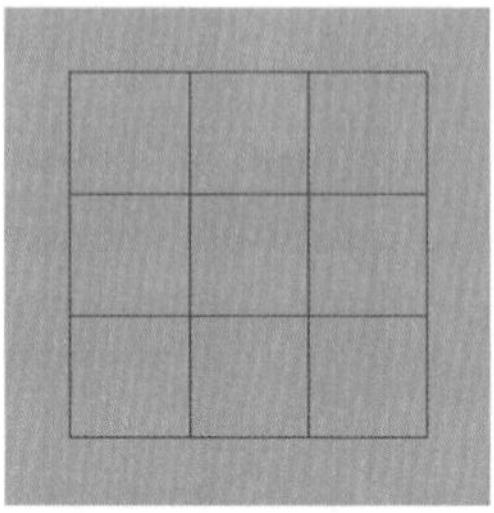
4줄 바둑 퍼즐판

5줄 바둑 퍼즐판

얼핏 보면 간단하고 쉬워 보이지만 의외로 이 안에서 다채로운 변화들이 많이 일어납니다. 쉽고 재미있게 풀 수 있는 간단한 기초 문제부터 오랫동안 고민해야 해결책이 보이는 문제까지 여러 수준의 문제들이 이 도서에 담겨 있습니다.

미니 바둑 퍼즐은 이름에서도 알 수 있듯이 바둑의 기초적인 개념으로부터 시작됩니다. 하지만 바둑을 몰라도 미니 바둑 퍼즐을 즐기는 데는 전혀 지장이 없습니다. 복잡한 영토싸움으로 귀결되는 19줄 바둑과는 다르게 미니 바둑 퍼즐은 주어진 모양의 퍼즐을 완성하는 것이 주목적입니다. 때문에 기존 바둑에 대한 배경지식이 없더라도 본문에서 소개하는 기본 규칙만 익히면 재미있고 무궁무진한 변화를 체험해볼 수 있습니다.

미니 바둑 퍼즐은 시간과 장소에 구애받지 않고 언제 어디서나 즐길 수 있습니다. 예를 들어 오고 가는 지하철이나 버스 등에서도 손쉽게 펼쳐서 풀어볼 수 있는 것이 미니 바둑 퍼즐의 큰 장점입니다. 그리고 미니 바둑 퍼즐은 머릿속으로 충분히 즐길 수 있어 특별한 준비물이 필요 없다는 이점도 있습니다. 머릿속으로 여러 가지 퍼즐의 변화도를 그려보는 과정을 통해 집중력과 사고력이 계발될 수 있기에 바둑판에 직접 놓아보기보다 머리로만 집중해서 풀어보기를 권합니다. 물론 퍼즐 문제가 너무 어렵고 힘들 때는 바둑판에 직접 돌을 놓아보거나 정답을 미리 살펴보아도 괜찮습니다. 꼭 정답을 맞히지 않더라도 깊게 생각하는 과정 속에서 사고력과 집중력은 충분히 신장될 수 있기 때문입니다.

일본 문부성 연구 자료에 의하면 사람이 바둑을 둘 때 뇌의 신경세포가 전체적으로 넓게 사용되고, 신경세포 간의 연결이 튼튼해진다고 합니다. 따라서 미니 바둑 퍼즐을 푸는 일련의 과정 속에서 뇌의 활동이 무척 활발해지고 사고력과 집중력이 고도로 발휘될 수 있습니다. 하루 자투리 시간 중 10~20분 정도를 퍼즐 풀이에 활용해보세요. 분명히 그만큼 뇌의 기능이 활성화될 것입니다.

정서적인 측면에서 살펴보아도 효과는 뚜렷합니다. 미니 바둑 퍼즐 풀이에 집중하는 과정을 통해 정서적 안정화를 도모할 수 있으며, 반복되는 실패 속에서 결국 답을 도출해내는 과정을 겪으면서 인내심과 짜릿한 성취감도 얻을 수 있습니다.

이 책을 통해 부디 여러분이 미니 바둑 퍼즐의 장점과 효과들을 직접 느끼고 즐길 수 있기를 바랍니다. 아울러 미니 바둑 퍼즐이 여러분의 건전한 취미로서 늘 옆자리에 함께하길 소망합니다.

끝으로 이 책의 출간을 위해 성심껏 도와주신 출판사 직원 여러분과 책의 완성을 위해 많은 조언을 아낌없이 건네주신 프로기사 김강근 七단, 김병준 三단 사범님께 깊은 고마움과 감사의 말씀을 전합니다.

2019년 2월

전기현

차례

미니 바둑 퍼즐 기본 규칙

3줄 바둑 퍼즐

초급 ●

중급 ●●

4줄 바둑 퍼즐

5줄 바둑 퍼즐

CHAPTER 1

미니 바둑 퍼즐 기본 규칙

1 가로 선과 세로 선이 만나는 점에 돌을 놓습니다

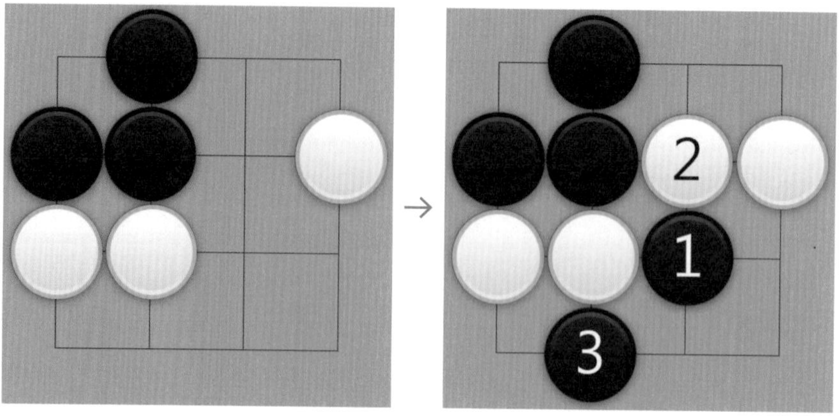

미니 바둑 퍼즐은 가로 선과 세로 선이 만나는 지점에만 돌을 놓을 수 있습니다. 모든 문제는 주어진 모양으로부터 항상 흑(검은 돌)이 먼저 시작하고 흑의 입장에서 문제를 해결합니다. 백(하얀 돌)은 가상의 상대로서 언제나 최선의 응수를 한다고 생각하고 퍼즐을 풀어보세요.

TIP 각 퍼즐 문제에서 주어진 흑돌과 백돌의 개수는 서로 다를 수가 있습니다.

2 각각의 돌은 사방으로 나아가거나 서로 이어질 수 있습니다

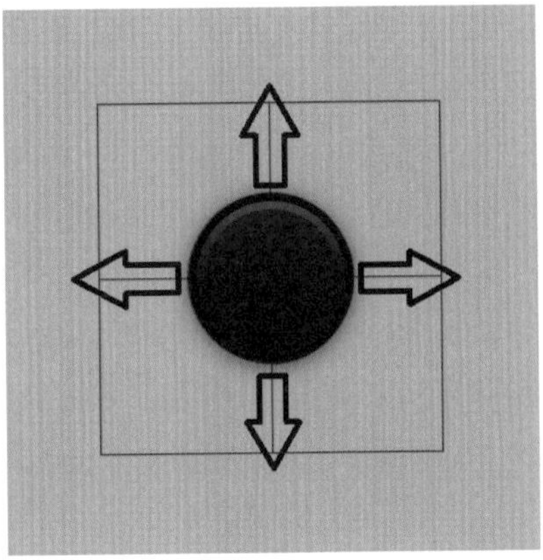

각각의 바둑돌은 선을 따라 상하좌우로 나아갈 수 있고, 자신의 돌을 연결할 수 있는 '활로[1]'를 가지고 있습니다.

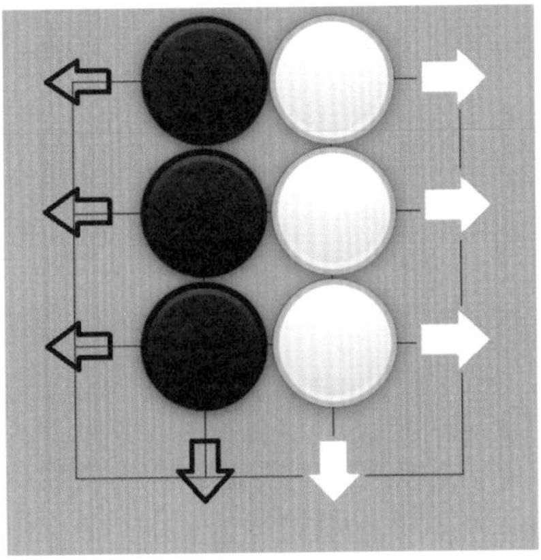

바둑돌은 모양과 개수에 따라 활로가 다양합니다. 왼쪽 예시에서 흑과 백은 각각 4개의 활로를 가지고 있습니다. 개수가 늘어난 만큼 활로의 수도 함께 늘어난 것이지요.

1 돌이 상하좌우로 뻗어 나갈 수 있는 길

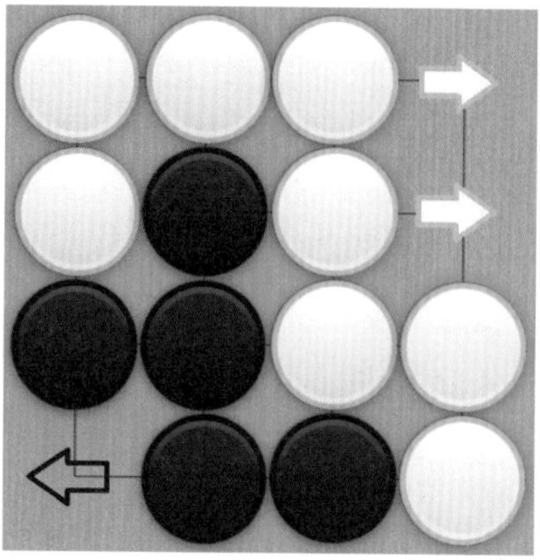

활로는 상대방의 돌과 서로 겹칠 수도 있고 모양이 복잡할 때는 여러 방향으로 걸쳐 있을 수도 있습니다. 왼쪽의 예시를 보면 흑은 1개의 활로, 백은 2개의 활로를 가지고 있는데, 미니 바둑 퍼즐에서는 활로의 수가 많을수록 유리합니다.

TIP	바둑판의 각 모서리 끝은 낭떠러지와 같습니다. 따라서 낭떠러지 쪽은 돌이 나아갈 수 없는 길이라고 생각하면 됩니다.

3 상대방의 돌을 둘러싸면 따냅니다

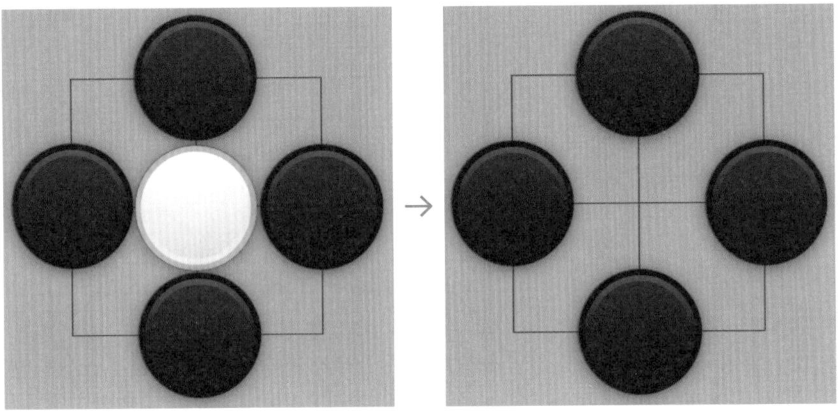

흑 → 백의 순서로 번갈아 돌을 놓다가 흑돌이 백돌을 사방으로 둘러싸면 그 안에 놓인 백돌을 모두 즉시 따냅니다. 마치 포로로 잡아가듯 말이죠. 반대로 백돌이 흑돌을 둘러싸면 흑돌이 포로로 잡혀가게 됩니다.

TIP 상대방의 돌을 포로로 잡으려면 이불로 꽁꽁 싸매듯 빈틈없이 활로를 둘러싸야 합니다. 빈틈이 한 군데라도 있을 때는 잡을 수가 없습니다.

여기에서 한 가지 중요한 개념이 있습니다. 바로 '단수'라는 개념인데, 이는 상대방의 돌을 둘러싸기 직전의 모습을 말합니다. 아래의 예시는 흑돌이 백돌을 단수치는 상황입니다. 단수는 내가 칠 수도 있지만 거꾸로 당할 수도 있기 때문에 모양을 잘 익혀두고 주의해야 합니다.

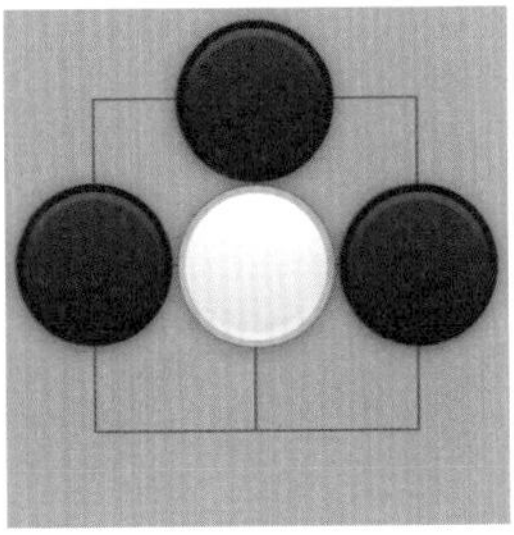

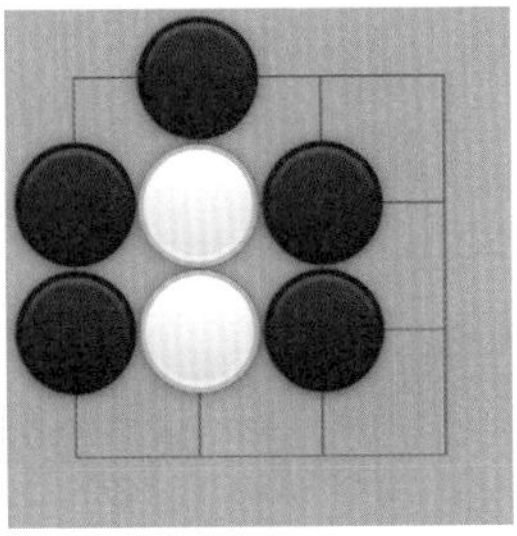

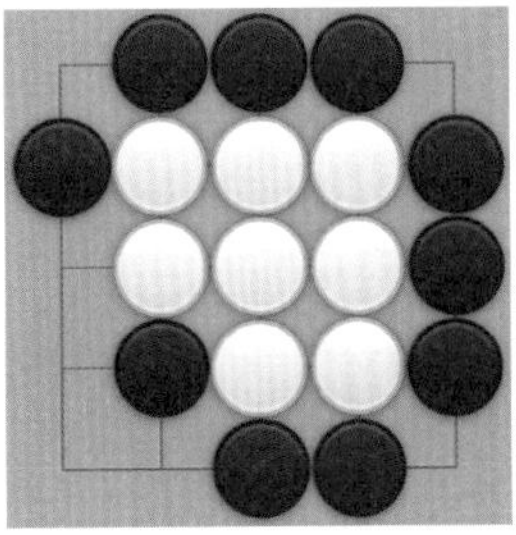

4 돌을 놓을 수 없는 곳이 있습니다

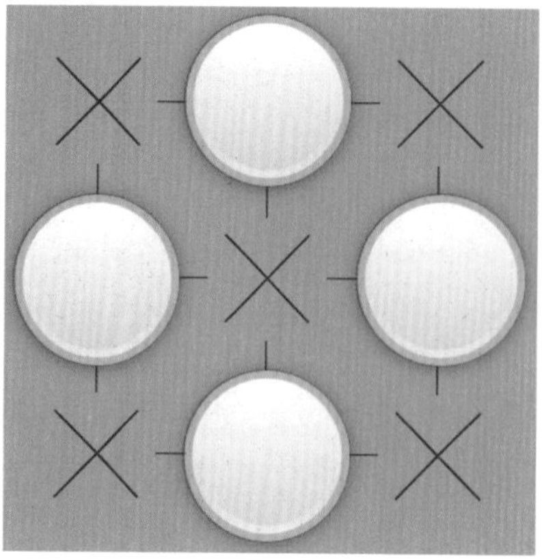

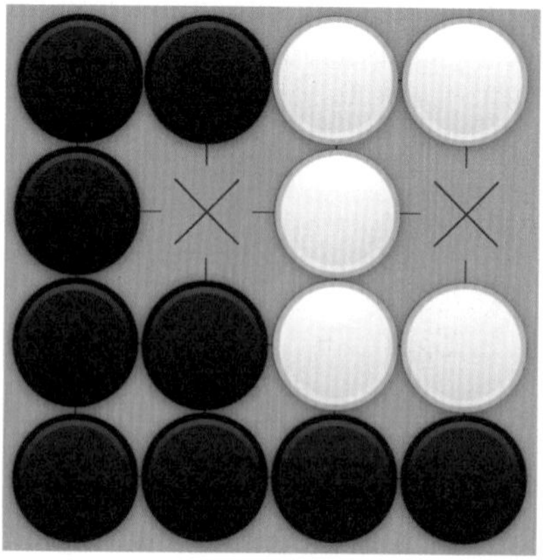

상대방의 돌로 이미 사방의 활로가 모두 막혀있거나 스스로 자신의 활로를 모두 없애는 자리에는 돌을 놓을 수가 없습니다. 어차피 놓아도 바로 잡히게 되는 꼴이라 '착수[2]'가 금지되는 것이죠. 따라서 위 예시와 같은 상황에서는 ×로 표시된 부분에 흑돌을 놓을 수가 없습니다.

2 미니 바둑판 위에 돌을 놓는 것을 말함

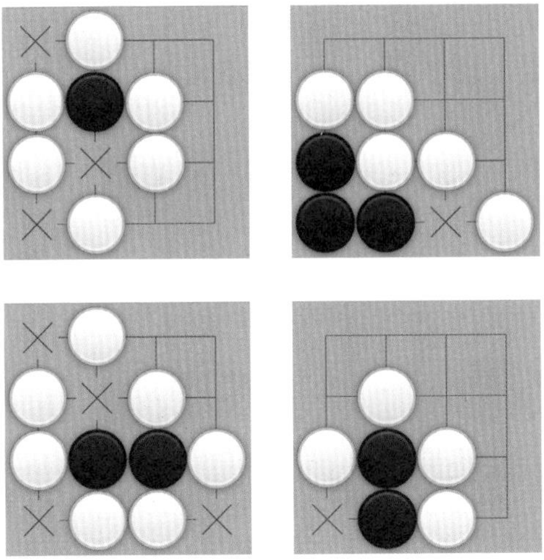

마찬가지로 위 예시에서 ×로 표시된 부분에도 흑돌을 놓을 수가 없습니다. 놓는 순간 사방이 빈틈없이 막히기 때문입니다. 그런데 한 가지 예외의 상황이 있습니다. 과연 어떤 상황일까요?

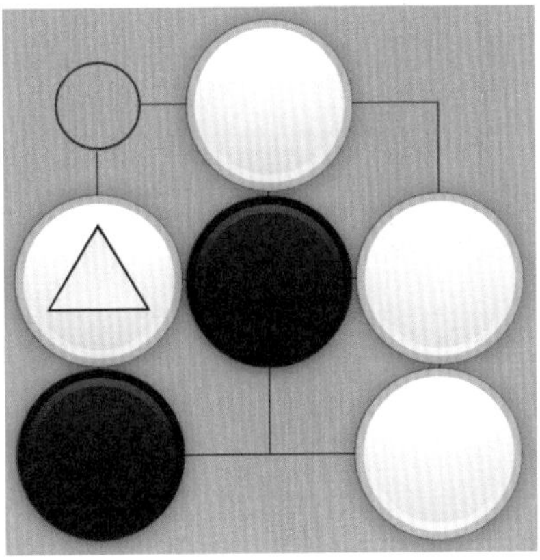

바로 상대방의 돌을 따낼 수 있는 경우입니다. 왼쪽의 예시를 보면 흑의 입장에서 ○자리는 백돌에 의해 사방이 막혀있지만, △자리에 있는 백돌을 따낼 수 있기에 둘 수가 있습니다. 앞서 말했듯이 상대방의 돌을 둘러싸면 그 즉시 바둑판에서 사라지게 할 수 있기 때문이죠.

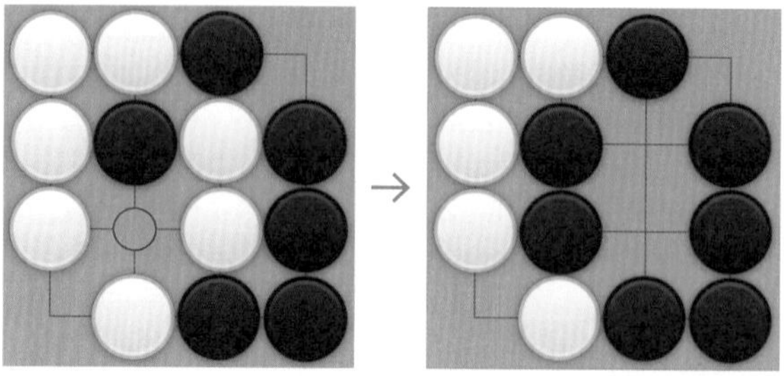

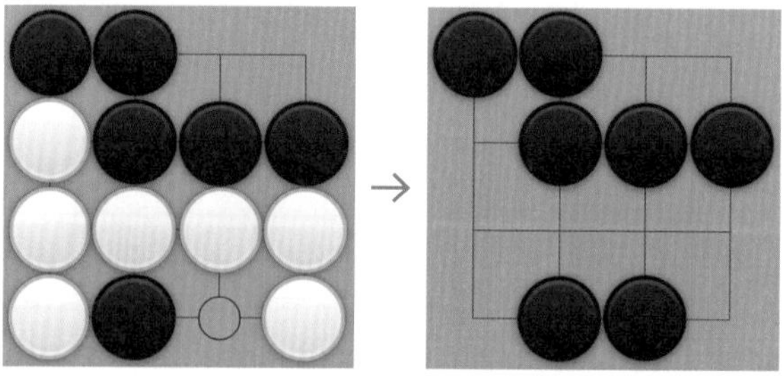

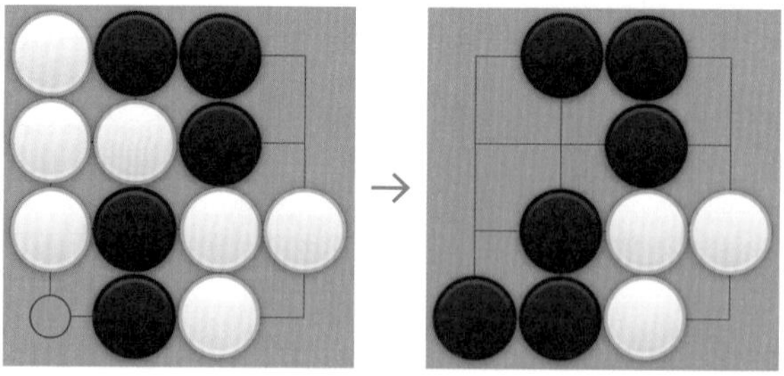

위 예시에서 ○표시가 되어 있는 부분은 흑의 입장에서 사방이 막힌 자리이지만, 백돌을 따낼 수 있기에 둘 수가 있는 자리입니다. 이러한 모양을 잘 익혀두면 퍼즐을 푸는 데 많은 도움이 될 수 있습니다.

5 '패'의 모양에서는 바로 이어서 둘 수 없습니다

'패'는 서로가 상대방의 돌 1개를 번갈아 따냈을 때 같은 모양이 반복되는 것을 말합니다. 다음의 예시가 바로 패의 모양이라고 할 수 있습니다.

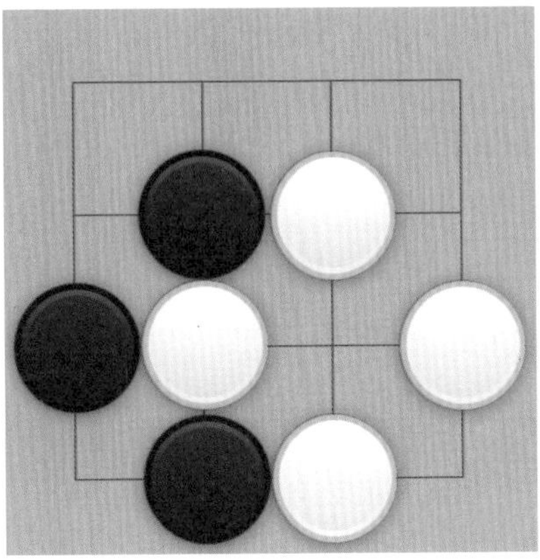

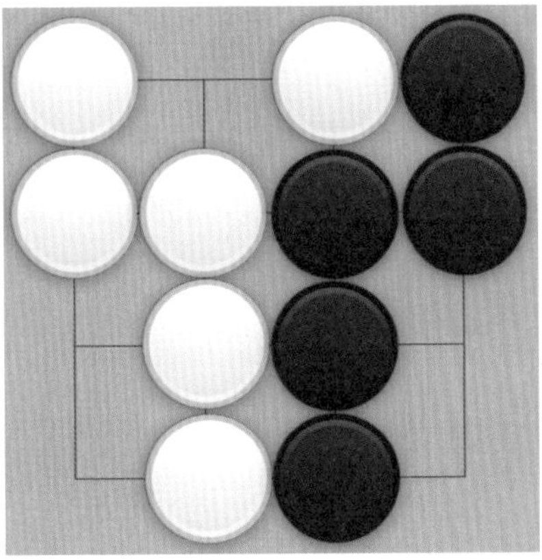

만약 바둑판에서 패의 모양이 나왔을 때는 모양이 반복되는 자리에 돌을 바로 연속해서 둘 수 없습니다. 이어 두는 쪽에서는 다른 곳에 한 번 두고 난 후 그다음 차례에 비로소 둘 수 있습니다.

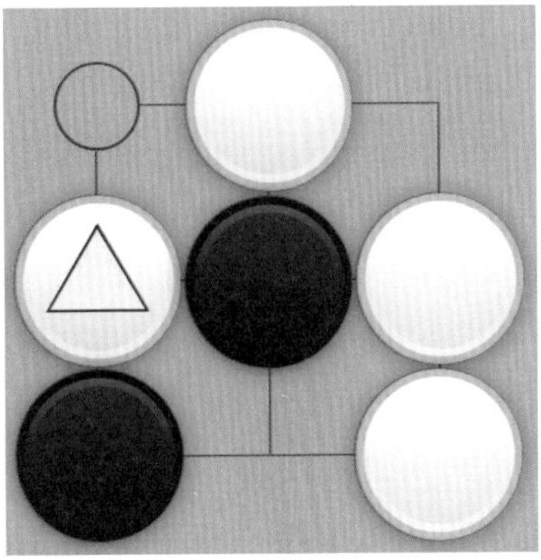

15p에서 보았던 예시를 다시 보겠습니다. ○부분이 바로 패의 모양입니다. 여기에서 흑이 ○자리에 두면 △자리에 있는 백돌을 따낼 수가 있습니다.

이어서 백의 차례입니다. 서로가 번갈아서 돌 1개를 따냈을 때, 같은 모양이 반복되는 자리에는 연속해서 둘 수가 없으므로 백은 흑 ❶을 곧바로 따낼 수가 없습니다. 만약에 백이 흑 ❶을 곧바로 따낼 수 있게 된다면 어떻게 될까요?

이렇게 다시 처음 모양으로 돌아오게 됩니다. 여기에서 흑이 백 ②를 또 따내면 똑같은 모습이 계속 반복되어 퍼즐이 끝나지 않게 됩니다.

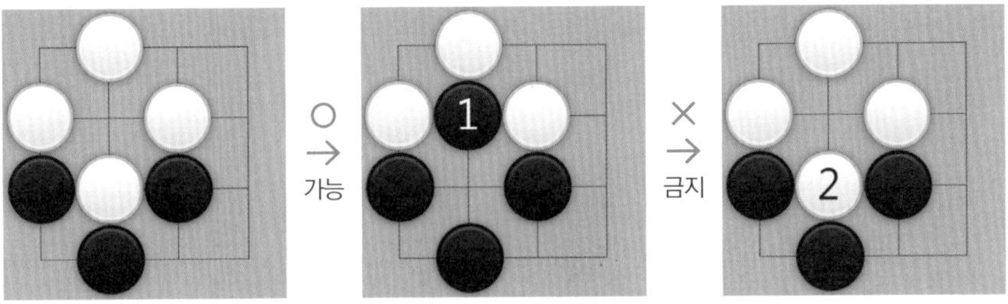

따라서 미니 바둑 퍼즐에서 패의 모양이 나왔을 때는 이어서 두는 쪽이 곧바로 그 자리에 두지 못합니다. 다른 곳에 한 번 두었다가 그다음 차례에 두거나 아예 두는 기회를 포기하고 패스해야만 합니다.

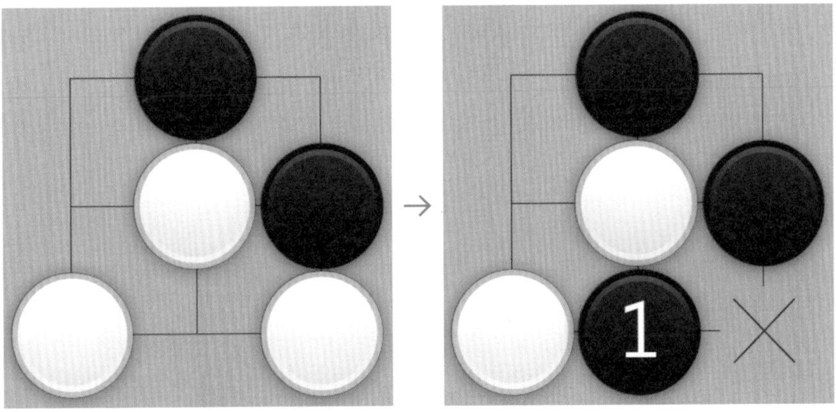

예를 하나 더 보겠습니다. 위의 예시에서도 흑이 ❶로 오른쪽 아래에 있는 백돌 1개를 따내면 백은 곧바로 흑 ❶을 되따낼 수가 없습니다. ×자리가 백에겐 착수 금지 자리가 되기 때문입니다. 따라서 다른 곳에 한 번 두었다가 그다음 차례에 두거나, 착수를 포기하고 상대방(흑)에게 순서를 넘겨야만 합니다.

6 연달아 착수를 포기하면 '빅'으로 정리하고 잡은 포로의 수를 비교합니다

흑과 백이 연달아 스스로 착수를 포기하여 '빅[3]'이 되면 그동안 잡았던 포로의 수를 비교합니다. 다음 예시를 같이 보겠습니다.

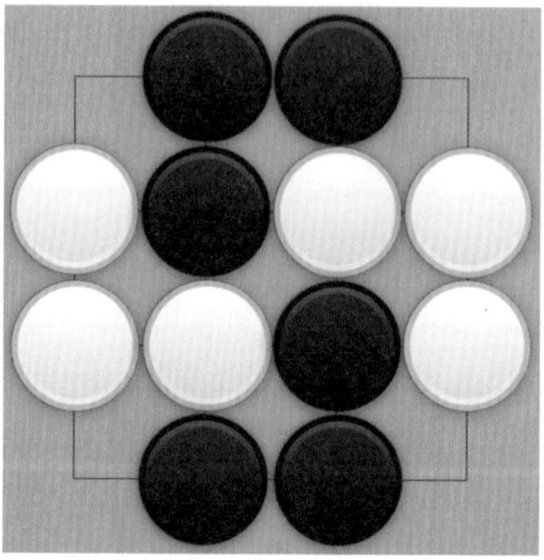

이 상황에서는 흑이든 백이든 비어있는 공간에 돌을 놓으면 다음 차례에 자신의 돌이 잡히고 맙니다. 따라서 아직 둘 수 있는 자리가 있음에도 불구하고 서로가 자신의 차례를 스스로 포기하게 되는데, 이처럼 서로 착수를 연달아 포기(패스)하게 되면 이 상황을 빅으로 정리하고 그동안 잡았던 포로의 수를 비교합니다. 만약 여기에서 잡은 포로의 수도 서로 같으면 무승부로 처리하고 어느 한 쪽이 더 많다면 많은 쪽이 승리합니다.

3 서로 스스로 착수를 포기하게 되어 비기는 상황을 말함

7 바둑판 위에 더 둘 수 있는 곳이 없을 때는 지게 됩니다

착수 포기[4]에는 두 가지 종류가 있습니다. 첫째는 바둑판 위에 아직 둘 수 있는 곳이 남아 있지만 스스로 착수를 포기하는 경우(패스)이고, 둘째는 바둑판 위에 더 둘 수 있는 곳이 없어 부득이하게 착수를 포기하는 경우입니다.
첫 번째 경우는 정당한 착수 포기, 즉 '패스'로 인정하지만 두 번째처럼 어쩔 수 없이 착수를 포기하는 경우에는 포기하는 쪽이 즉시 패배하게 됩니다.

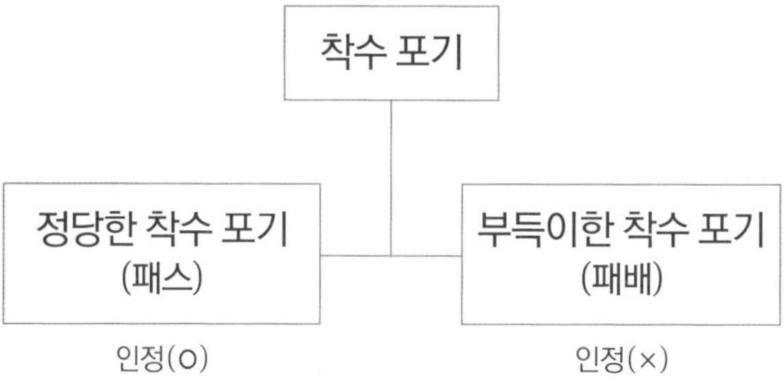

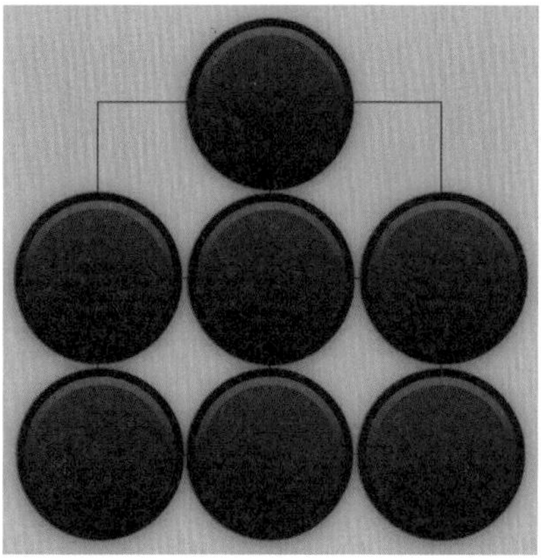

왼쪽의 예시를 보면 바둑판에 남아있는 두 자리 모두 사방이 흑으로 막혀있기 때문에 백은 돌을 놓을 수가 없습니다.

4 자신의 차례에 돌 놓기를 포기함

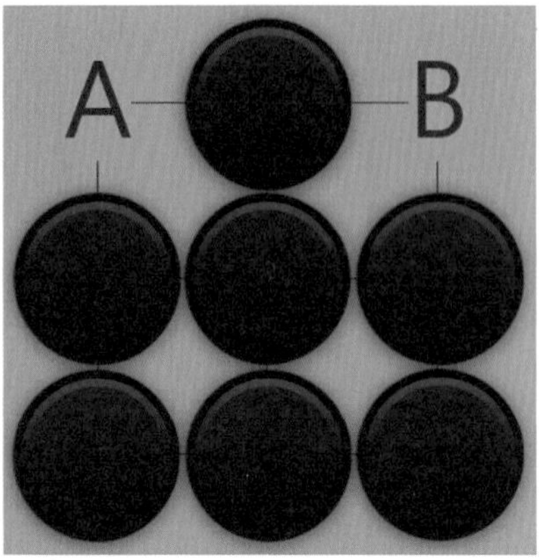

백이 A나 B 어느 한 곳에 돌을 놓는 순간, 백의 활로가 모두 막히기 때문에 착수 금지가 되는 것이지요. 따라서 백은 어쩔 수 없이 착수를 포기해야 하는데, 이때 착수를 포기한 백은 패배하게 되고 아직 둘 수 있는 자리가 두 군데 남은 흑이 승리하게 됩니다.

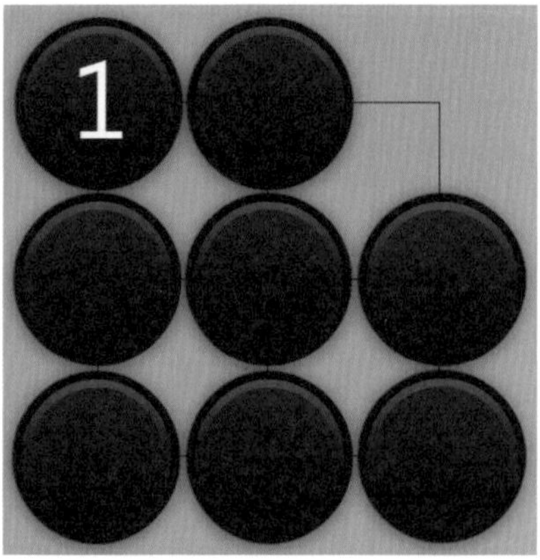

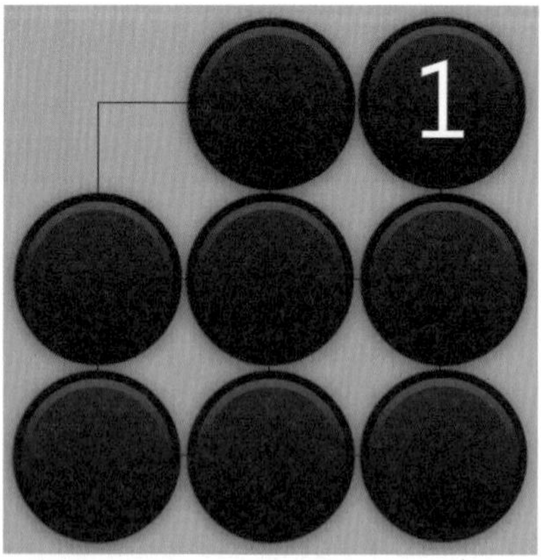

흑은 A나 B 어느 한 곳에 두어도, 아직 반대편에 활로가 한 군데 더 남아있어 백과 달리 착수 금지 자리가 아니기 때문입니다.

TIP 위와 같은 상황에서는 잡은 돌의 수는 승패에 영향을 주지 않고 '부득이한 착수 포기'를 한 쪽이 지게 됩니다.

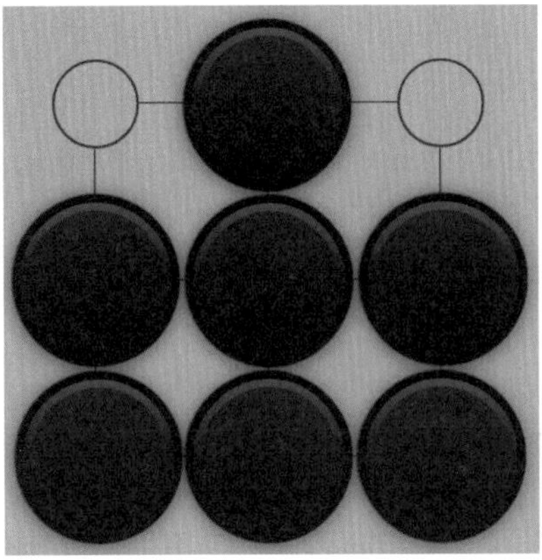

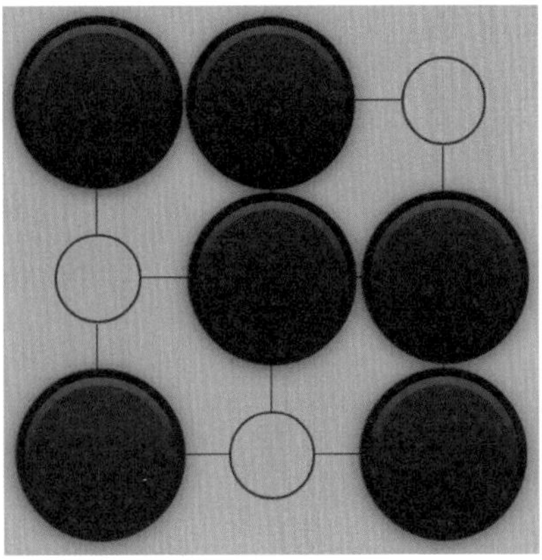

위 예시에서 ○자리는 흑의 숨구멍이라고 할 수 있는데, 이처럼 서로 분리되어 있고 튼튼한 숨구멍을 2개 이상 만드는 것이 바둑 퍼즐을 푸는 열쇠가 됩니다.

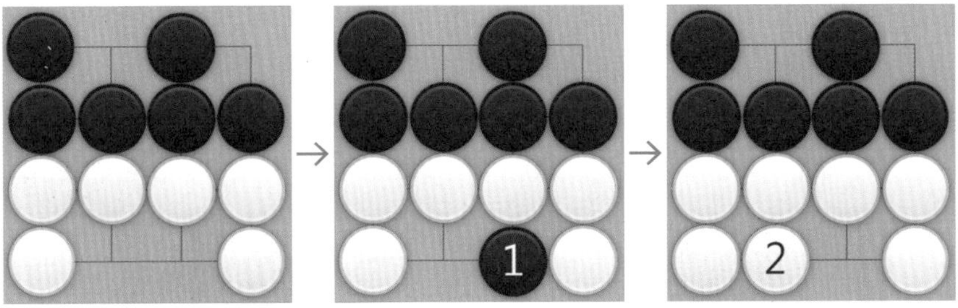

또 다른 예시를 살펴볼까요? 위 예시에서 흑은 서로 분리되어 있고 튼튼한 숨구멍 2개를 가지고 있는 반면, 백은 서로 분리되어 있지 않고 연속된 숨구멍 2개를 가지고 있습니다. 미니 바둑 퍼즐은 일반 바둑과는 달리 돌로 둘러싸인 영토(집)는 중요하지 않습니다. 오직 포로의 수와 부득이한 착수 포기 여부로 승패가 결정되기 때문이지요. 위 장면에서 흑이 ❶로 두면 백은 ②로 따낼 수밖에 없는데, 이 모습은 흑이 승리하는 모습입니다. 그다음 차례에 흑이 백돌 전체를 따낼 수도 있고, 일부러 패스를 하면 백의 부득이한 착수 포기를 이끌어낼 수 있기 때문입니다.

8 바둑판 전체에 걸쳐 모양이 무한히 반복되는 경우에는 무승부가 됩니다

흔하지는 않지만 바둑판 전체에 걸쳐 똑같은 모양이 무한히 반복될 때는 더 이상 진행하지 않고 그대로 무승부로 처리합니다.

위 모양에서 수를 진행하면 다음과 같은 모습이 펼쳐질 수 있습니다.

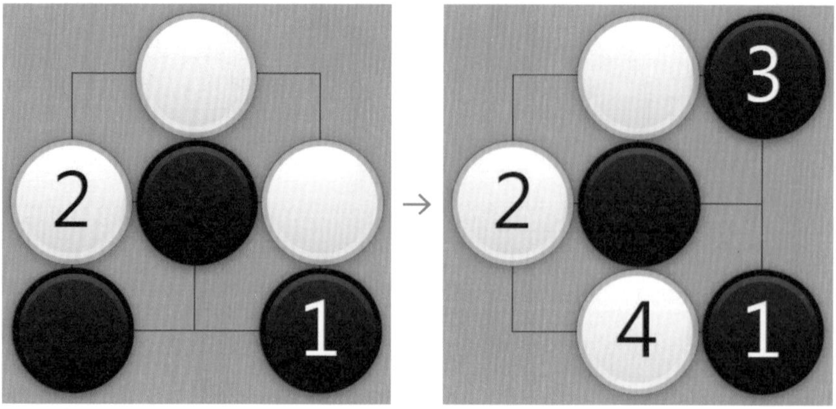

마치 바람개비처럼 돌고 돌아서 처음 모양으로 돌아온 모습입니다. 이러한 모양은 서로 착수를 포기하지 않는 한 무한히 반복되기 때문에 무승부로 처리합니다.

TIP 모양이 반복되어 무승부가 되는 경우에도 잡은 포로의 수는 승패에 영향을 주지 않습니다.

9 연습 문제

지금까지 함께 미니 바둑 퍼즐의 규칙을 알아보았습니다. 그럼 본격적으로 문제 풀이에 도전하기에 앞서, 규칙의 이해를 돕기 위한 연습 문제를 풀어보도록 하겠습니다.

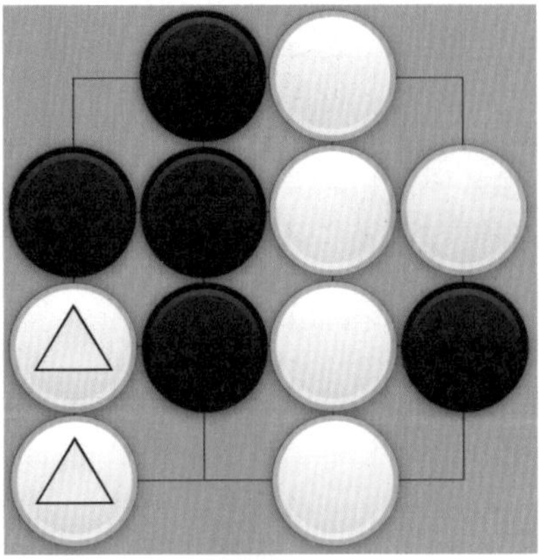

첫 번째 연습 문제입니다. 흑이 승리하려면 어디에 두어야 할까요? 힌트는 △의 백돌입니다.

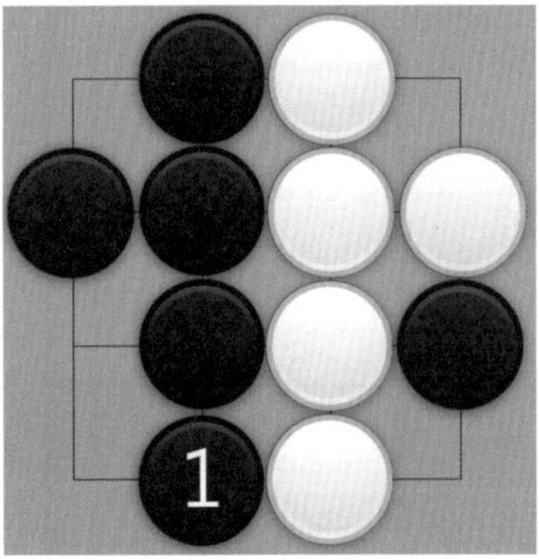

→

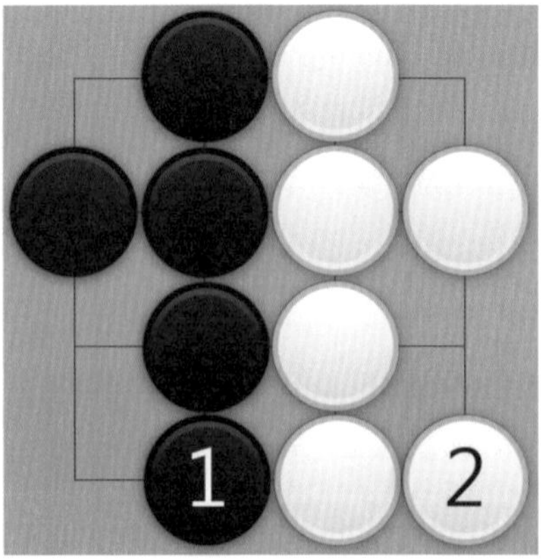

정답은 흑 ❶을 아래쪽으로 두어 △로 표시된 백돌 2개를 따내는 수입니다. 그 다음 백은 ②로 오른쪽의 흑돌 1개를 따내는 수가 최선입니다. 이후에는 서로 일부러 패스를 할 수밖에 없는 모습이 되는데, 이때 영토(집)는 무시하고 오직 잡은 포로의 수를 통해 승부를 판단하게 됩니다. 여기에서는 흑이 백보다 포로를 1개 더 잡았기 때문에 흑의 승리가 됩니다.

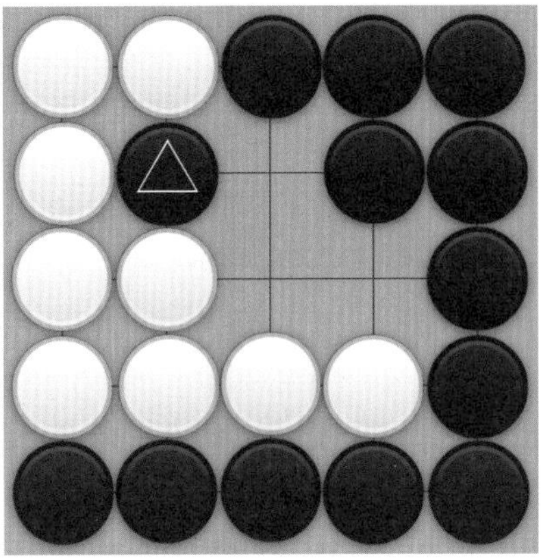

두 번째 연습 문제입니다. 흑을 어디에 두어야 무승부를 만들 수 있을까요? 힌트는 ▲의 흑돌입니다.

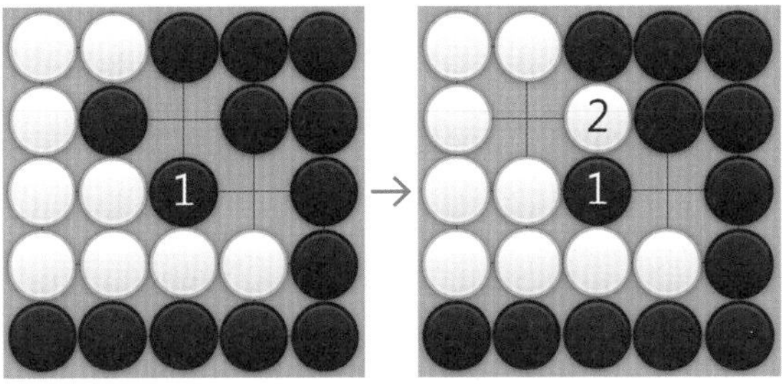

만약 흑을 ❶로 두면 백이 ②로 따내어 흑이 패배하고 맙니다.

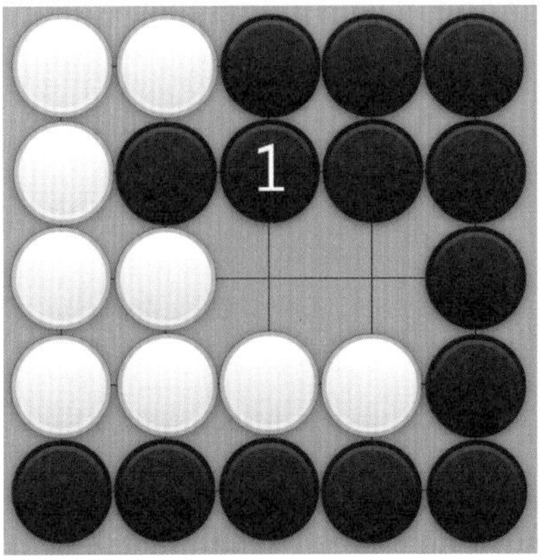

예시와 같이 흑을 ❶로 두는 수가 정답입니다. 이후에는 서로 패스를 할 수밖에 없는 빅이 되고, 잡은 포로도 서로 없기 때문에 무승부가 됩니다.

CHAPTER 2

3줄 바둑 퍼즐

1 초급

문제 ❶

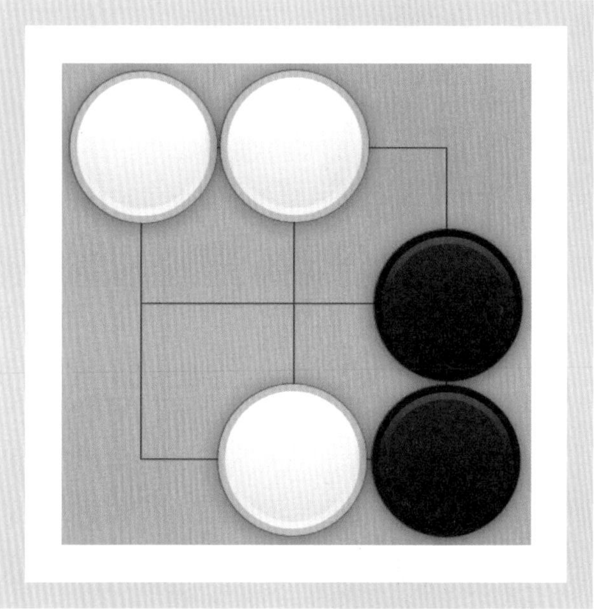

흑 차례 | 승리하기

1도 실패

흑 ❶을 왼쪽 가운데에 두면, 백이 ②로 이어서 흑을 모두 단수치기 때문에 실패입니다. 그다음 흑은 둘 수 있는 곳이 없어 패배하고 맙니다.

2도 실패

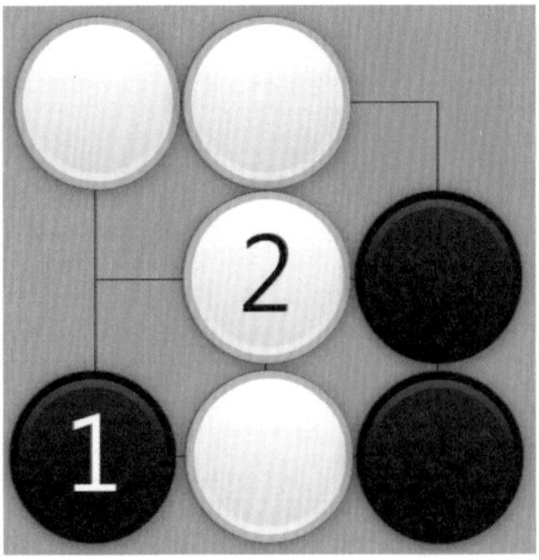

흑 ❶을 왼쪽 아래에 두는 것은 어떨까요? 이 역시도 백이 ②로 이으면, 그다음 흑은 둘 수 있는 곳이 없어 부득이한 착수 포기로 패배하고 맙니다.

3도 실패

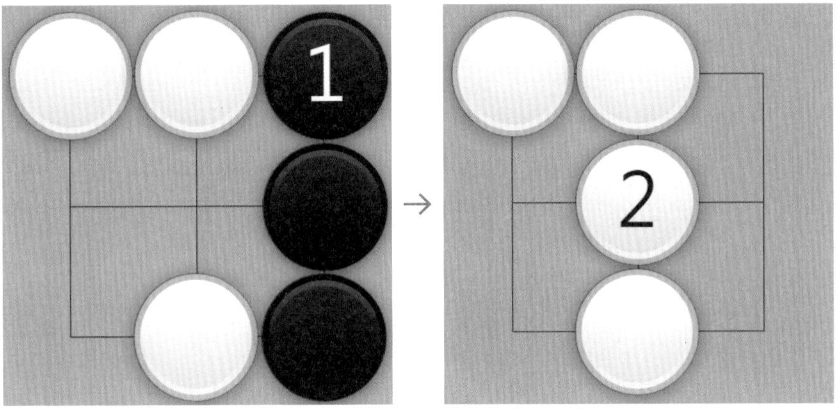

흑 ❶을 오른쪽 위에 두는 수도 실패입니다. 백이 ②로 가운데를 이으면 흑 전체를 따낼 수 있기 때문이죠.

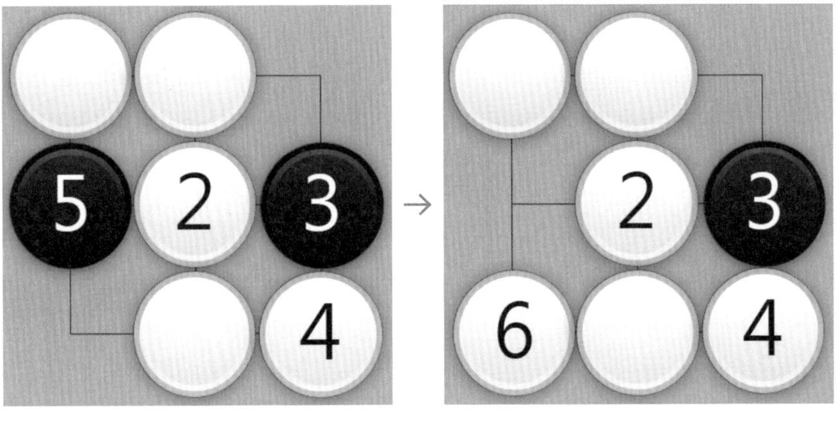

이후에 흑이 ❸과 ❺로 버티더라도 백이 ④와 ⑥으로 두고 나면, 흑은 더 이상 둘 수 있는 곳이 없어 결국 패배하게 됩니다.

TIP 상대가 미니 바둑판 위에 튼튼한 숨구멍을 만들지 못하도록 하는 것이 승리의 지름길입니다.

4도 정답

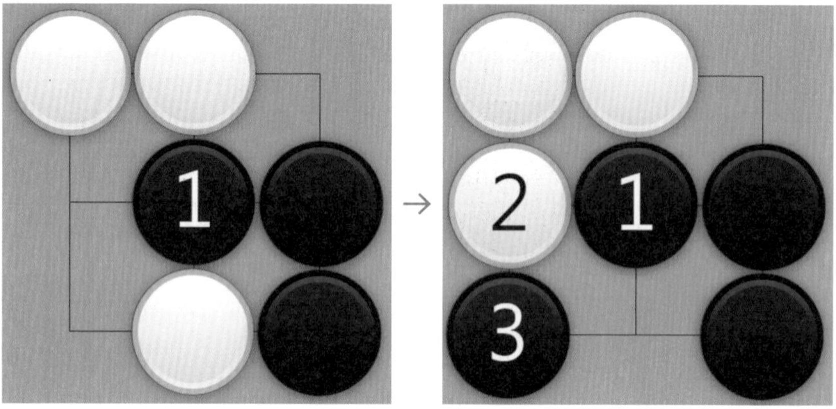

흑 ❶을 가운데에 두는 수가 정답입니다. 이어서 백이 둘 수 있는 최선의 수는 ②가 되는데, 이때 흑 ❸을 왼쪽 아래에 두면 아래쪽에 있는 백돌 1개를 따내면서 위쪽에 있는 백돌을 모두 단수칠 수가 있습니다. 이후에 백은 어쩔 수 없이 착수를 포기해야 하므로 흑의 승리가 됩니다.

TIP 백이 부득이하게 착수를 포기하게끔 만들면 성공입니다.

문제 ❷

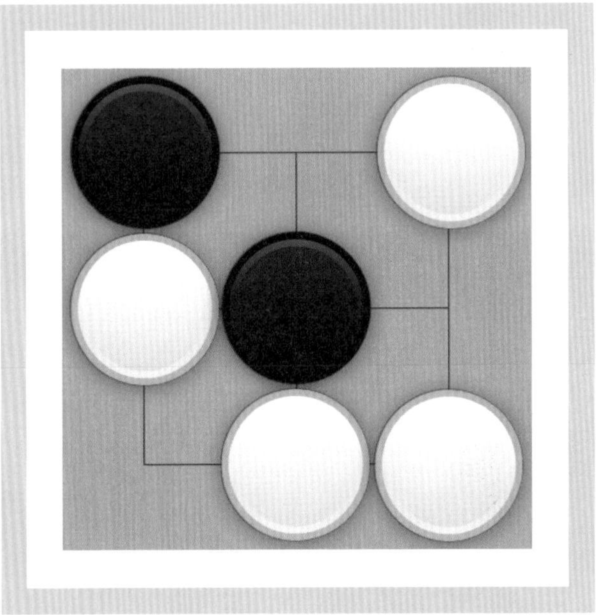

흑 차례 | 승리하기

1도 실패

→

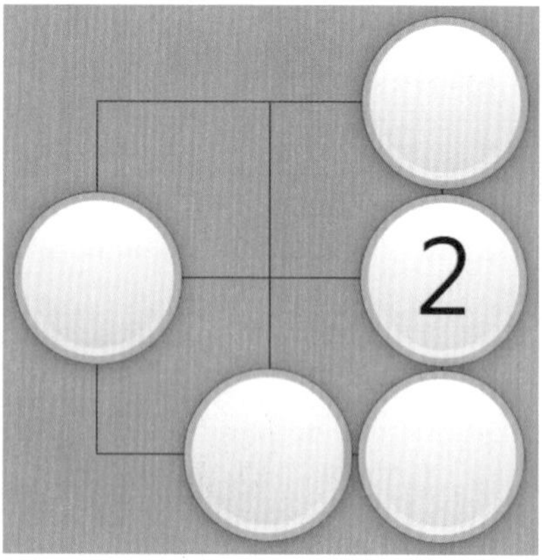

예시와 같이 흑 ❶을 위쪽 가운데에 두면 백이 ②로 흑을 모두 따내게 됩니다. 이렇게 돌을 한꺼번에 잃으면 승리하기가 어렵습니다.

이후에 흑이 ❸으로 버티더라도 백이 ④로 두면 더 이상 흑은 둘 수 있는 곳이 없어 결국 패배하게 됩니다.

2도 실패

→

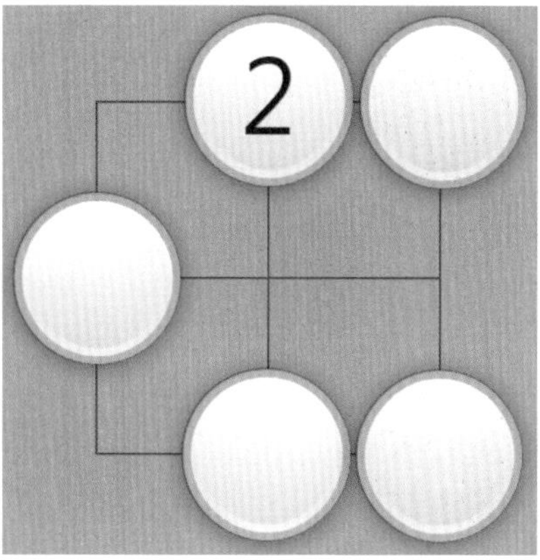

흑 ❶을 오른쪽 가운데에 두면 백이 ②로 흑을 모두 따내게 됩니다.

→

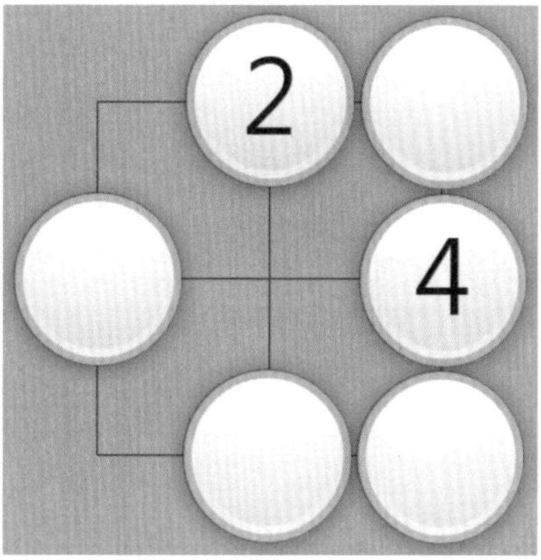

이후에 흑이 다시 ❸으로 버티더라도 백은 튼튼한 숨구멍을 여러 개 가지게 되어 흑이 패배하게 됩니다.

TIP 백은 항상 최선의 응수를 하기 때문에 경우의 수를 꼼꼼히 고려해야 합니다.

3도 정답

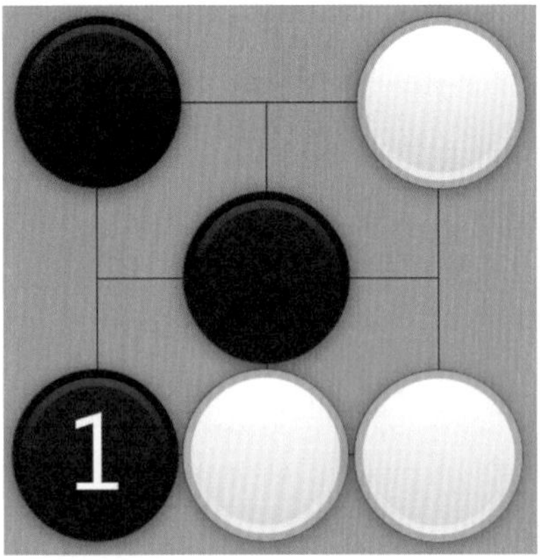

흑 ❶로 왼쪽 가운데에 있는 백돌 1개를 따내는 것이 정답입니다.

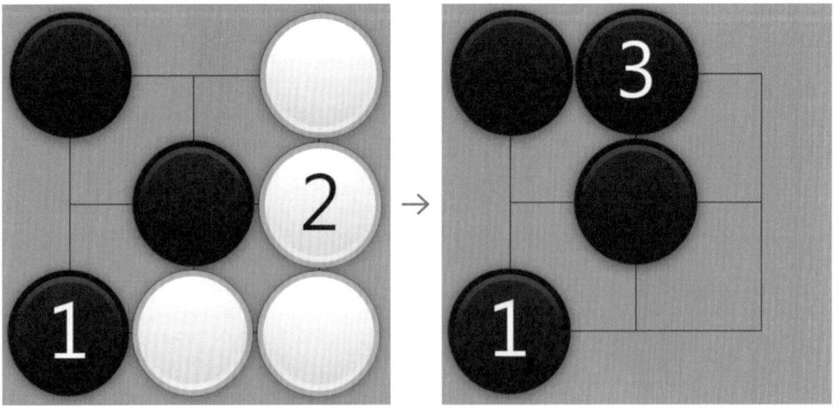

이러면 패의 모양이 되어 백은 흑 ❶을 곧바로 되따낼 수가 없기 때문에 오른쪽으로 잇게 됩니다. 백이 ②로 이으면 흑은 ❸으로 백을 모두 따내면서 튼튼한 숨구멍을 여러 개 가지게 됩니다. 따라서 흑의 승리입니다.

문제 ❸

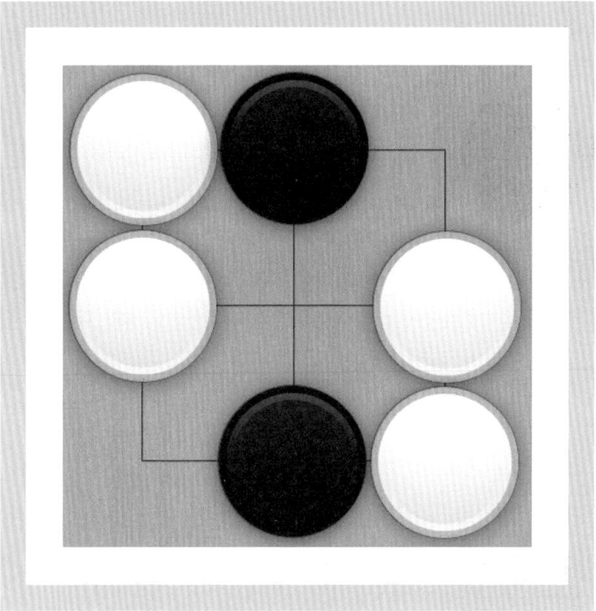

흑 차례 | 승리하기

1도 실패

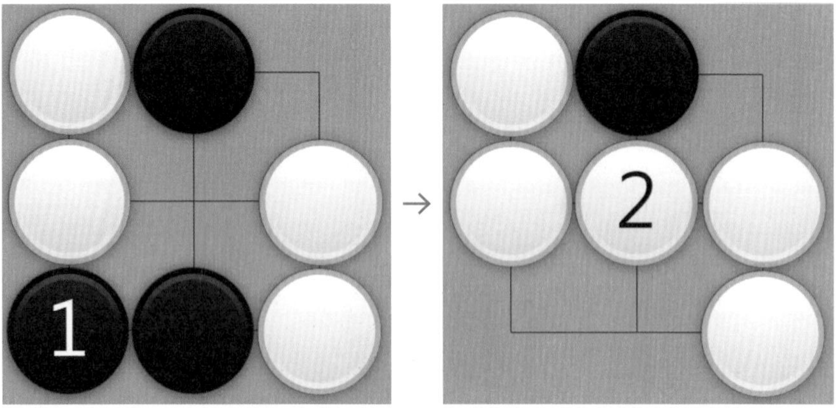

흑 ❶을 왼쪽 아래에 두는 것은 스스로 단수를 맞게 되는 안 좋은 수입니다. 그 다음 백이 ②를 가운데에 두면, 아래쪽에 있는 흑돌 2개를 따내면서 튼튼한 숨구멍을 가지게 되어 흑이 실패하고 맙니다.

2도 정답

정답은 흑 ❶을 가운데에 두는 수입니다. 이곳은 이 문제의 급소이기 때문에 흑이 이 자리에 두면 백은 더 이상 둘 수 있는 곳이 없어 흑의 승리가 됩니다.

TIP 미니 바둑 퍼즐에서는 '부득이한 착수 포기로 인한 패배'를 이용하여 공격할 수도 있습니다.

문제 ❹

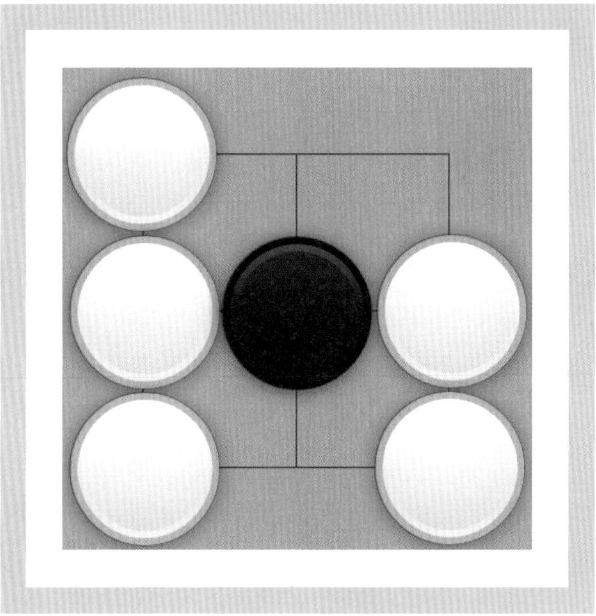

흑 차례 | 승리하기

1도 실패

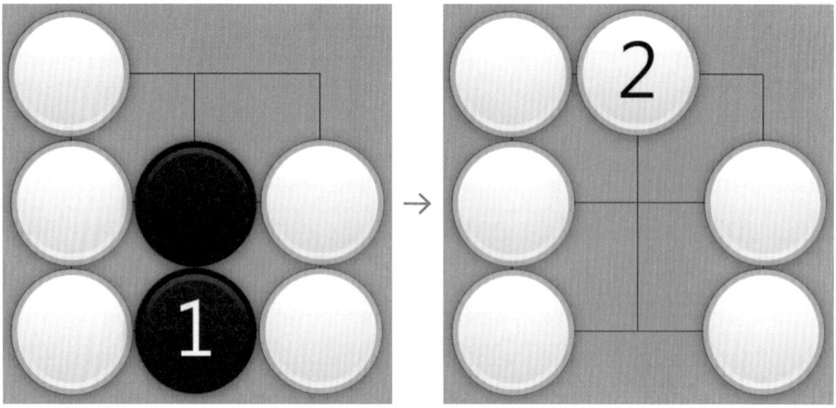

흑 ❶을 아래쪽 가운데에 두면 스스로 단수가 되기 때문에 실패입니다. 백은 ② 로 흑돌을 모두 따내면서 튼튼한 숨구멍을 만들게 됩니다.

2도 실패

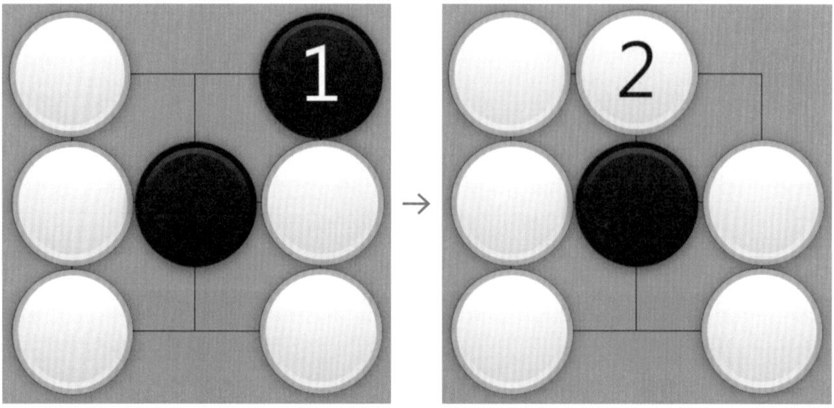

흑 ❶을 오른쪽 위에 두는 수 역시 실패입니다. 백이 ②로 흑 ❶을 따내고 나면 흑은 더 이상 후속수단이 없습니다.

3도 정답

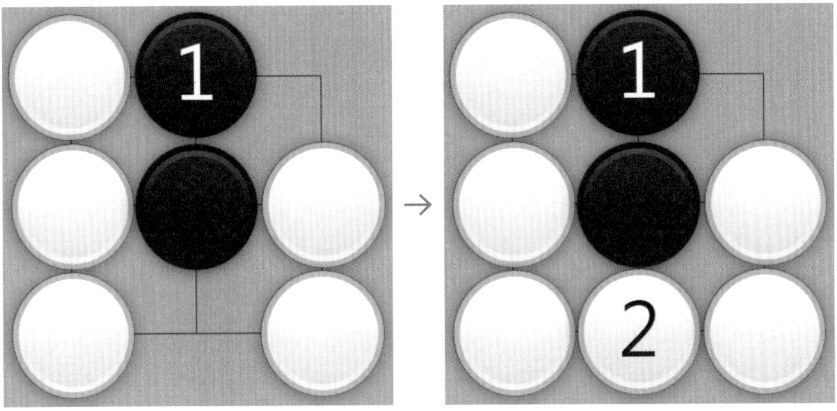

이 퍼즐의 정답은 흑 ❶을 위쪽 가운데에 두어 왼쪽에 있는 백돌 3개를 단수치는 것입니다. 이제 백은 ②로 아래쪽을 이어서 막을 수밖에 없습니다.

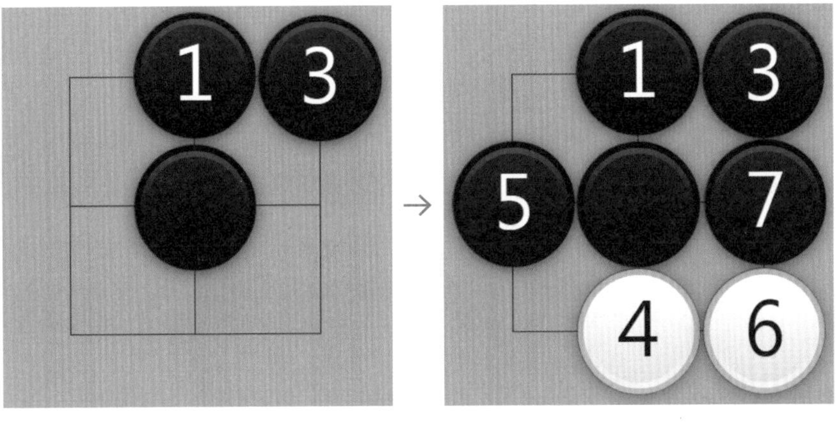

하지만 흑은 ❸으로 백돌을 모두 따낼 수가 있습니다. 이후에 백이 ④로 반격해도 흑이 ❺로 숭기를 잡는 수를 두면, 흑 ❼까지 수가 이어진 뒤에는 백이 더 이상 둘 수 있는 곳이 없습니다.

TIP 백이 ④로 두었을 때 흑 ❺는 튼튼한 숨구멍을 만드는 중요한 수입니다.
이처럼 튼튼한 숨구멍을 만들면 퍼즐을 쉽게 풀 수 있습니다.

바둑의 유래와 기원

바둑의 유래와 기원에는 여러 가지 설이 존재합니다. 그중 문헌에 가장 먼저 기록된 것은 중국의 고전 '박물지'에 기록된 요순 기원설입니다. 중국의 서진(西晉) 시대의 장화(232~300)가 지은 고전 '박물지'에는 다음과 같은 문구가 전해집니다. 바로 '요조위기, 단주선지(堯造圍棋 丹朱善之)'라는 문구인데, 바둑의 기원을 말한 이 문구는 "요(堯)임금이 아들 단주(丹朱)를 가르치기 위해 바둑을 만들었다."라는 뜻입니다. 이와 비슷한 맥락으로 '설문(說文)'이라는 책에서도 순임금이 아들 상균을 깨우치기 위해 바둑을 만들었다는 내용이 있습니다. 이 내용들이 바로 '요순 기원설'의 내용이라고 할 수 있습니다.

비록 요순 기원설이 전설로 인식되고는 있지만 박물지가 쓰여진 서진(西晉) 시대에는 이미 당대 사람들이 바둑을 오묘함의 대상으로 인식하였고, 그 바둑이라는 것이 어떻게 만들어졌는지에 대해 굉장히 궁금하게 여겼다는 것이 중요한 점이라고 말할 수 있습니다. 즉, 그로 인하여 중국인들이 신비롭게 여기는 인물인 요임금이 바둑을 만들어냈다는 이야기로 기록했을 가능성이 크다고 볼 수 있는 것입니다.

이 밖에도 천문 기원설, 하도낙서(河圖洛書)설, 진화설 등 바둑의 시작에 관한 많은 설이 있습니다. 그중 천문 기원설은 고대(古代)에 바둑판을 이용하여 천문(天文)관측을 하였다는 설입니다. 이 설은 고대에는 1년을 360일로 보았고 격자판을 이용하여 천문관측을 했었다는 사실로부터 비롯되었는데, 바둑판 또한 격자판이기 때문에 생겨난 추측이라고 할 수 있습니다.

문제 ❺

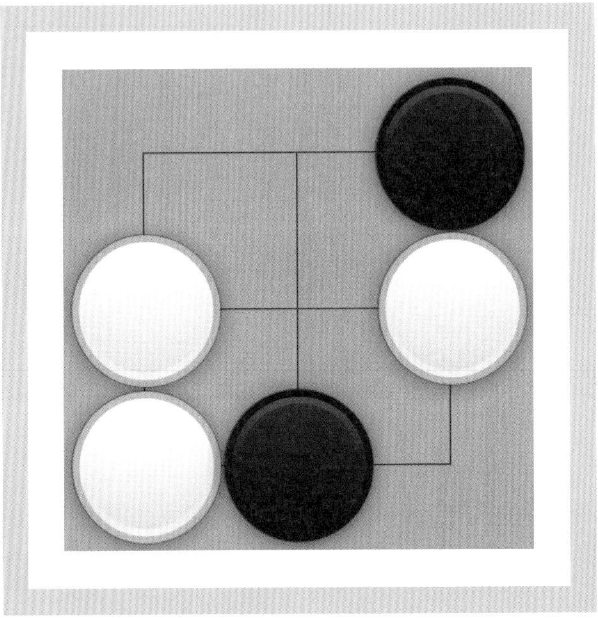

흑 차례 | 무승부 만들기

1도 실패

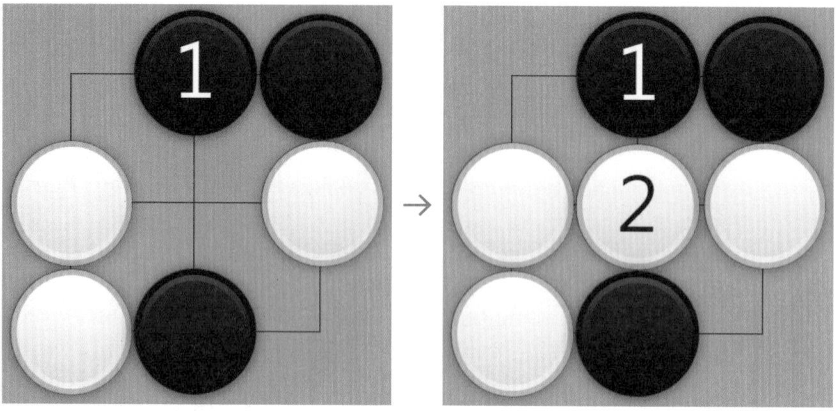

흑 ❶을 위쪽 가운데에 두는 수는 실패입니다. 백이 ②로 가운데를 이으면 그다음 흑은 둘 수 있는 곳이 없기 때문입니다.

2도 실패

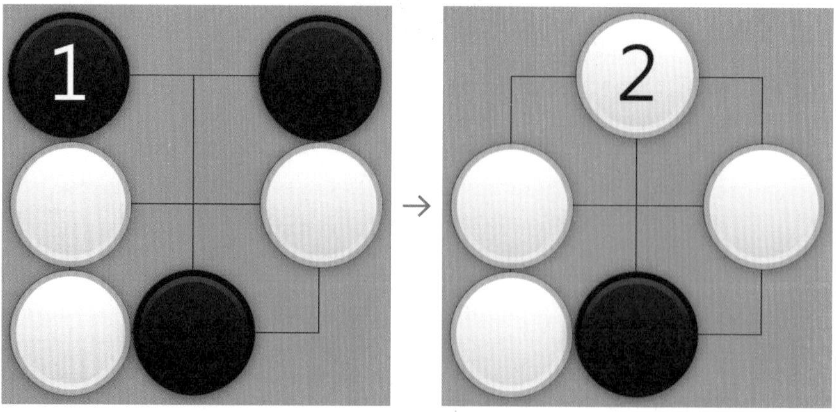

흑 ❶을 왼쪽 위에 두는 수도 실패입니다. 그다음 백이 ②로 양쪽에 있는 흑돌 2개를 모두 따내면서 튼튼한 숨구멍을 만들기 때문에 결국 흑이 패배하고 맙니다.

3도 정답

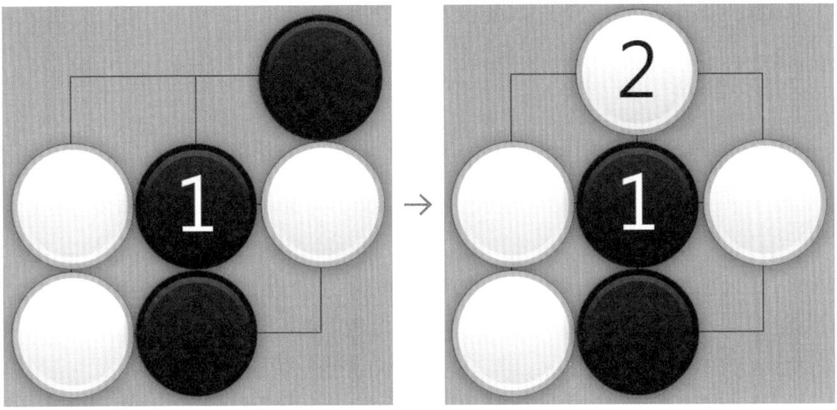

정답은 흑 ❶을 가운데로 찌르는 수입니다. 가운데를 찌르면 백은 ②로 오른쪽 위에 있는 흑돌 하나를 따냅니다.

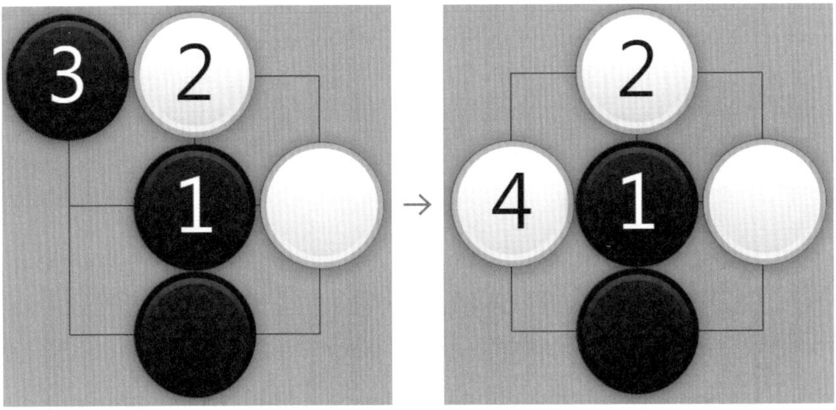

그다음 흑이 ❸으로 왼쪽에 있는 백돌 2개를 따내면 백은 ④로 흑 ❸을 따냅니다. 이후에는 서로 착수를 포기할 수밖에 없는 빅이 되는데, 이때 서로 잡은 포로의 수가 2개씩 같기 때문에 무승부가 됩니다.

TIP 서로 착수를 포기하여 빅으로 정리했을 때는 잡은 포로의 수를 비교합니다.

바둑의 교육적 효과

바둑의 교육적 효과에 대한 학술계의 연구는 많이 존재하고 있습니다. 그중에 서울대학교병원 정신건강의학과 권준수 교수팀이 조사한 연구 결과에 따르면, 바둑전문가들의 뇌는 일반인에 비해 편도체와 안와전두엽 사이의 연결성이 훨씬 뚜렷하게 증가한다고 합니다.

이 연구 결과는 바둑전문가들의 뇌 활동성이 그만큼 활발하며 바둑을 둘 때 사고력과 집중력이 고도로 발휘된다는 의미를 내포한다고 볼 수 있습니다.

현장 바둑 교육자들은 이러한 대뇌발달 측면뿐만 아니라 바둑을 통해서 정서적 안정화, 감정조절능력 향상을 도모할 수 있으며, 무엇보다 패배를 경험하고 이를 수용하는 과정을 겪으면서 인내심, 그리고 그것을 극복하는 도전 의식까지 기를 수 있다고 말합니다. 또한 상대방과 함께 바둑을 두면서 사회성을 기를 수도 있고, 바둑을 둘 때 오로지 그것에만 집중할 수 있도록 차분한 마음을 기를 수 있다는 장점도 함께 이야기하고 있습니다.

문제 ❻

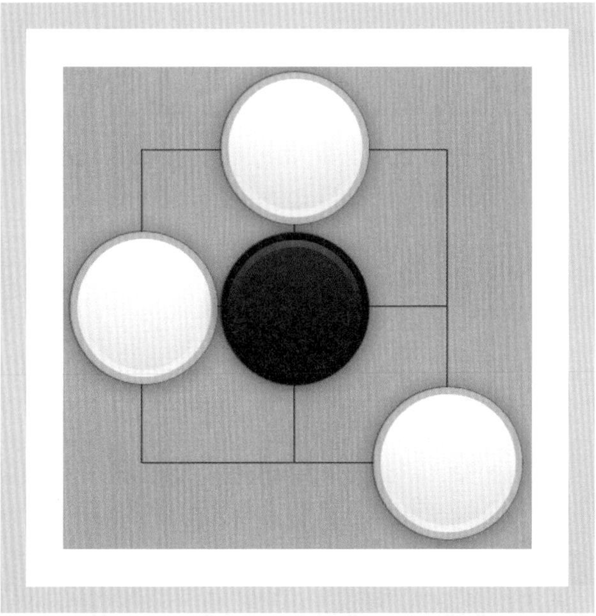

흑 차례 | 승리하기

1도 실패

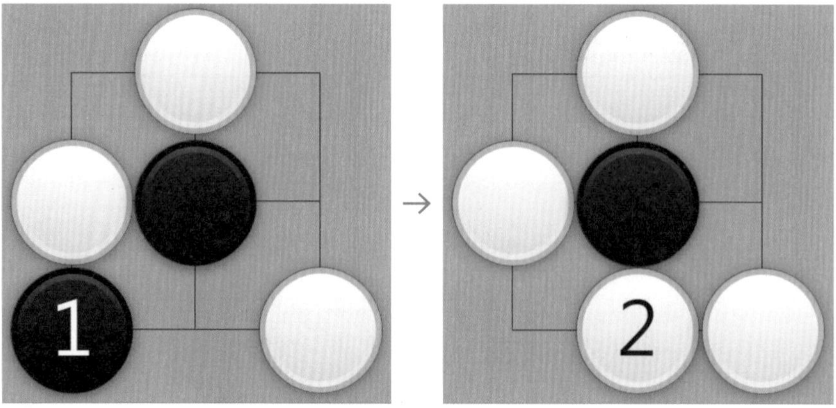

흑 ❶을 왼쪽 아래에 두어 백을 단수치는 수는 실패입니다. 백이 ②로 흑 ❶을 따내면 흑이 불리해진 것을 알 수 있습니다.

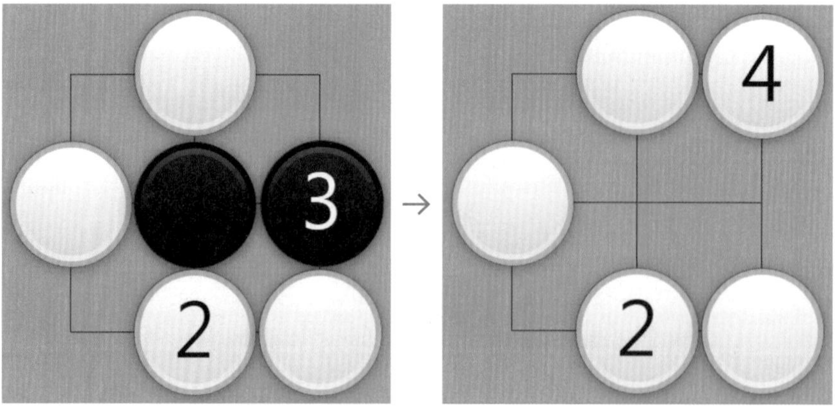

이후에 흑이 ❸으로 버텨도 백이 ④로 흑돌을 모두 따내게 됩니다.

2도 정답

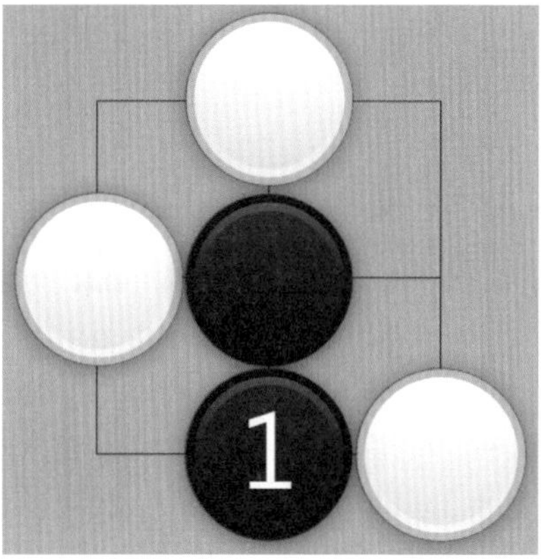

→

흑 ❶을 아래쪽 가운데에 두어 백돌을 단수치는 수가 정답입니다. 만약 백이 ②를 오른쪽 위에 두면, 흑은 ❸으로 백돌 1개를 따내면서 더 좋은 모양을 만들게 됩니다. 이후에는 백이 어떤 수를 쓰더라도 흑에게 이길 수가 없습니다.

만약에 백이 ②를 오른쪽 가운데에 두면 흑 ❸을 어떻게 두어야 할까요?

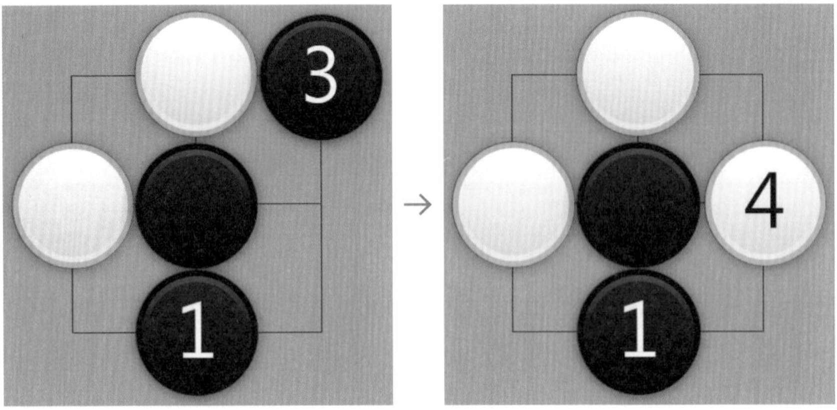

이 경우에는 흑 ❸을 오른쪽 위에 두어 보란 듯이 아래쪽에 있는 백돌 2개를 따내면 됩니다. 이후에 백 ④까지 수가 진행되면 서로 착수를 포기할 수밖에 없는 빅이 됩니다. 이때 흑이 잡은 포로는 2개, 백이 잡은 포로는 1개가 되어서 흑의 승리가 됩니다.

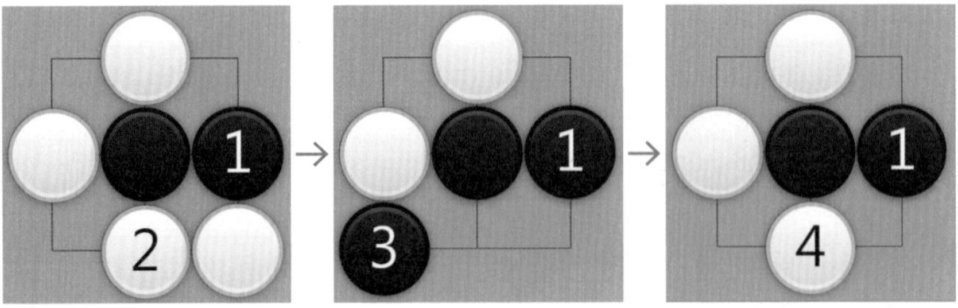

흑 ❶을 오른쪽 가운데에 두는 수도 마찬가지로 정답입니다. 백 ④까지 진행되고 나면 역시 빅이 되는데, 흑이 잡은 포로가 1개 더 많아 흑의 승리로 끝이 납니다.

TIP

수를 두어서 이득을 볼 수 없을 때는 패스하여 순서를 넘기는 것이 좋습니다.
서로 연달아 패스를 하면 빅이 되는데, 이 경우에는 포로의 수를 비교하여 승패를 결정합니다.

문제 ❼

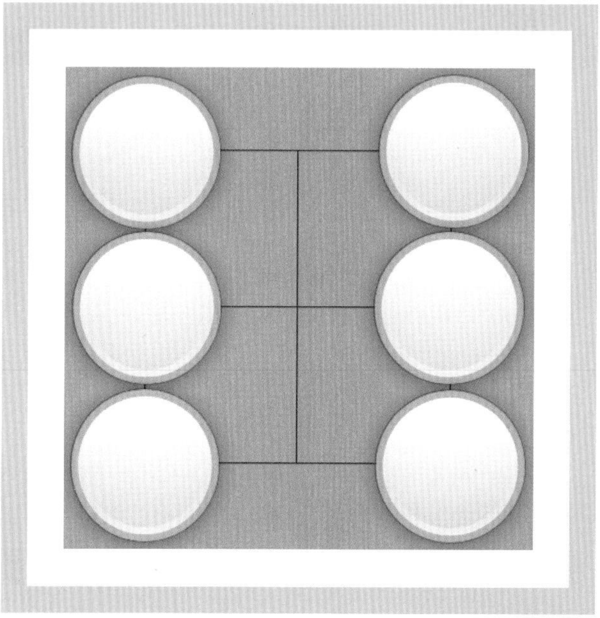

흑 차례 | 승리하기

해설

1도 실패

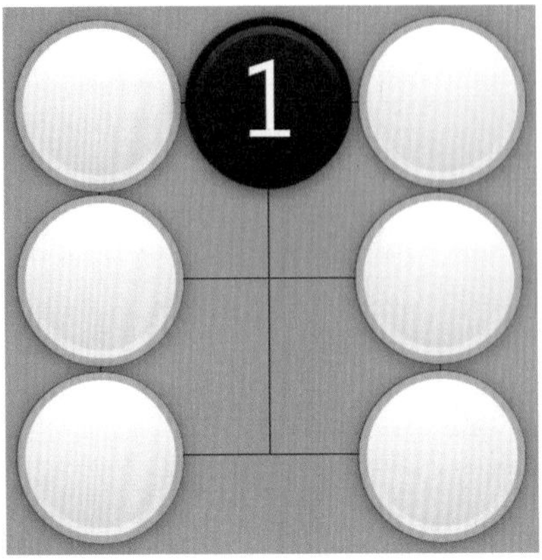

→

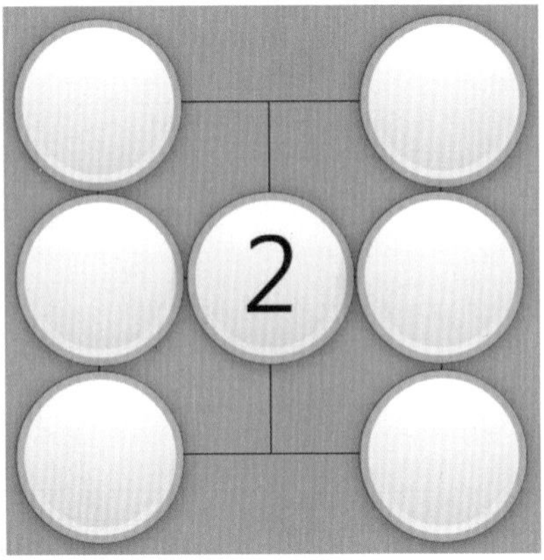

흑 ❶을 위쪽 가운데에 두는 수는 백이 ②로 따낼 수 있게 도와주는 수입니다. 그다음 흑은 둘 수 있는 곳이 없기 때문에 자연스럽게 실패가 됩니다.

2도 정답

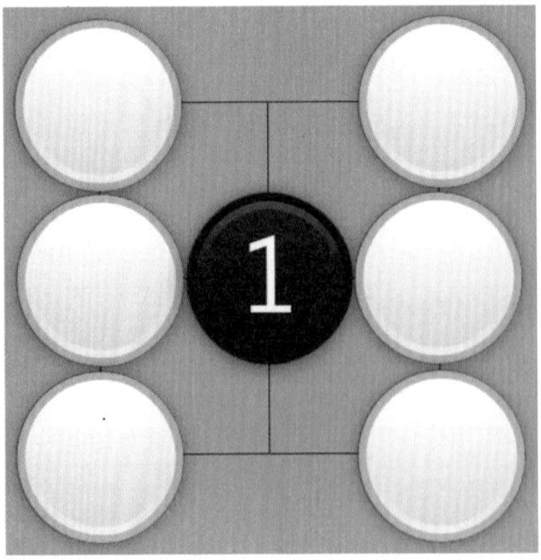

이 퍼즐에서는 가운데 자리가 급소이므로 흑 ❶을 이곳에 두는 것이 정답입니다. 이후에 백은 튼튼한 숨구멍이 없기에 마땅한 응수가 없습니다.

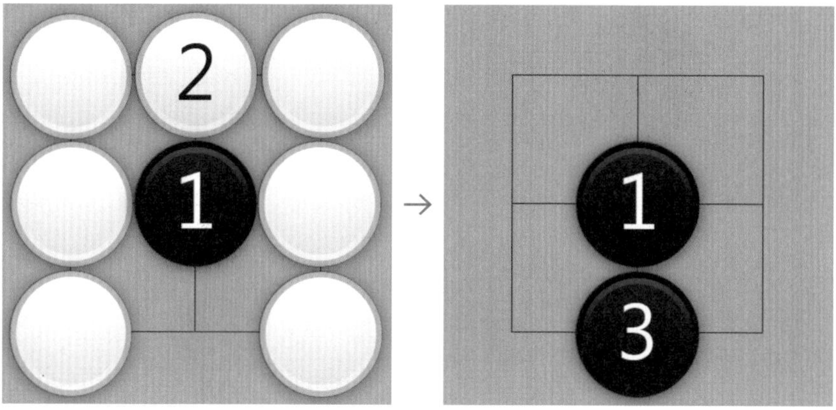

만약에 백이 ②를 위쪽 가운데에 두면, 흑은 ❸으로 백돌 7개를 한 번에 따낼 수 가 있습니다.

이후에는 백이 어떻게 두어도 흑을 이길 방법이 없기 때문에 흑의 승리가 됩니다. 만약에 백이 ②를 일부러 두지 않고 패스를 했다면, 흑 ❷를 어떻게 두어야 할까요?

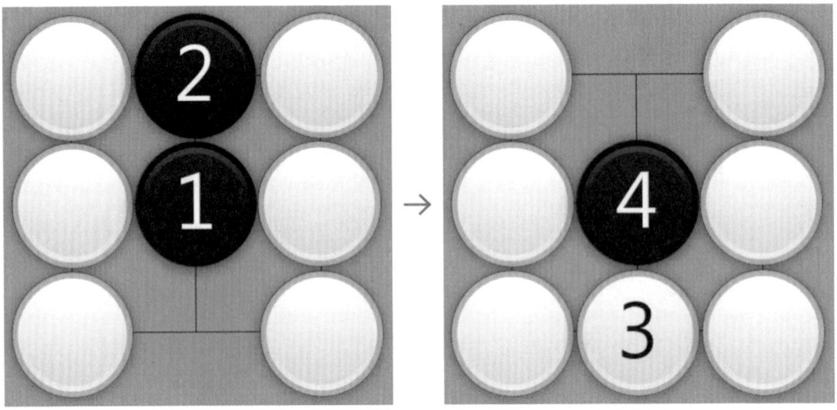

흑 ❷를 위쪽 가운데에 두면 백은 ③으로 흑돌 2개를 따낼 수밖에 없습니다. 그 다음 흑은 다시 가운데로 ❹를 두는 것이 좋은데, 이후에 백은 다시 흑 ❹를 따낼 수밖에 없어서 아래와 같은 모습이 됩니다.

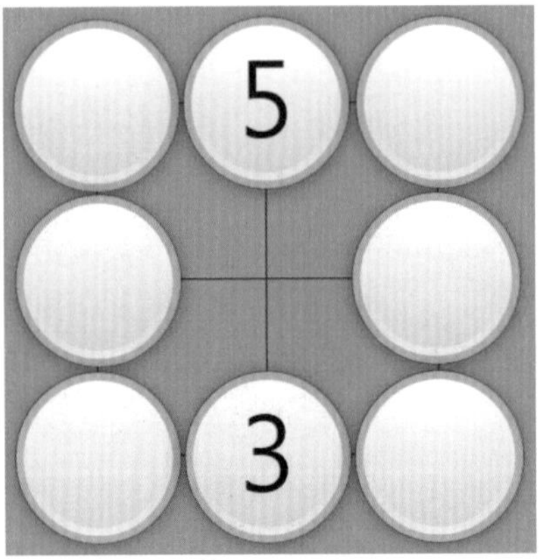

여기에서 흑을 가운데에 두어 백돌 전체를 따내도 좋지만, 일부러 패스를 하면 다음 차례에 백은 부득이한 착수 포기를 할 수밖에 없어 흑의 완벽한 승리가 됩니다. 남아있는 가운데 자리가 백의 입장에서는 스스로 돌의 활로를 모두 없애는 자리이기 때문에 착수를 할 수가 없습니다.

TIP 미니 바둑판의 각 모서리 끝은 낭떠러지이기 때문에 사방이 막혀있다고 봐도 무방합니다.

문제 ❽

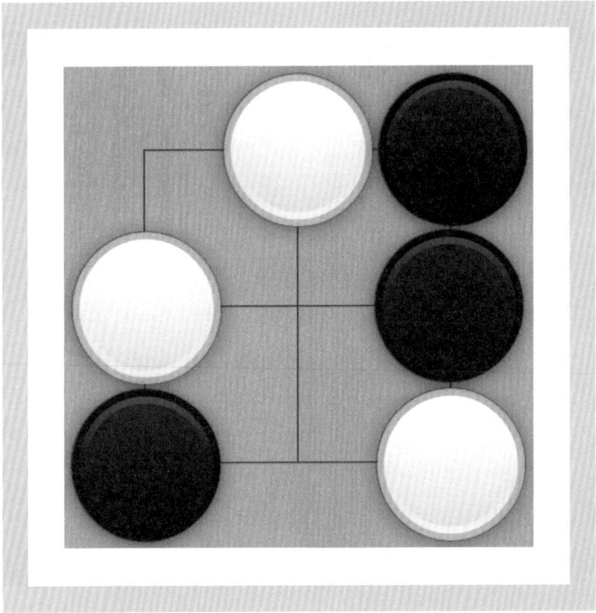

흑 차례 | 승리하기

1도 실패

→

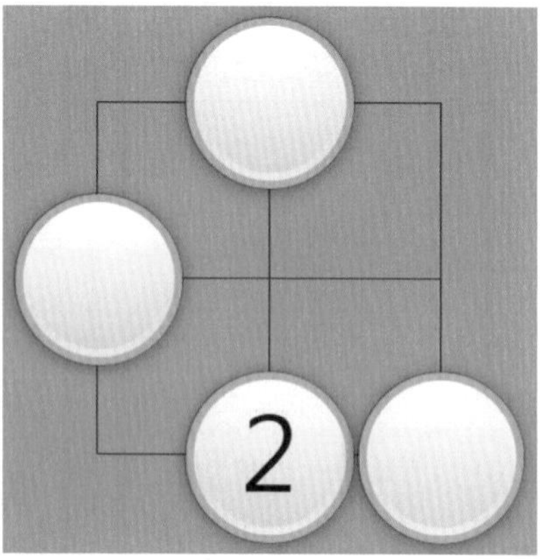

언뜻 보면 가운데 흑 ❶의 자리가 급소인 것 같지만 백이 ②로 흑을 모두 따내게 되어 실패가 됩니다. 이후에 백은 튼튼한 숨구멍을 여러 개 가지면서 포로도 4개나 잡고 있기 때문에 흑이 승리하기가 어렵습니다.

2도 정답

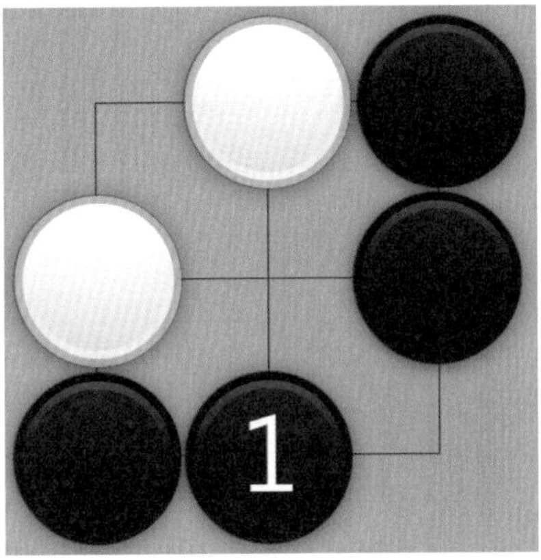

흑 ❶을 아래쪽 가운데에 두는 수가 정답입니다. 이렇게 하면 백돌 1개를 포로로 잡을 수 있을 뿐만 아니라 그 다음 백의 수도 마땅치 않게 됩니다.

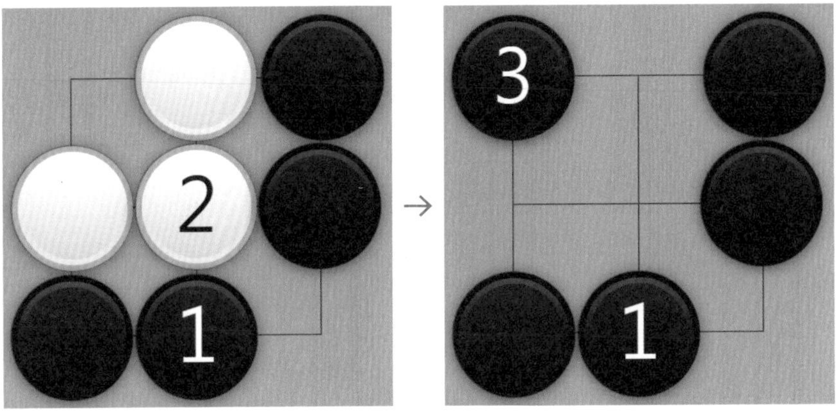

만약 백이 ②를 가운데에 두면 흑 ❸을 왼쪽 위에 두어 백돌을 모두 따내면 됩니다. 이후에 백은 마땅한 수단이 없기 때문에 흑의 멋진 승리가 됩니다.

TIP 주어진 모양에서의 급소는 상황마다 다르기 때문에 천천히 살펴보아야 합니다.

바둑의 이로움, 기도오득(棋道五得)

바둑을 두면 얻게 되는 다섯 가지 이로움에 대해 설명한 '기도오득(棋道五得)'이라는 말이 있습니다. 이는 수천 년 동안 많은 사람들에 의해 알려진 바둑의 이로움을 일목요연하게 정리한 내용이라 할 수 있습니다.

득호우(得好友)	수담(手談)을 나누며 한판의 바둑을 완성하는 과정을 통해 서로 좋은 친구를 얻을 수 있음을 의미함.
득심오(得心悟)	바둑은 서로 다투면서도 결국은 조화를 이루어가는 묘한 과정이며, 그 속에서 예술적 사유를 거쳐 오묘한 이치를 깨달을 수 있음을 의미함.
득교훈(得教訓)	한판의 바둑이 끝난 후에 이루어지는 복기(復棋)를 통해 자신이 두었던 수를 되돌아보듯이, 삶에서도 자신의 삶을 성찰할 수 있는 습관이 만들어짐을 의미함.
득인화(得人和)	바둑을 매개로 다른 이들과 쉽게 화합하며 소통할 수 있는 즐거움을 의미함.
득천수(得天壽)	득호우, 득심오, 득교훈, 득인화 등의 4가지 이로움을 얻은 이는 자연스럽게 천수를 누리며 행복하게 삶을 영위할 수 있음을 의미함.

문제 ❾

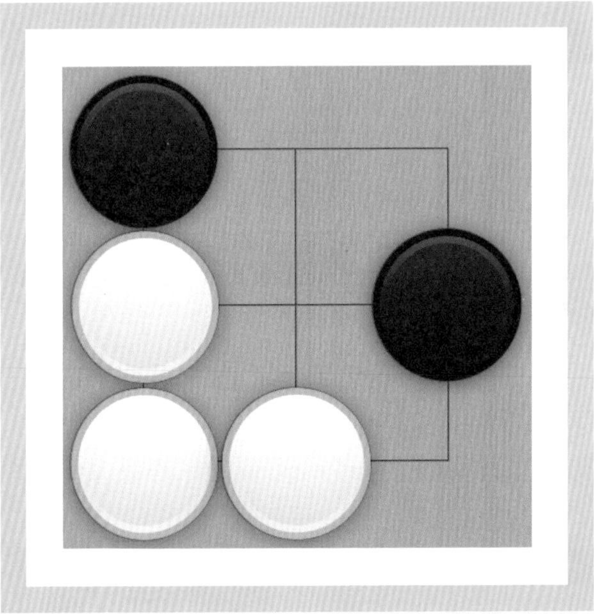

흑 차례 | 승리하기

1도 실패

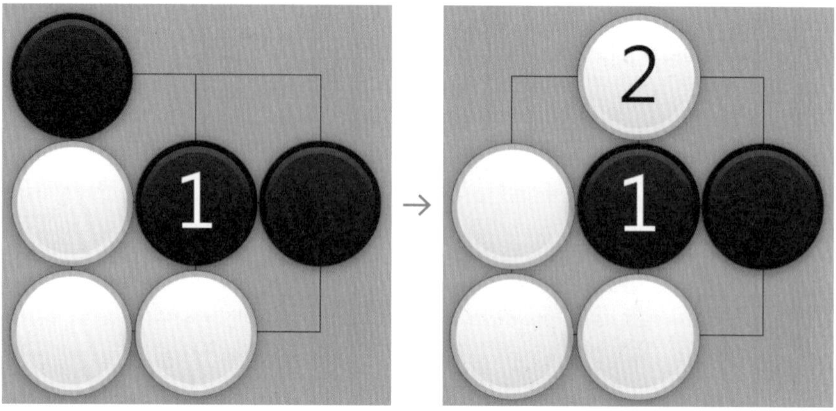

흑 ❶을 가운데에 두는 수는 정답이 아닙니다. 백이 ②로 왼쪽 위에 있는 흑돌 1개를 따내면 이후에는 서로 패스를 할 수밖에 없는 빅이 됩니다. 오직 백만이 포로를 1개 잡았기 때문에 흑의 실패가 됩니다.

2도 실패

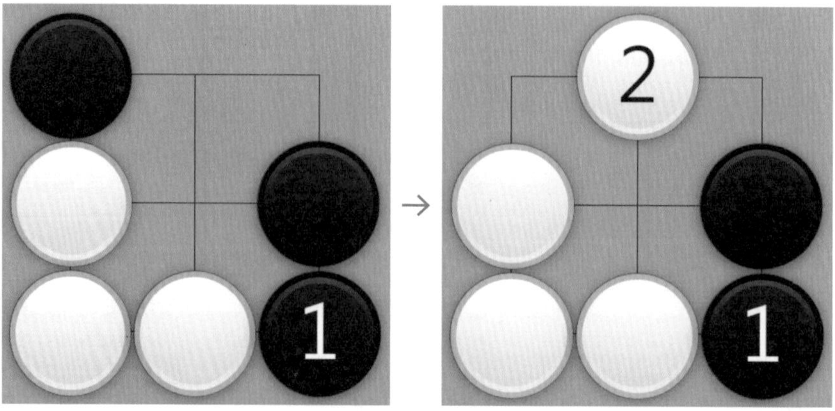

흑 ❶을 오른쪽 아래에 두는 수도 역시 실패입니다. 백이 ②로 왼쪽 위에 있는 흑돌 1개를 따내면 튼튼한 숨구멍을 갖추게 되어 흑이 곤란해집니다.

3도 정답

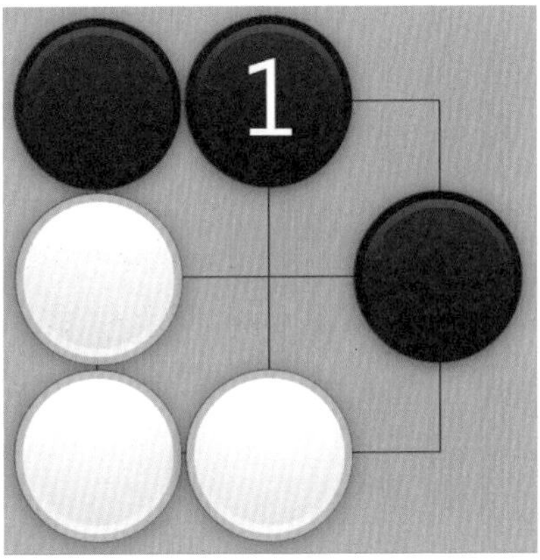

흑 ❶을 위쪽 가운데에 두는 수가 정답입니다. 이후에 백이 둘 수 있는 곳은 두 군데가 되는데, 어디에 두어도 이내 흑에게 잡히고 맙니다.

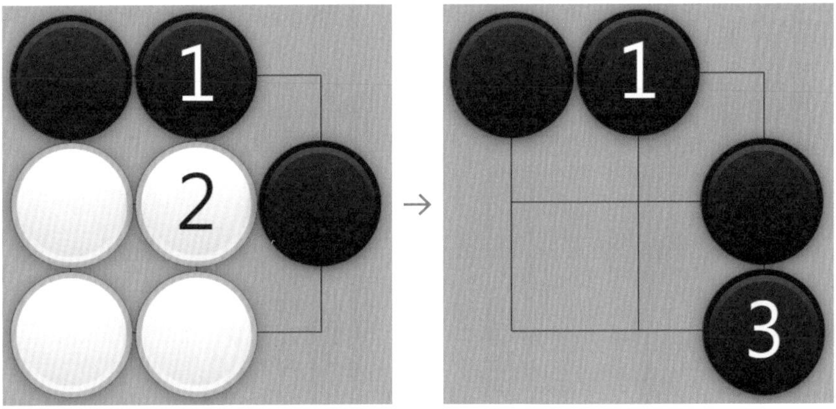

백 ②를 가운데에 두면 흑은 ❸을 오른쪽 아래에 두어 백돌을 모두 따낼 수가 있습니다.

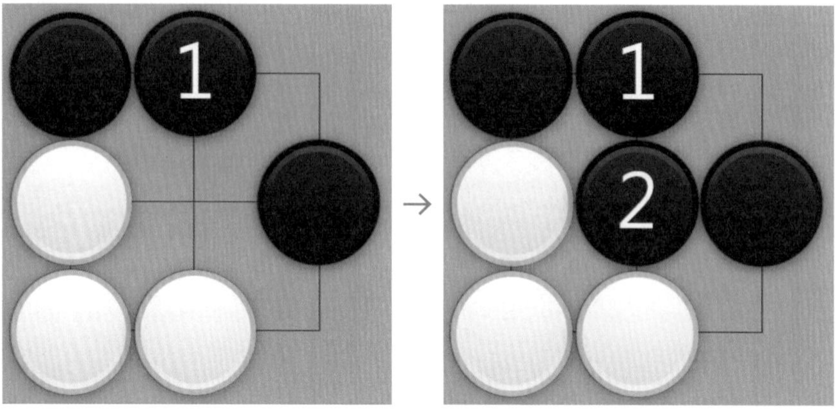

만약 백이 ②를 두지 않고 패스를 한다고 해도 흑 ❷를 가운데에 두면, 백 전체를 이내 포로로 잡아 승리하는 모습이 됩니다.

TIP 자신의 돌에 튼튼한 숨구멍을 만드는 수가 정답이 될 때가 많습니다.

문제 ⑩

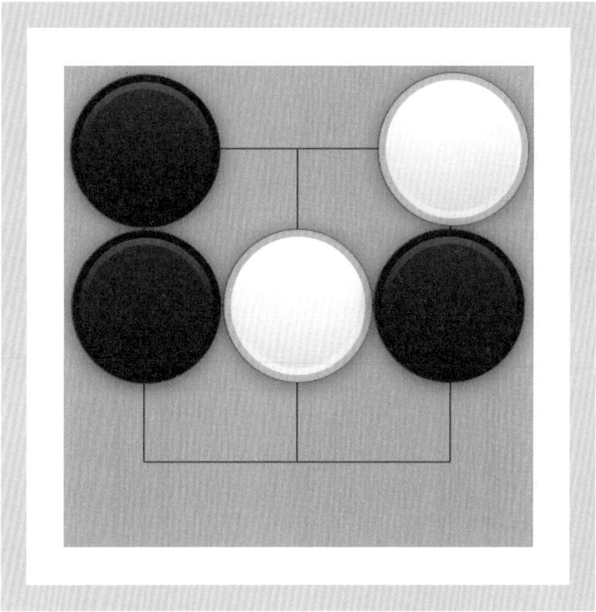

흑 차례 | 승리하기

1도 실패

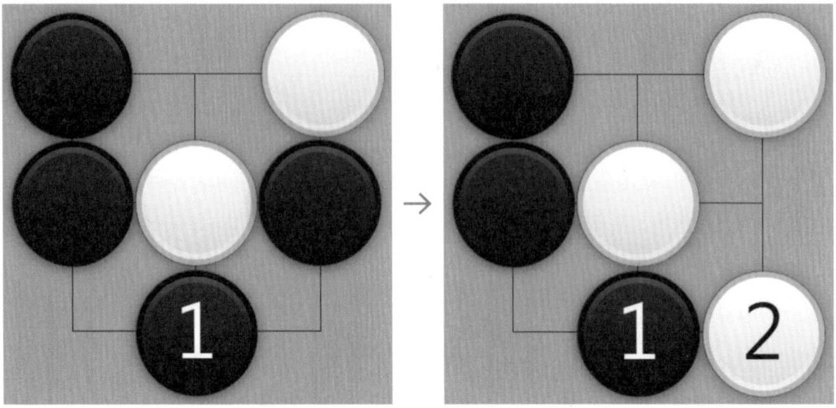

흑 ❶을 아래쪽 가운데에 두면 백이 ②로 오른쪽에 있는 흑돌 1개를 따내게 됩니다.

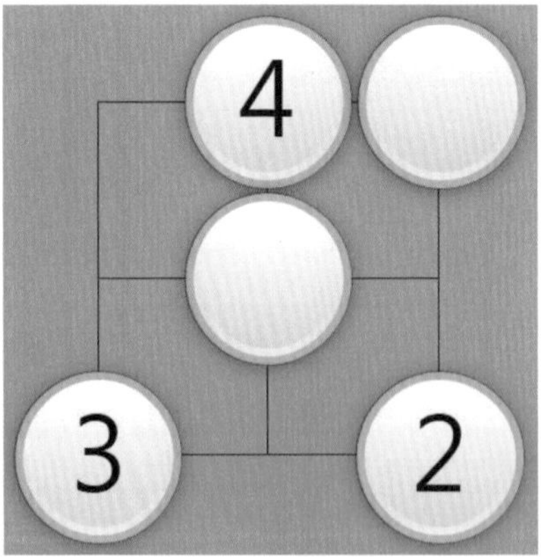

이후에는 흑이 어디에 두어도 모두 잡히기 때문에 패스를 할 수밖에 없는데, 이마저도 백이 ③과 ④로 두면 흑을 모두 따내게 되어 흑의 실패가 됩니다.

2도 실패

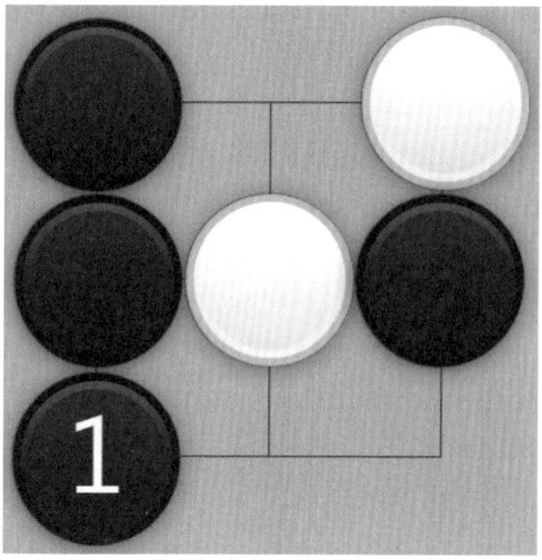

→

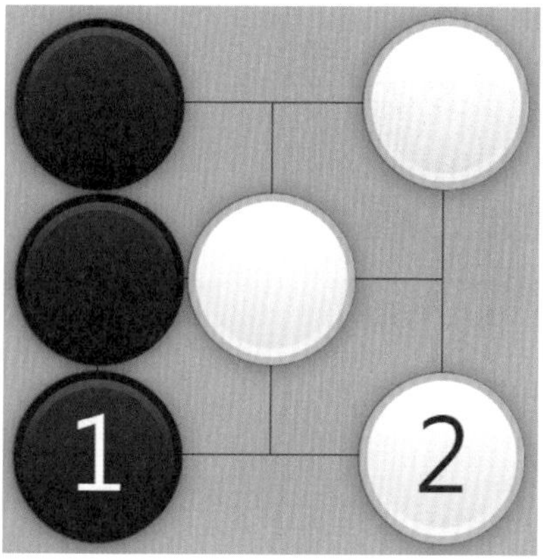

흑 ❶을 왼쪽 아래에 두는 수도 실패입니다. 이 역시 백이 ②로 오른쪽에 있는 흑돌 1개를 따내면 흑은 마땅한 후속수단이 없습니다.

3도 실패

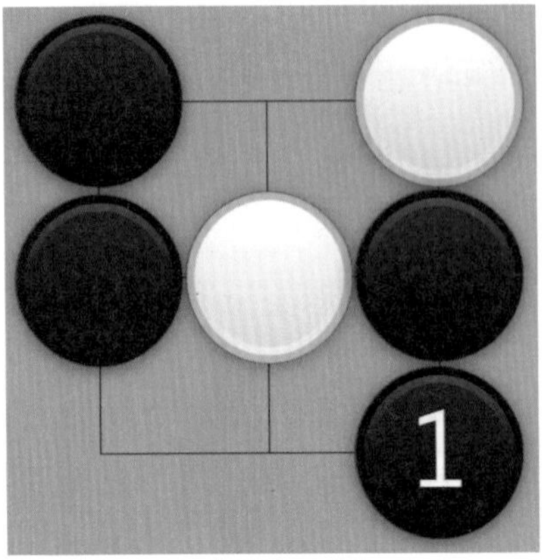

흑 ❶을 오른쪽 아래에 두면 어떨까요?

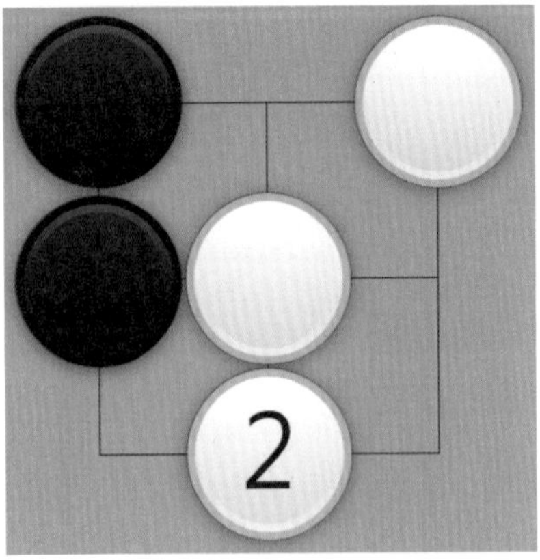

아쉽게도 백이 ②를 아래쪽 가운데에 두면 오른쪽에 있는 흑돌 2개를 모두 따내게 됩니다. 이후에 흑은 반격의 수단이 없어서 실패하게 됩니다.

4도 정답

→

흑 ❶을 위쪽 가운데에 두어 오른쪽 위에 있는 백돌 1개를 따내는 수가 정답입니다. 그다음 백은 ②로 둘 수밖에 없는데, 이 모양은 빅이 되므로 포로를 1개 잡은 흑이 승리하게 됩니다.

TIP 빅이 되는 모양을 잘 기억해두세요.

2 중급

문제 ❶

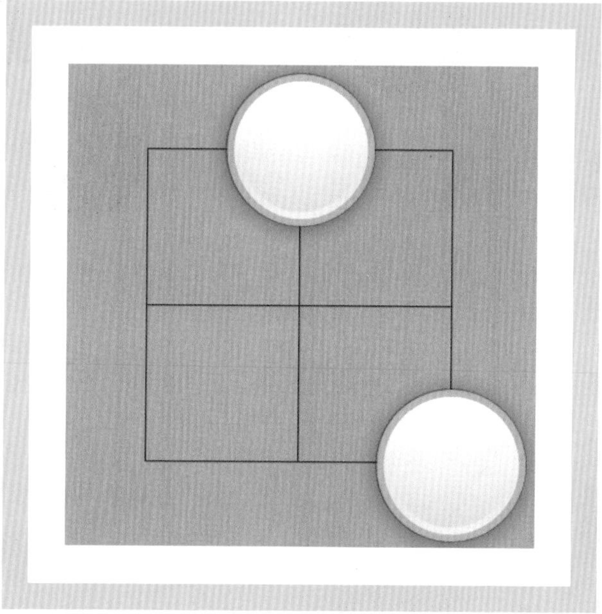

흑 차례 | 승리하기

1도 실패

→

흑 ❶을 오른쪽 가운데에 두는 수는 실패입니다. 백이 ②를 가운데에 두면 흑은 ❸으로 오른쪽 아래에 있는 백돌 1개를 따낼 수밖에 없는데, 이렇게 되면 백에게 튼튼한 숨구멍을 만들 기회가 생깁니다.

바로 왼쪽 가운데 백 ④의 자리이지요. 이 수로 인해 백은 튼튼한 숨구멍을 만들게 되고 흑은 더 이상 손을 쓸 수가 없습니다.

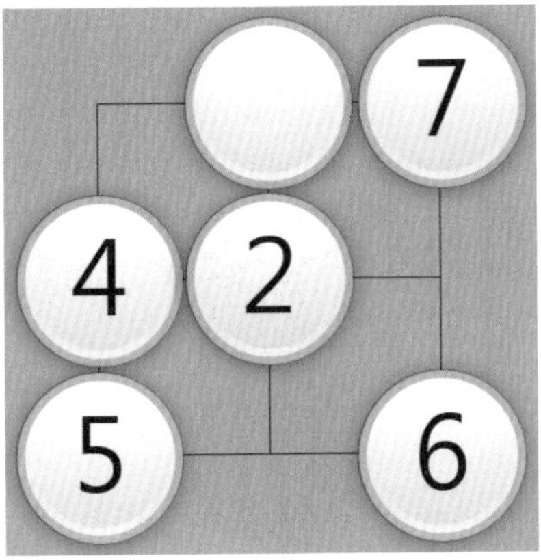

이후에 흑이 일부러 계속 패스를 해도 백 ⑦까지 수가 진행되면, 흑은 둘 수 있는 곳이 없어 부득이한 착수 포기로 패배하고 맙니다.

2도 실패

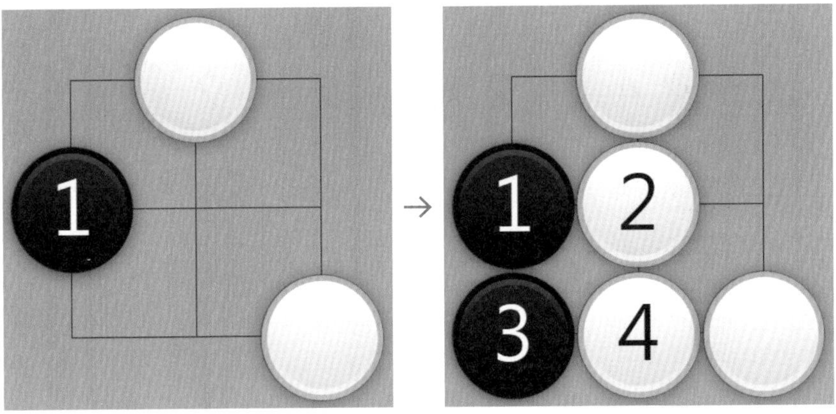

흑 ❶을 왼쪽 가운데로 비껴가는 수도 실패입니다. 백이 ②를 가운데에 두면 흑은 마땅한 후속수단이 없습니다.

3도 정답

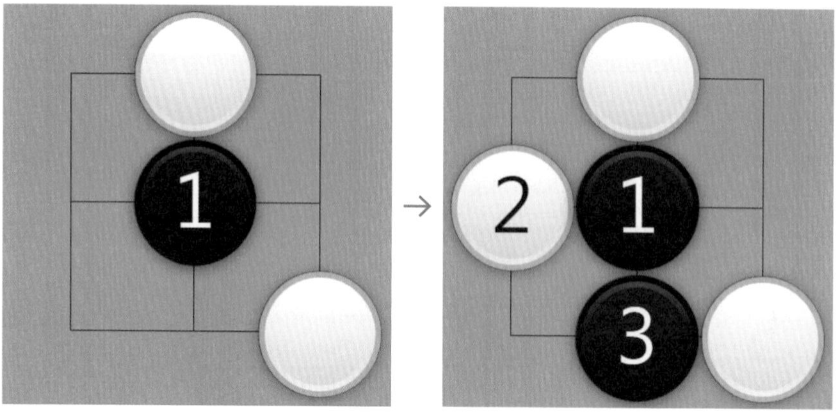

정답은 흑 ❶을 가운데에 두는 수입니다. 그다음 백이 ②를 왼쪽 가운데에 두면 흑 ❸을 아래쪽 가운데에 두어 백돌을 단수칩니다.

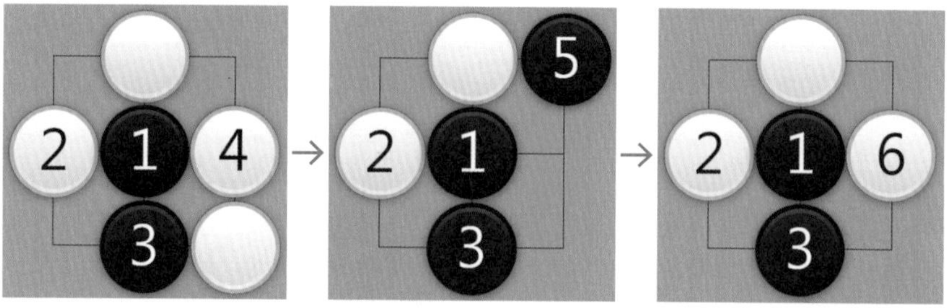

백이 ④로 막아도 흑은 ❺로 오른쪽에 있는 백돌 2개를 모두 따낼 수가 있습니다. 이후에 백이 ⑥으로 흑 ❺를 따내면 빅이 되는데, 이때 흑이 잡은 포로는 2개, 백이 잡은 포로는 1개이므로 흑의 승리가 됩니다.

TIP 주어진 퍼즐에서 급소를 찾는 것이 승리로 가는 지름길입니다.

문제 ❷

흑 차례 | 무승부 만들기

1도 실패

→

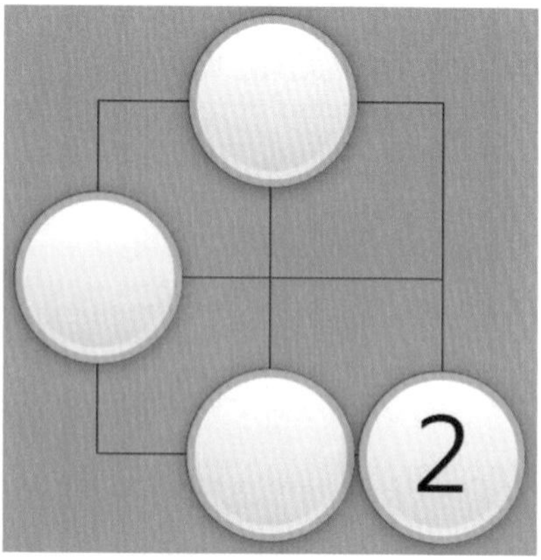

흑 ❶을 오른쪽 가운데에 두면 백 ②로 모두 잡히기 때문에 실패입니다. 이후에 백은 튼튼한 숨구멍을 가지게 되어 흑이 어쩔 도리가 없습니다.

2도 정답

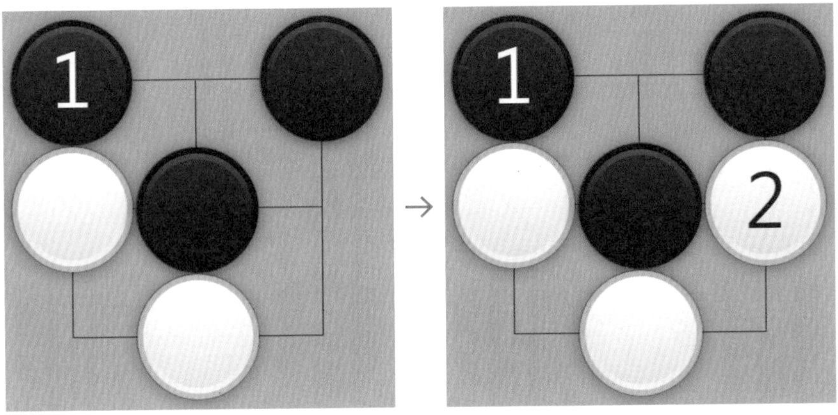

흑 ❶을 왼쪽 위에 두어 백돌 1개를 따내는 수가 정답입니다. 백은 패의 모양으로 인해 흑 ❶을 바로 되따내지 못하고, 백 ②로 두는 것이 최선의 수가 됩니다.

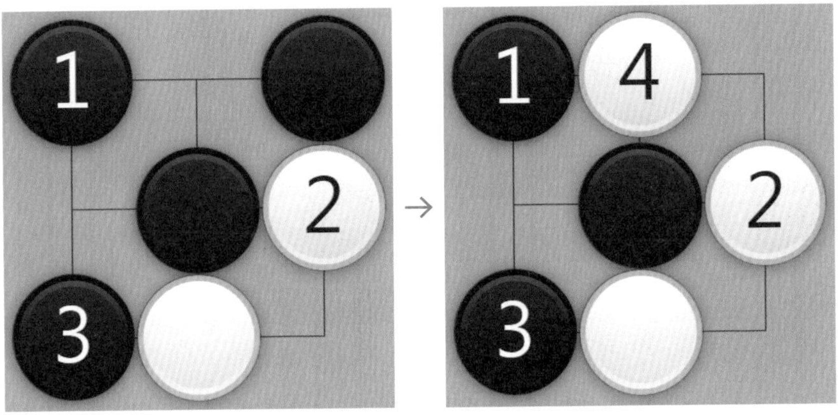

이어서 흑이 ❸으로 왼쪽 가운데에 있는 백돌 1개를 따내면, 백은 ④로 오른쪽 위에 있는 흑돌 1개를 따내게 됩니다.

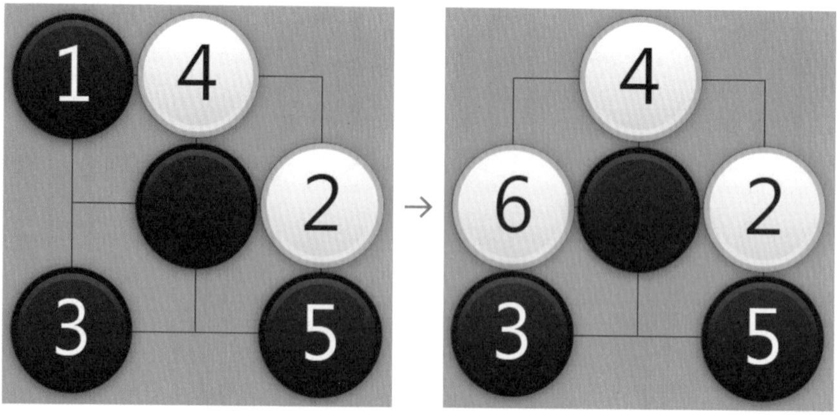

흑이 ❺로 아래쪽 가운데에 있는 백돌 1개를 따내면, 백도 ⑥으로 흑 ❶을 따냅니다.

이후에 백 ⑩까지 수가 이어지면 다시 처음 장면으로 돌아오게 됩니다. 이때 '판 전체 모양이 반복될 경우에는 무승부'라는 규칙에 따라 무승부로 종료됩니다.

TIP 미니 바둑판 전체에 걸쳐 모양이 반복될 때는 잡은 포로와 상관없이 무승부로 처리합니다.

문제 ❸

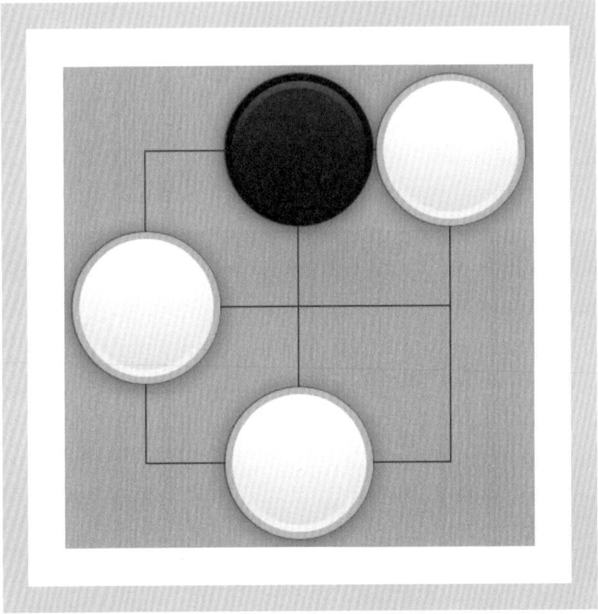

흑 차례 | 승리하기

1도 실패

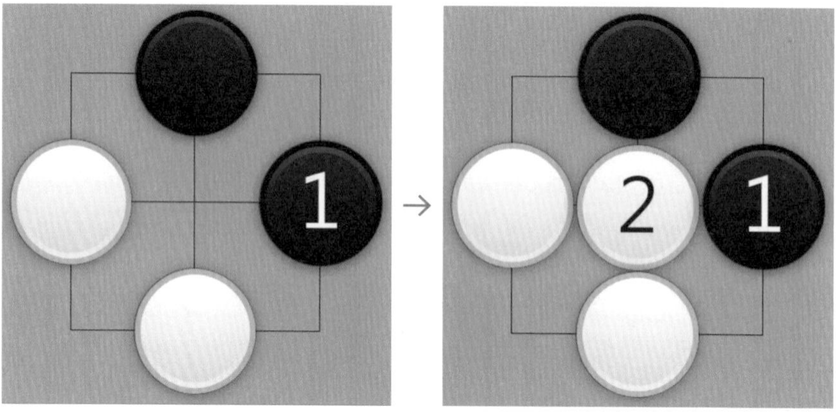

흑 ❶로 오른쪽 위에 있는 백돌 1개를 따내는 수는 당장은 좋아 보이지만 결과적으로는 실패의 수입니다. 백이 ②를 가운데에 두어 튼튼한 숨구멍을 만들고 나면 흑은 마땅한 후속수단이 없습니다.

2도 실패

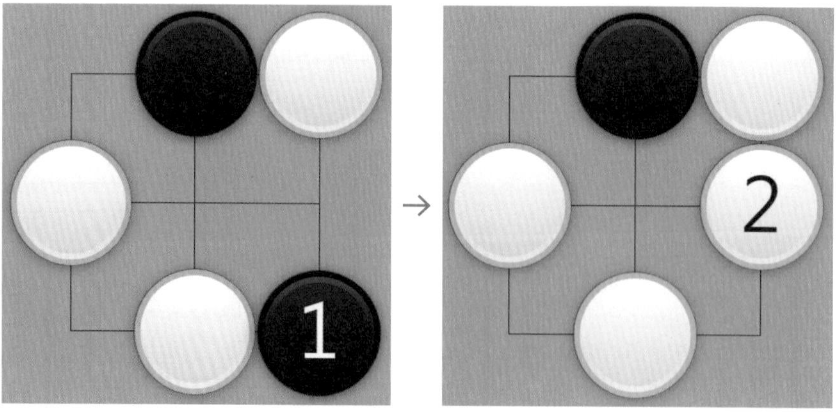

흑 ❶을 오른쪽 아래에 두면, 백이 ②로 흑 ❶을 따내면서 튼튼한 숨구멍을 가지기 때문에 역시 흑의 실패가 됩니다.

3도 정답

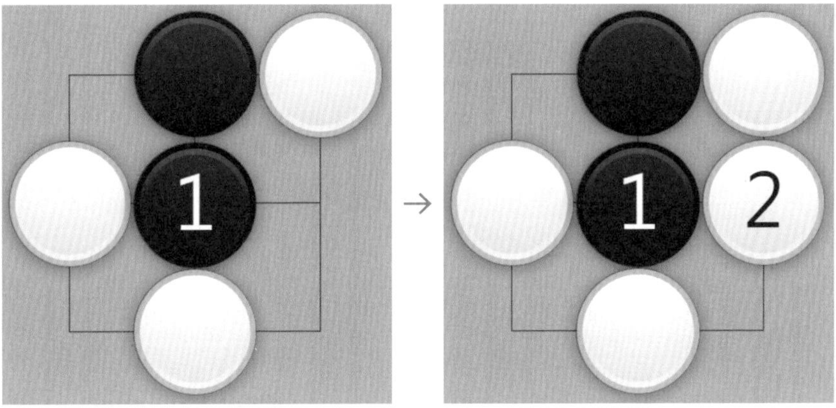

흑 ❶을 가운데에 두는 수가 정답입니다. 백도 가만히 있을 수 없기에 오른쪽 가운데로 백 ②를 두어 막아섭니다.

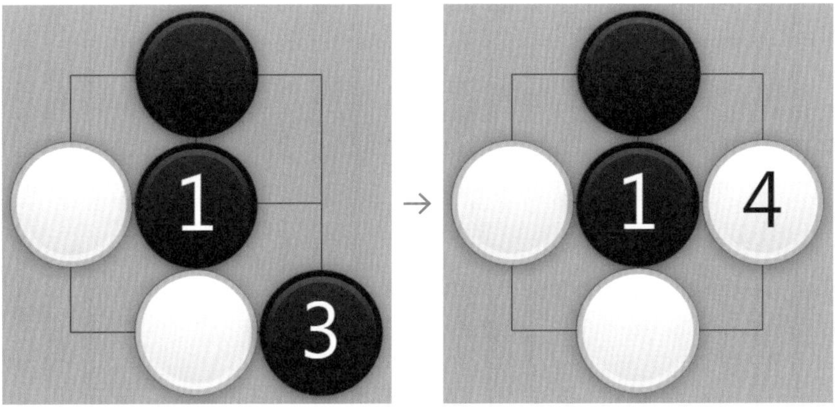

하지만 흑 ❸을 오른쪽 아래에 두면 오른쪽에 있는 백돌 2개를 모두 따낼 수가 있습니다. 그다음 백이 ④로 흑 ❸을 따내면 빅이 되는데, 이때 흑이 잡은 포로는 2개인 반면 백이 잡은 포로는 1개이기에 흑의 승리로 마무리됩니다.

인공지능과 바둑

빅데이터, 3D 프린터, 드론, AI, VR, 로봇, 사물 인터넷 등 새로운 4차 산업의 물결은 우리 사회를 변화시킬 여지가 큰 분야입니다. 특히 인공지능은 이미 전 세계가 주목하는 분야로서 앞으로 미래사회에서 빼놓을 수 없는 영역입니다.

지난 2016년 3월에는 인공지능이 얼마나 발전했는지를 가늠하기 위한 세기의 대결이 있었습니다. 바로 구글 딥마인드(Google DeepMind)가 개발한 인공지능 알파고와 이세돌 9단이 바둑대결을 한 것이었습니다. 당시 대부분의 전문가와 일반 사람들은 인간의 무조건적인 우세를 점쳤지만 막상 드러난 결과는 정말 의외였습니다. 총 1승 4패의 결과로 이세돌 9단이 알파고에게 패했던 것입니다.

비록 결과는 패했지만 인공지능과의 바둑대결은 많은 깨달음을 사람들에게 선물해 주었습니다. 그중 하나는 인공지능이 '딥 러닝'이라는 방식을 통해 인간의 판단력을 훨씬 뛰어넘는 성과를 보여주었다는 사실입니다. 인공지능이 예상했던 것보다 놀라운 속도로 발전하고 있다는 사실에 사람들은 다들 감탄할 수밖에 없었습니다. 그런데 이 대결이 가진 또 하나의 중요한 시사점이 있었습니다. 바로 인공지능의 발전 완성도를 '바둑'이라는 매개체를 통해 파악하려고 했다는 점입니다. 직관과 논리적 계산, 그리고 상황 판단력까지 모든 것을 아우르는 종합적 사고력이 필요한 바둑이 인공지능 발전의 척도로 활용된 것은 중요한 의미가 아닐 수 없습니다.

문제 ❹

흑 차례 | 승리하기

1도 실패

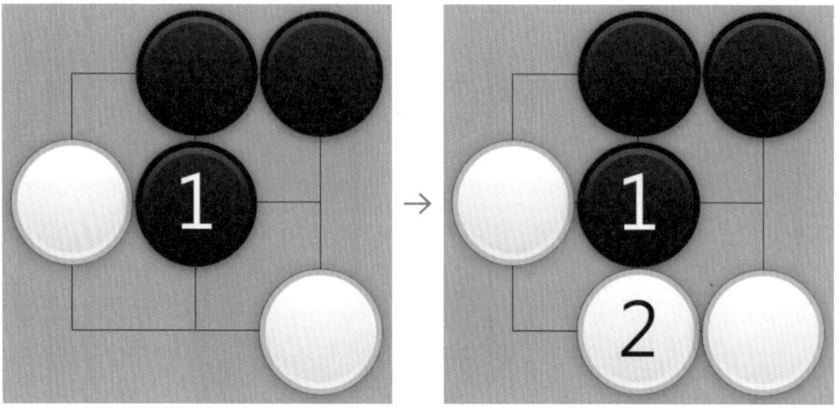

언뜻 보면 가운데 자리가 급소처럼 보이지만 실은 아닙니다. 백이 ②로 막으면 흑이 승리할 수 있는 수단이 없기 때문에 흑의 실패가 됩니다.

2도 실패

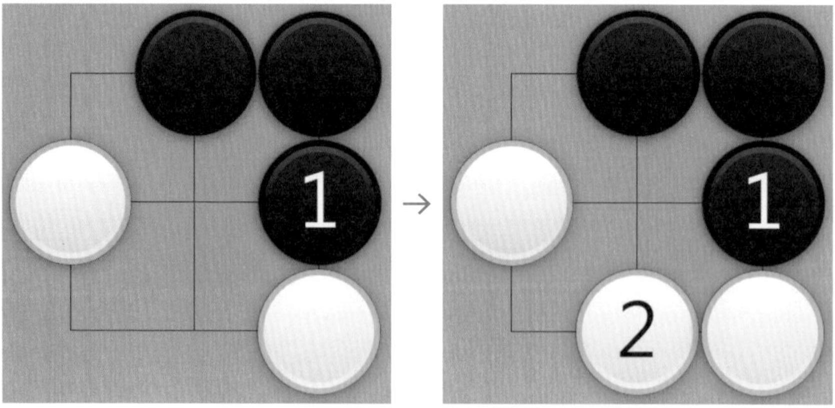

흑 ❶을 오른쪽 가운데에 두어 단수치는 수도 실패입니다. 백이 ②로 늘면 튼튼한 숨구멍을 가지게 되고, 결국에는 흑이 모두 잡히게 됩니다.

3도 정답

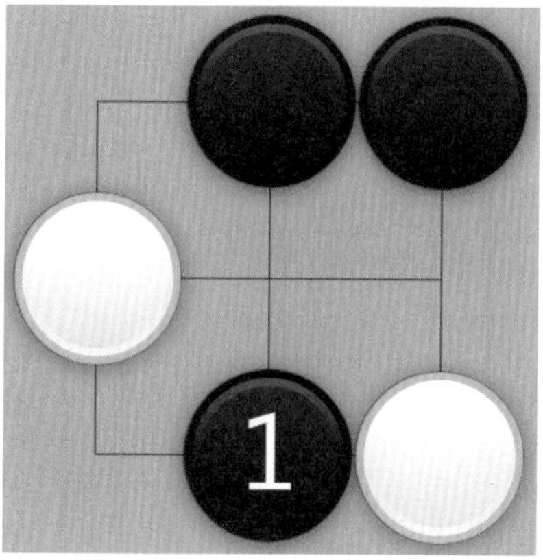

흑 ❶을 한 칸 건너 붙이는 수가 멋진 정답의 수입니다.

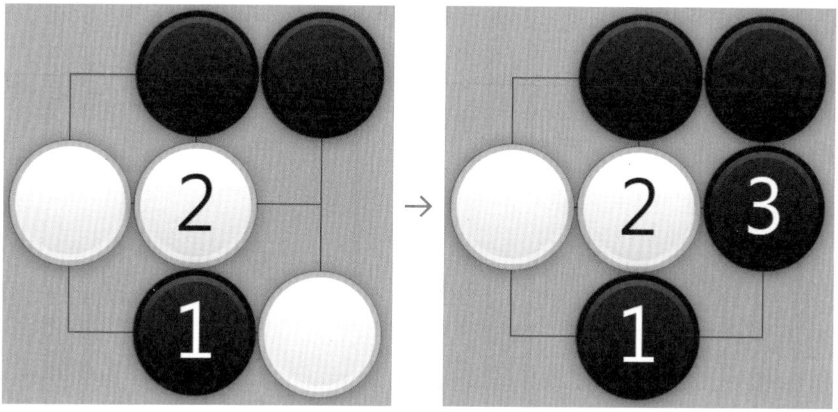

백이 ②로 끊으면 그다음 흑은 ❸으로 오른쪽 아래에 있는 백돌 1개를 따냅니다. 이후에는 서로 패스를 할 수밖에 없는 빅이 되고, 포로를 1개 잡은 흑이 승리하게 됩니다.

TIP 문제를 풀면서 잡고 잡히는 포로의 수를 세어가는 것도 중요합니다.

'바둑 격언서' – 위기십결(圍棋十訣)

위기십결(圍棋十訣)은 중국의 북송(北宋)시대, 약 980여 년 경에 지어졌다고 여겨지는 바둑의 격언서입니다. 부득탐승(不得貪勝), 입계의완(入界宜緩), 공피고아(攻彼顧我), 기자쟁선(棄子爭先), 사소취대(捨小取大), 봉위수기(逢危須棄), 신물경속(愼勿輕速), 동수상응(動須相應), 피강자보(彼强自保), 세고취화(勢孤取和) 등의 내용은 바둑을 둘 때뿐만 아니라 우리가 삶을 살아가는 데 있어서 많은 교훈을 주기도 하는 내용입니다.

부득탐승(不得貪勝)	승리를 탐하면 이기지 못한다.
입계의완(入界宜緩)	상대의 세력권에 너무 깊이 들어가지 마라.
공피고아(攻彼顧我)	상대방을 공격하기 전에 나를 먼저 되돌아보라.
기자쟁선(棄子爭先)	돌을 일부 희생하더라도 선수(先手)를 잡아라.
사소취대(捨小取大)	작은 것을 버리고 큰 것을 취하라.
봉위수기(逢危須棄)	위기에 처하면 불필요한 것은 버려라.
신물경속(愼勿輕速)	서두르지 말고 신중해라.
동수상응(動須相應)	서로 연관되고 호응이 되게 하라.
피강자보(彼强自保)	상대가 강한 곳에서는 안전을 도모하라.
세고취화(勢孤取和)	고립되었을 때에는 화평을 취하라.

문제 ❺

흑 차례 | 승리하기

1도 실패

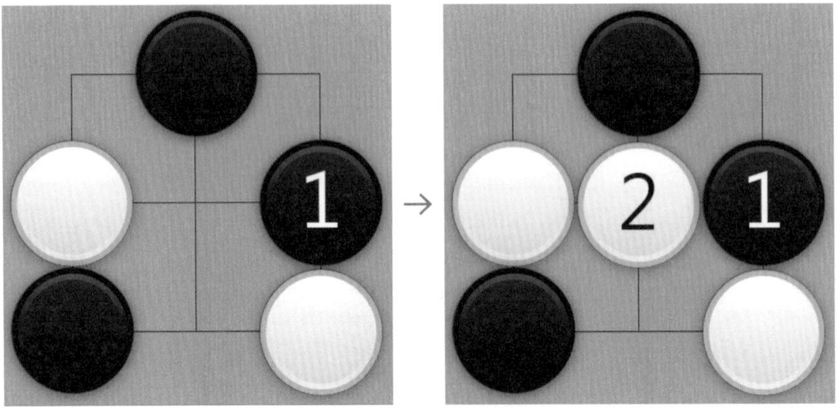

흑 ❶을 오른쪽 가운데에 두면 성공한 듯 보이지만 백 ②로 반격을 당할 수가 있습니다.

이후에 흑 ❺까지 수가 이어지면 서로 패스를 할 수밖에 없는 빅이 되는데, 이때 서로 잡은 포로의 수가 각각 2개씩 같아 무승부가 되기 때문에 실패입니다.

2도 실패

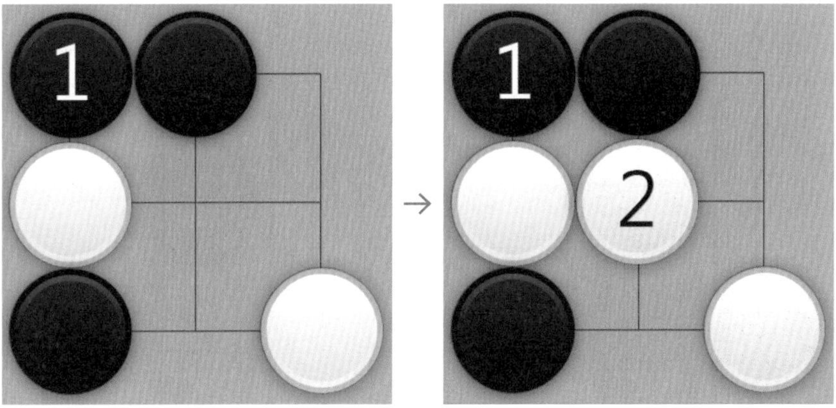

흑 ❶을 왼쪽 위에 두면 백은 ②로 흑을 모두 단수치게 됩니다. 이후에 백은 흑을 언제든지 잡을 수 있지만, 흑은 백을 도저히 잡을 수 없는 모양이 되어 흑의 실패로 끝이 납니다.

3도 정답

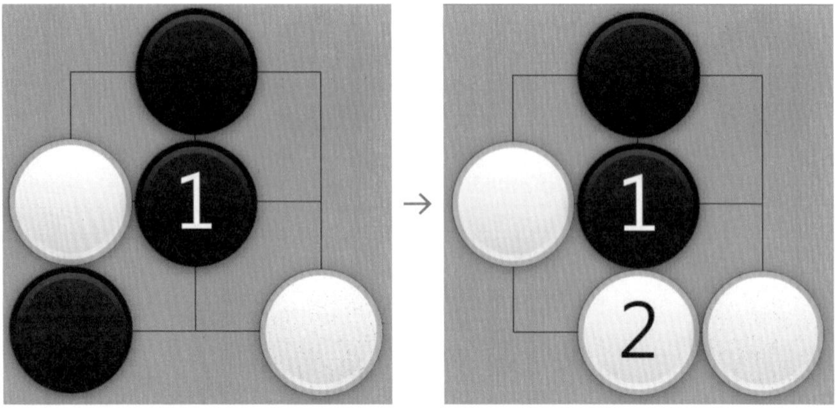

흑 ❶을 가운데에 두는 수가 정답입니다. 그다음 백은 ②로 왼쪽 아래에 있는 흑돌 1개를 따낼 수밖에 없습니다.

하지만 흑이 ❸을 오른쪽 가운데에 두면, 언제든지 백을 따낼 수 있는 모양이 되어 승리하게 됩니다.

문제 ❻

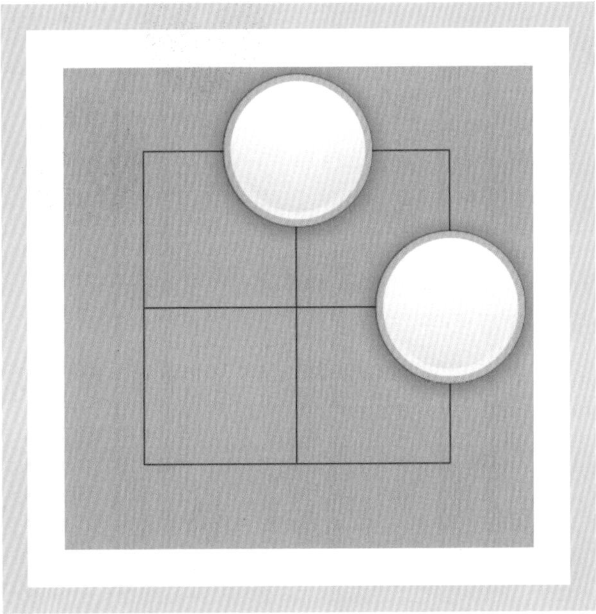

흑 차례 | 무승부 만들기

1도 실패

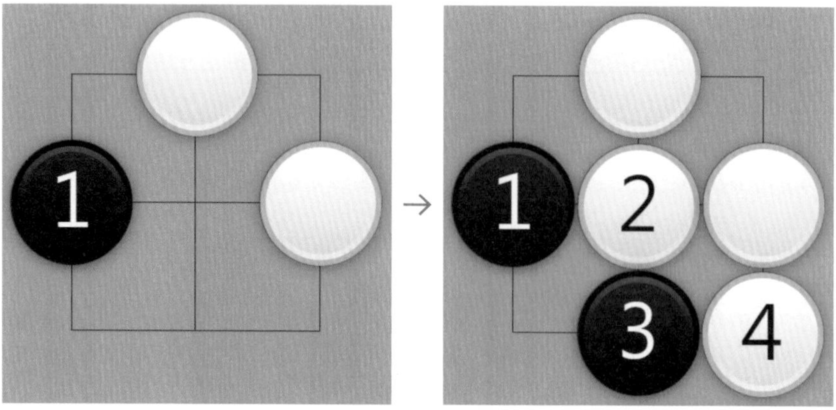

흑 ❶을 왼쪽 가운데에 두는 수는 아쉽게도 실패입니다. 백 ②가 급소 자리이기 때문에 이후에 흑이 ❸으로 두어도, 백은 ④로 튼튼한 숨구멍을 만들 수 있습니다. 반면에 흑은 무너질 수밖에 없는 숨구멍이기에 형세가 좋지 않습니다.

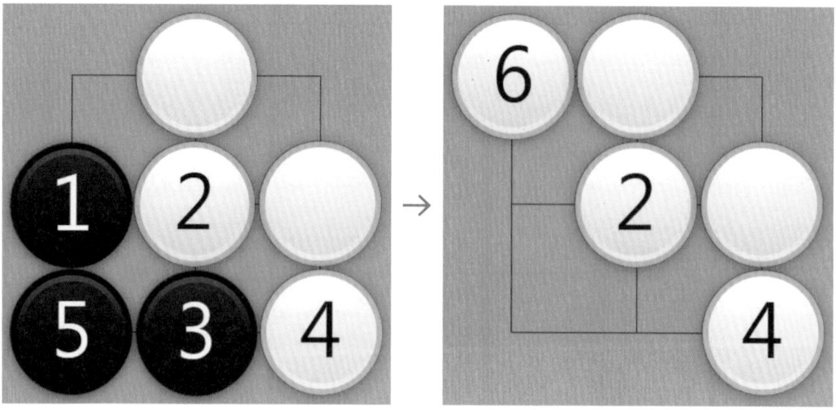

흑이 ❺로 돌을 이으면 백은 ⑥으로 흑을 모두 따내게 됩니다.

2도 실패

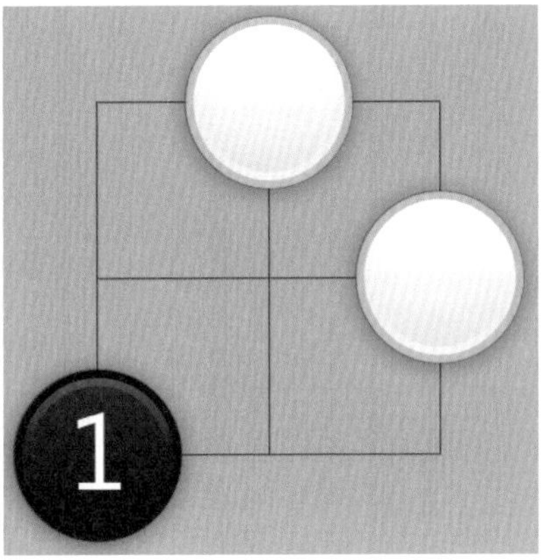

흑 ❶을 왼쪽 아래에 두는 수는 어떨까요?

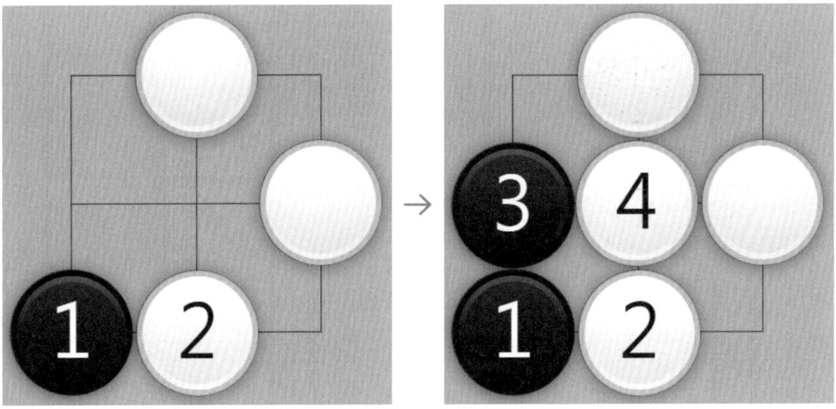

백이 ②로 흑을 단수치면 흑은 ❸으로 둘 수밖에 없습니다. 백은 그다음 수를 굳이 두지 않아도 이미 완벽한 모양이지만, 확실하게 백 ④로 마무리 짓는다면 흑은 더 이상 둘 수 있는 곳이 없어 패배하고 맙니다.

3도 정답

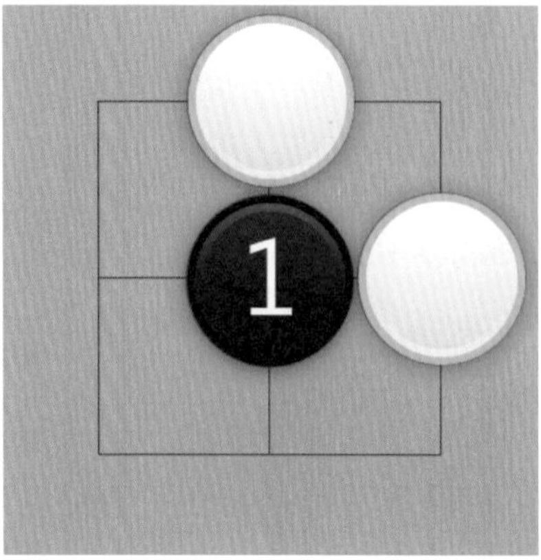

흑 ❶을 가운데로 가만히 끼우는 수가 정답입니다.

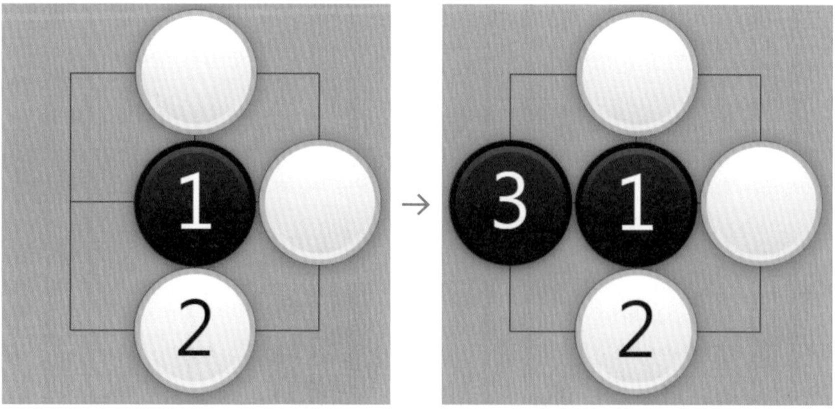

백은 ②로 단수치는 것이 최선이지만 흑이 ❸으로 나아가면 서로 패스를 할 수 밖에 없는 빅이 되고, 이때 서로 잡은 포로가 없어 무승부로 귀결됩니다.

문제 ❼

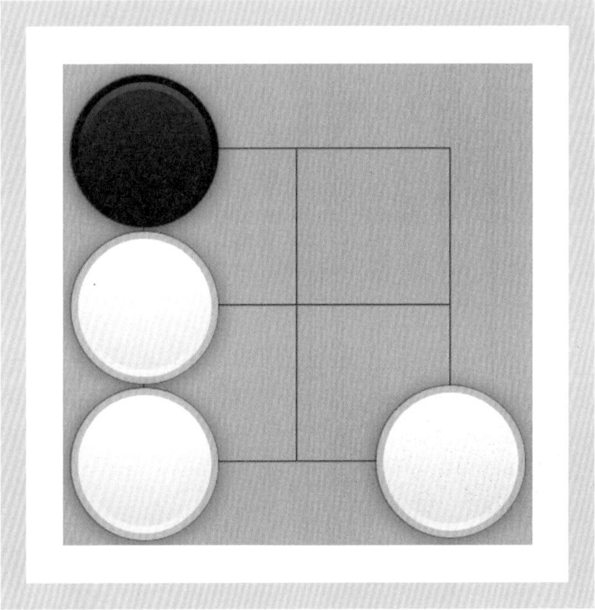

흑 차례 | 승리하기

1도 실패

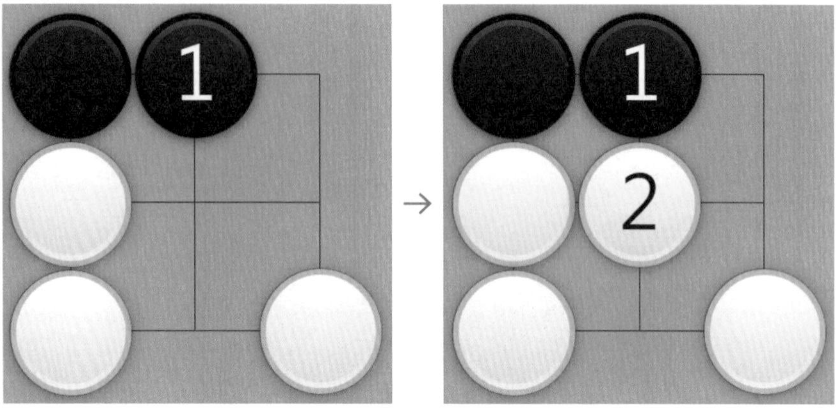

흑 ❶을 위쪽 가운데에 두어 도망치는 수는 백 ②로 단수를 당하기 때문에 실패입니다.

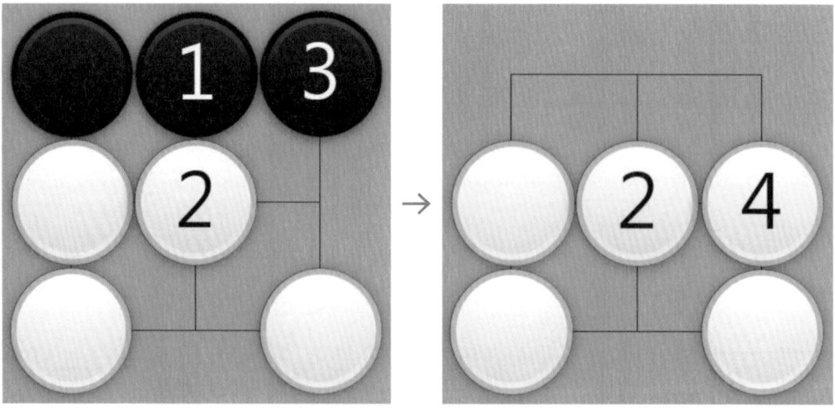

이후에 흑이 ❸으로 도망을 가도 백은 ④로 간단히 따내면서 튼튼한 숨구멍을 만들게 됩니다.

2도 실패

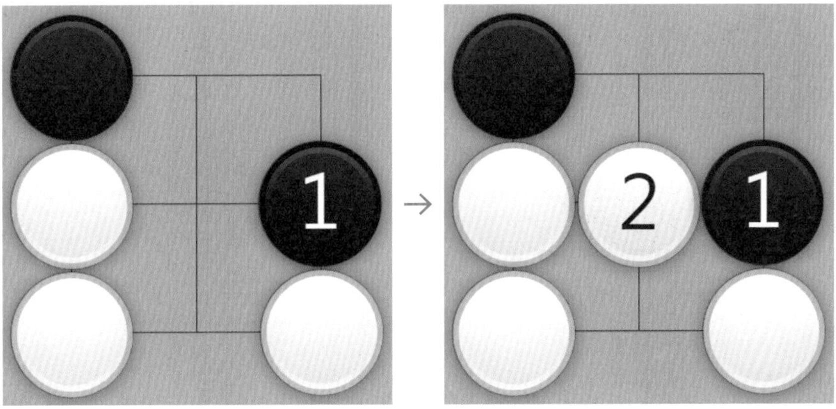

흑 ❶을 오른쪽 가운데에 두면 백에게 ②로 급소를 당하게 됩니다.

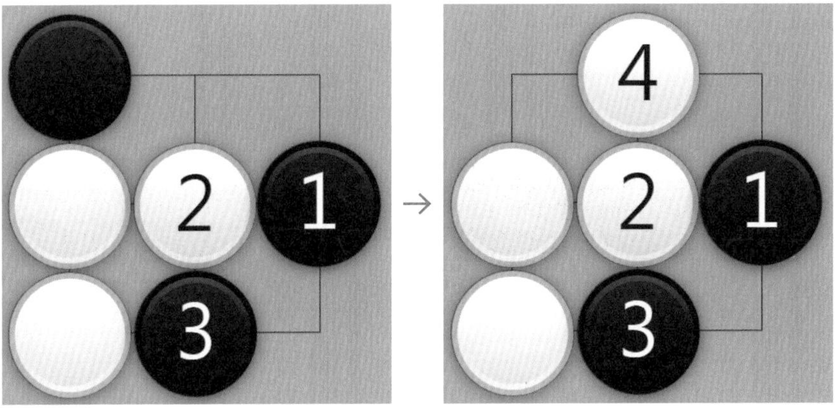

이어서 흑이 ❸으로 오른쪽 아래에 있는 백돌 1개를 따내도, 백이 ④로 두면 흑이 무척 곤란해집니다.

3도 정답

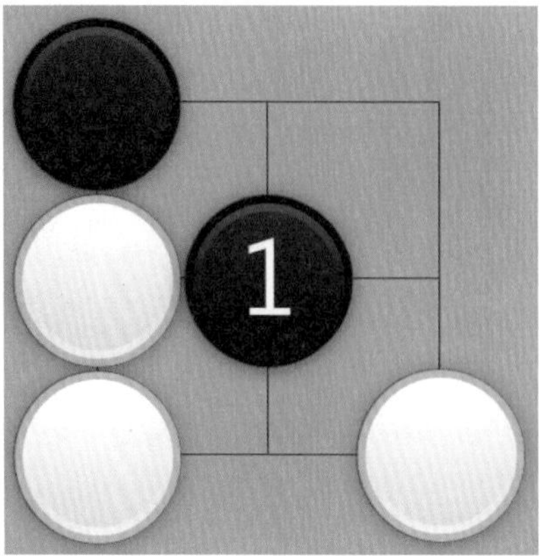

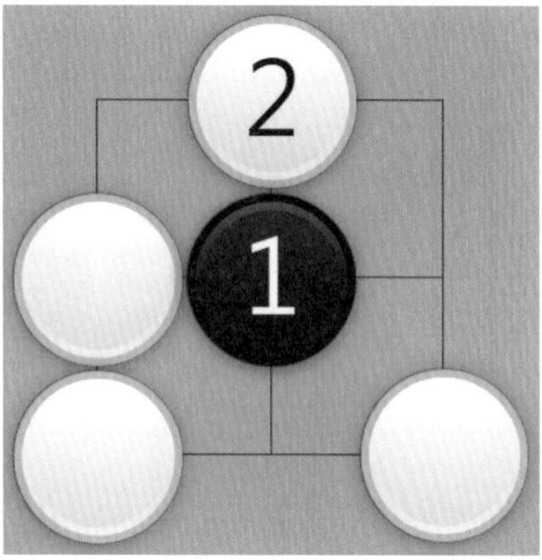

정답은 흑 ❶을 가운데에 두는 수입니다. 그다음 백은 ②로 왼쪽 위에 있는 흑돌 1개를 따낼 수밖에 없습니다.

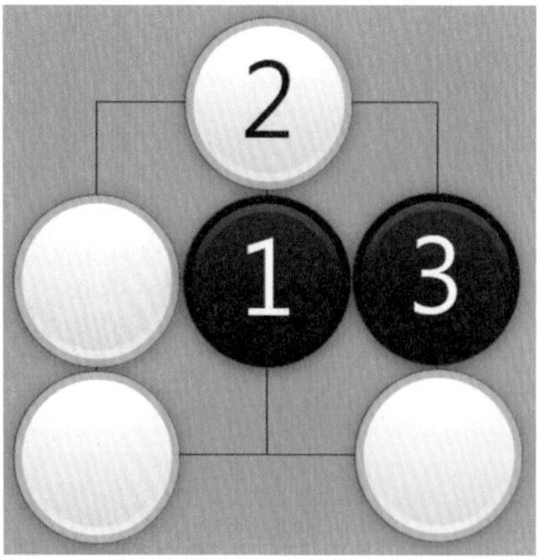

하지만 흑이 ❸을 오른쪽 가운데에 두면 백 전체를 포로로 잡을 수 있게 되어 승리하게 됩니다.

문제 ❽

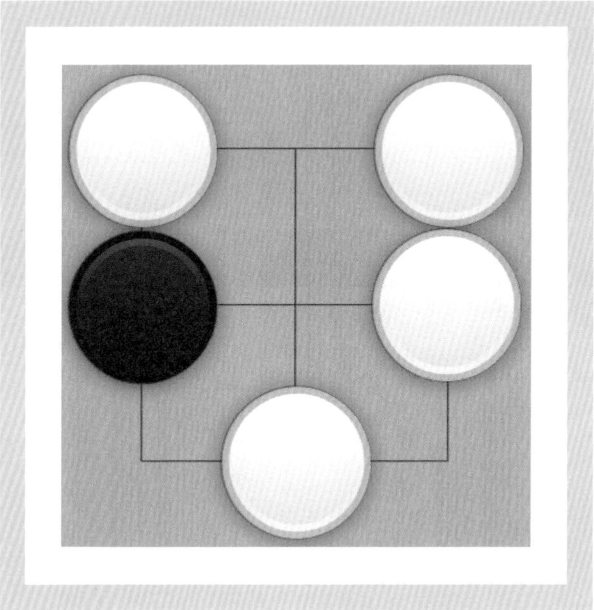

흑 차례 | 승리하기

1도 실패

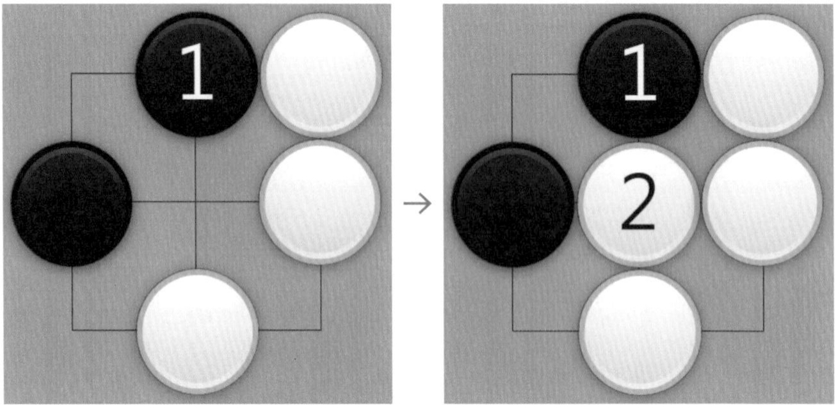

흑 ❶을 위쪽 가운데에 두어 왼쪽 위에 있는 백돌 1개를 따내는 수는 실패입니다. 백이 ②로 단수치면 흑은 더 이상 후속수단이 없습니다.

2도 정답

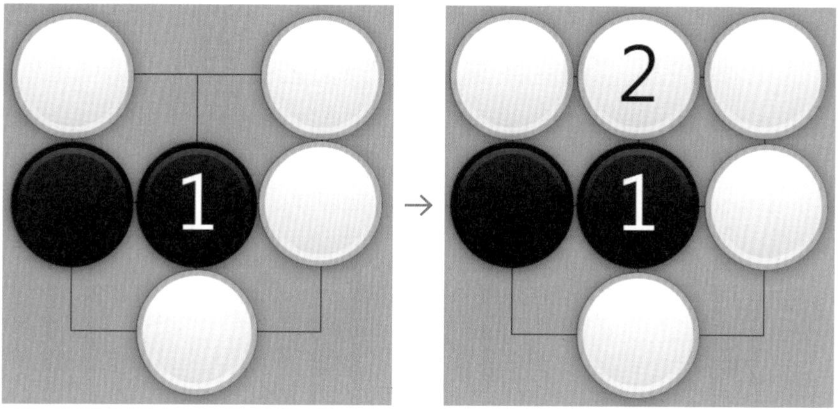

흑 ❶을 가운데에 두는 수가 바로 정답입니다. 그다음 백은 ②로 이어서 흑을 단수칠 수밖에 없습니다.

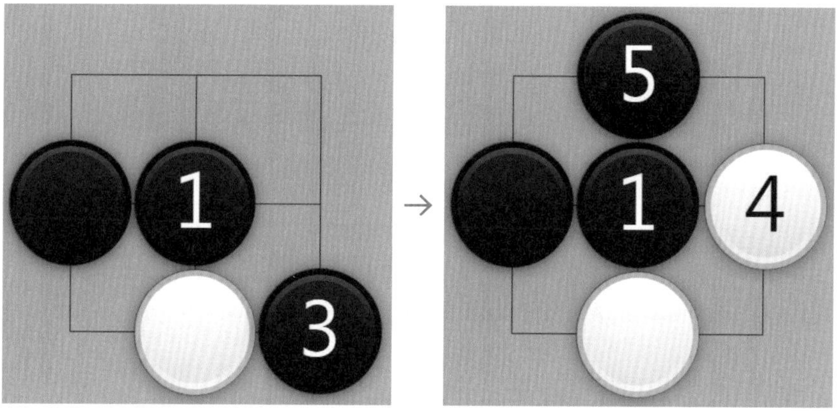

하지만 흑은 ❸으로 백돌 4개를 따낼 수가 있습니다. 이후에 백이 ④로 반격해도 흑은 ❺로 튼튼한 숨구멍을 만들어 승리하게 됩니다.

CHAPTER 3

4줄 바둑 퍼즐

1 초급

문제 ❶

흑 차례 | 승리하기

1도 실패

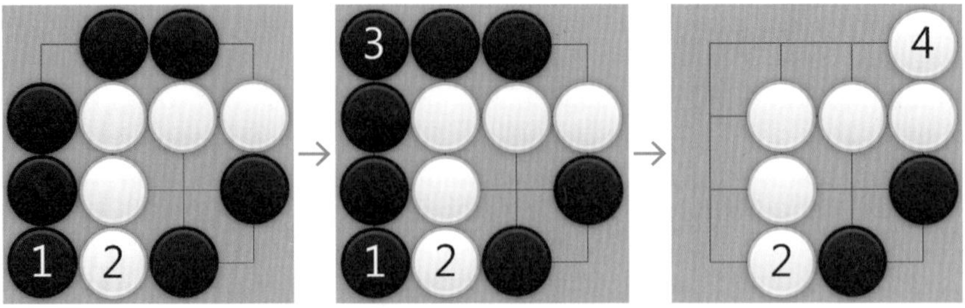

흑 ❶을 왼쪽 아래에 놓으면 백이 ②로 단수쳐서 흑이 곤란해집니다. 이후에 흑이 ❸으로 이어도 다음 차례에 백이 ④로 따내기 때문에 결국 패배하고 맙니다.

1도 실패

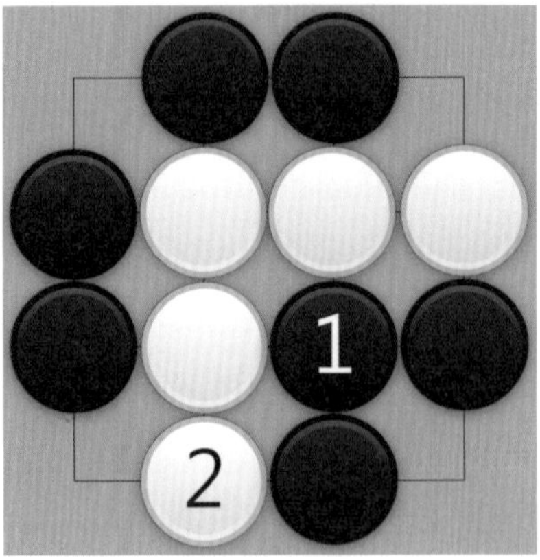

흑 ❶을 예시와 같이 두면 백이 ②로 오른쪽에 있는 흑돌 3개를 단수치게 됩니다. 이후에 흑은 패스를 할 수밖에 없는데, 그다음 백이 오른쪽에 있는 흑돌 3개를 따내게 되어 흑의 실패가 됩니다.

3도 정답

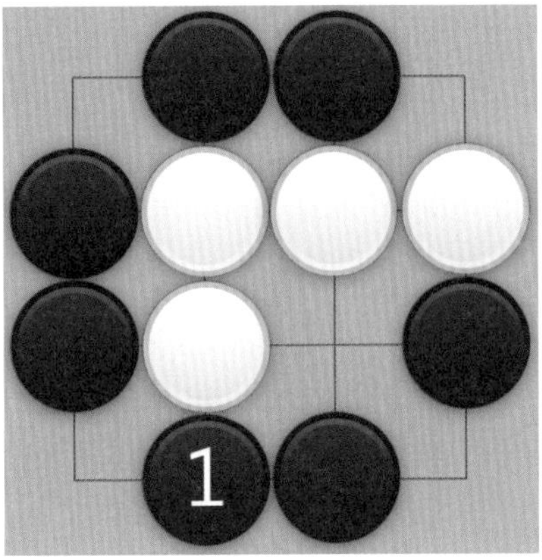

정답은 흑 ❶을 아래쪽 급소에 두는 수입니다.

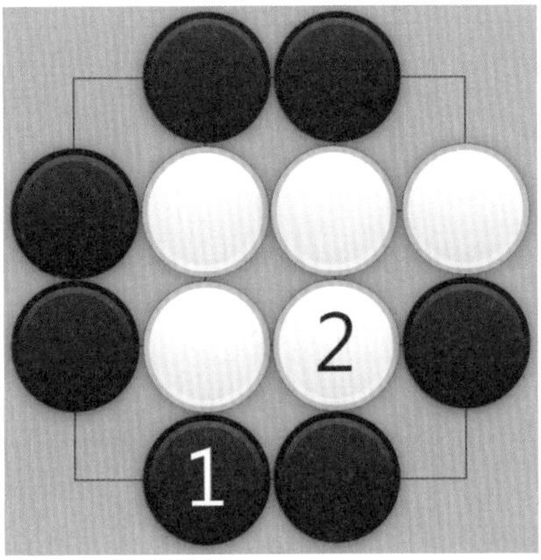

→

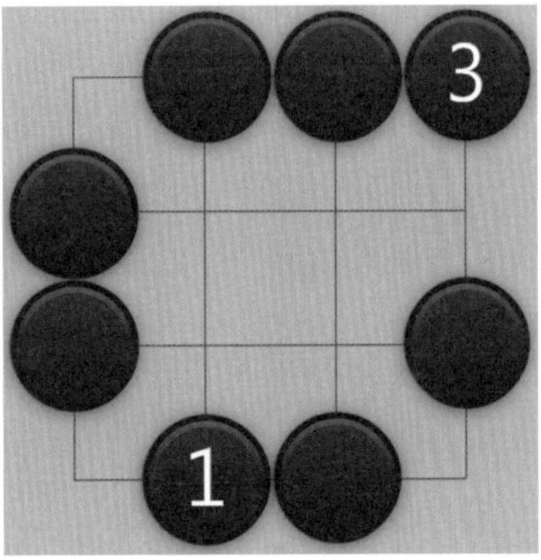

그다음 백이 ②로 반격해도 흑은 ❸으로 백을 모두 따낼 수가 있습니다.

이후에 수를 계속 진행해도 결국 백은 둘 수 있는 곳이 없어 흑이 승리하게 됩니다.

TIP 상대가 두고 싶어 하는 급소 자리를 반대로 내가 두면 유리해질 수 있습니다.

문제 ❷

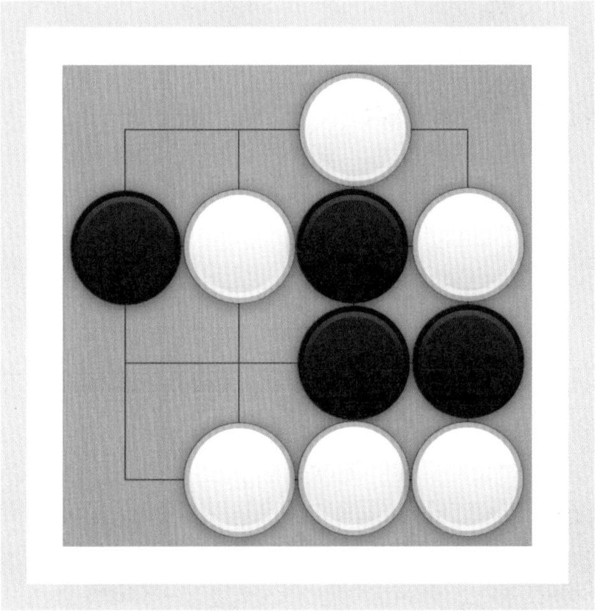

흑 차례 | 승리하기

1도 실패

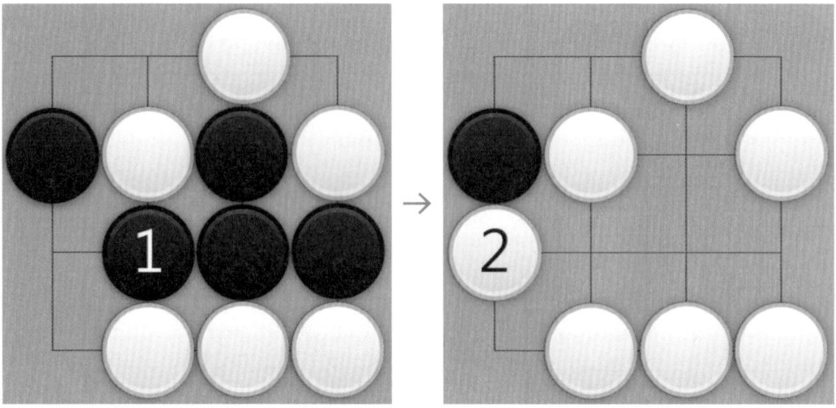

흑 ❶을 예시와 같이 두면, 백이 ②로 흑돌 4개를 한 번에 따내게 되어 흑의 실패가 됩니다.

2도 실패

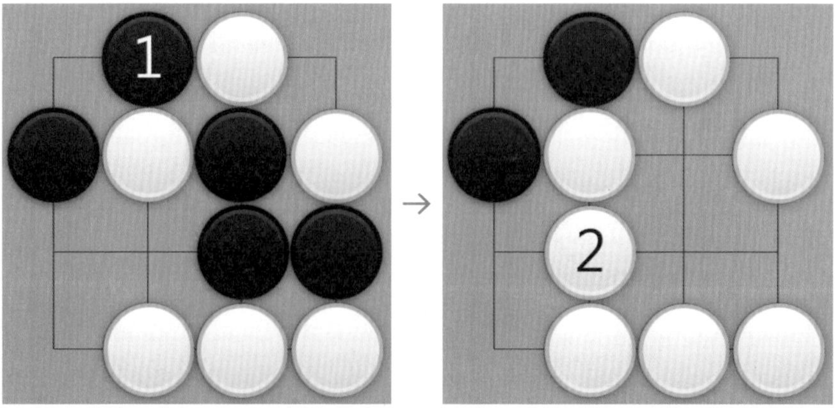

흑 ❶로 단수치는 수도 백이 ②로 오른쪽에 있는 흑돌 3개를 따내기 때문에 실패입니다.

3도 정답

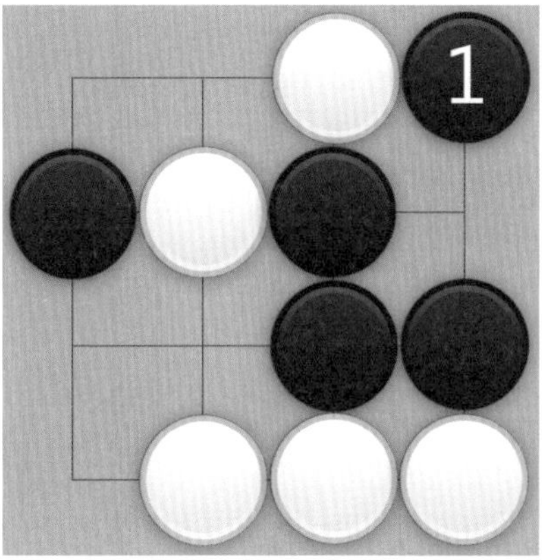

흑 ❶로 오른쪽 위에 있는 백돌 1개를 따내는 수가 정답입니다. 이렇게 하면 패의 모양이기 때문에 백은 흑 ❶을 곧바로 되따낼 수가 없습니다.

→

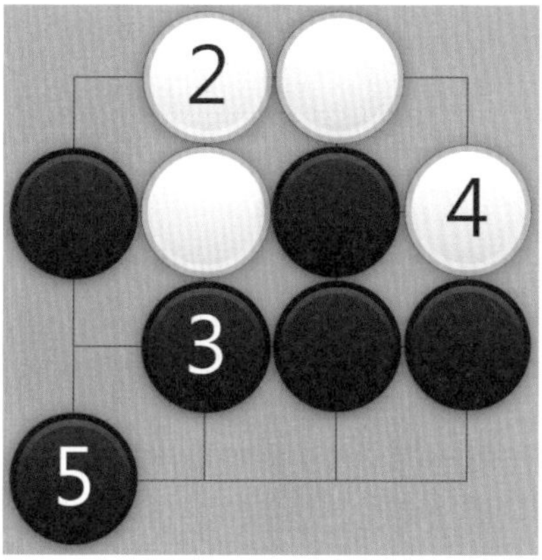

어쩔 수 없이 백이 ②로 이으면 흑은 ❸으로 백의 위, 아래를 모두 단수칩니다. 이후에는 백이 ④로 흑 ❶을 따내도, 흑은 ❺로 아래쪽에 있는 백돌 3개를 따내면서 튼튼한 숨구멍을 가질 수가 있습니다. 따라서 흑의 성공입니다.

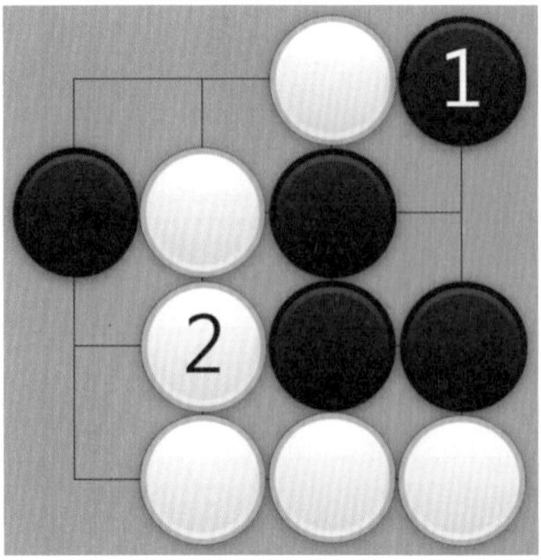

만약에 백이 ②를 예시와 같이 이으면 흑 ❸을 어떻게 두어야 할까요?

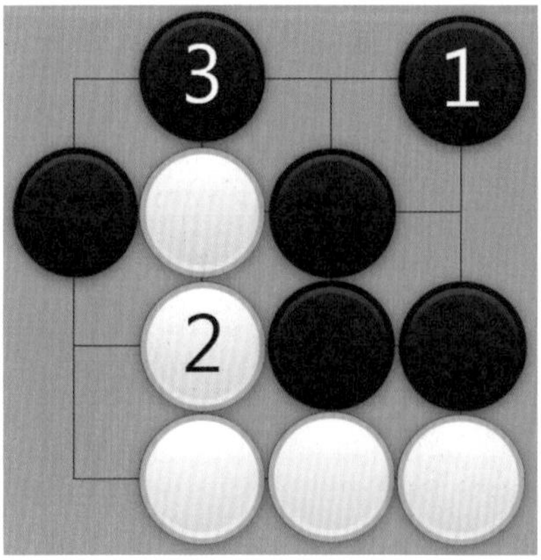

이 경우에는 흑 ❸으로 위쪽에 있는 백돌 1개를 따내면 백은 힘을 잃고 맙니다. 백은 남은 활로 중 어디에 두어도 스스로 단수를 맞게 되어, 이내 흑에게 잡히기 때문에 흑의 멋진 승리가 됩니다.

문제 ❸

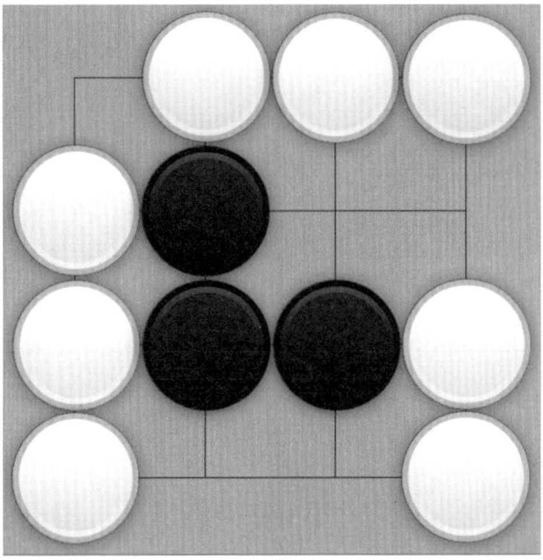

흑 차례 | 승리하기

1도 실패

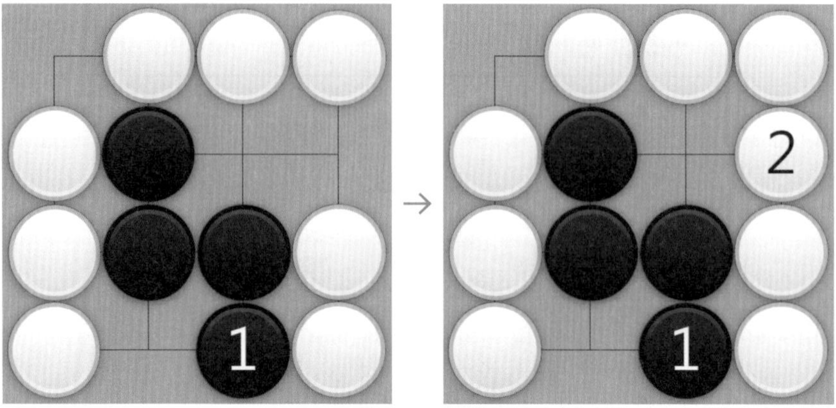

흑 ❶로 백돌 2개를 단수치는 수는 실패입니다. 백이 ②로 이으면 서로 패스를 할 수밖에 없는 빅이 되기 때문에 무승부가 되고 맙니다.

2도 실패

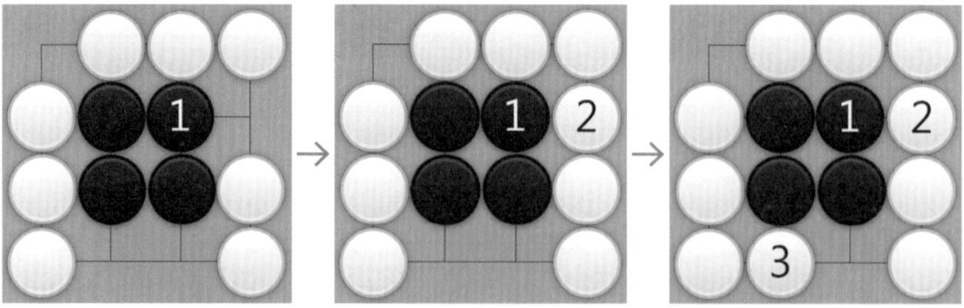

흑 ❶을 예시와 같이 두면, 백이 ②로 이었을 때 그다음 흑을 둘 곳이 마땅치 않게 됩니다. 아래쪽에 남은 자리 어디에 두어도 다음 차례에 백에게 모두 잡히기 때문입니다. 흑이 일부러 패스를 해도 백이 ③으로 두면 흑은 패배하게 됩니다.

3도 정답

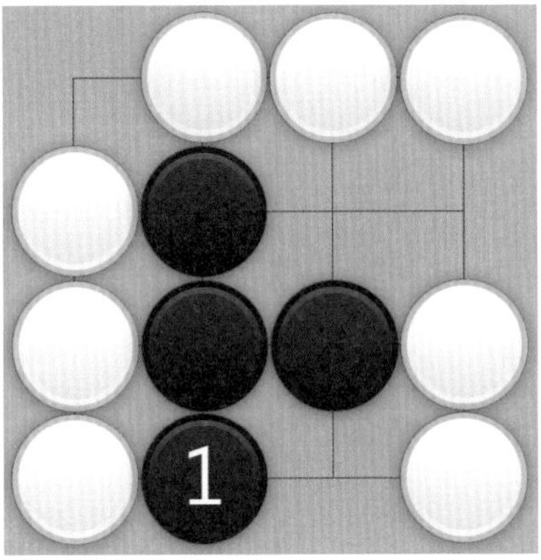

정답은 흑 ❶을 왼쪽 아래에 두는 수입니다.

→

백이 ②로 이으면 흑은 ❸으로 단수를 칩니다. 그다음 백이 ④로 이으면 흑은 ❺로 백돌을 모두 따내면서 승기를 가져올 수가 있습니다.

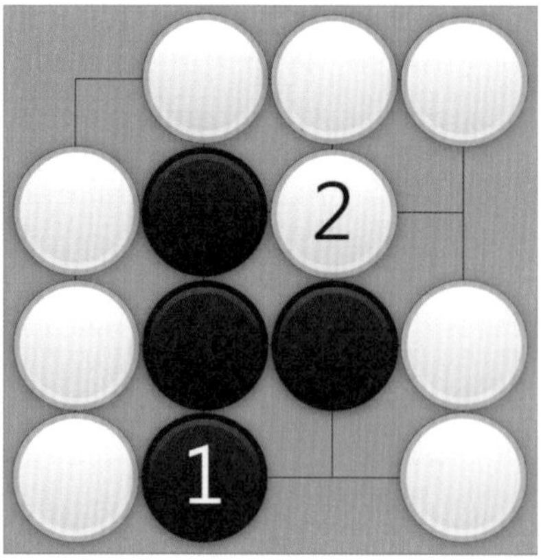

만약에 백이 ②로 잇지 않고 예시와 같이 두었다면 흑 ❸을 어떻게 두어야 할까요?

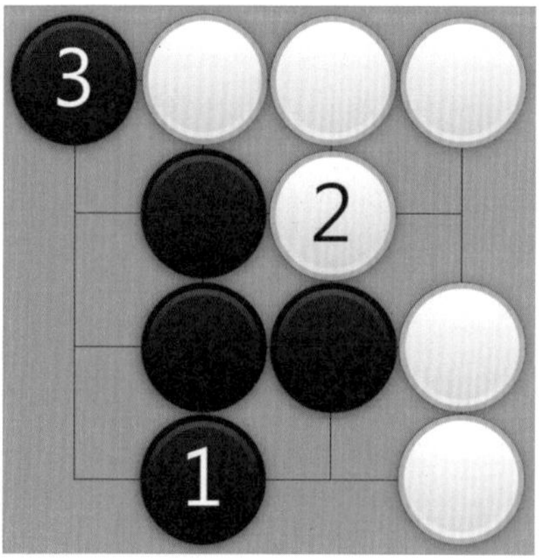

→

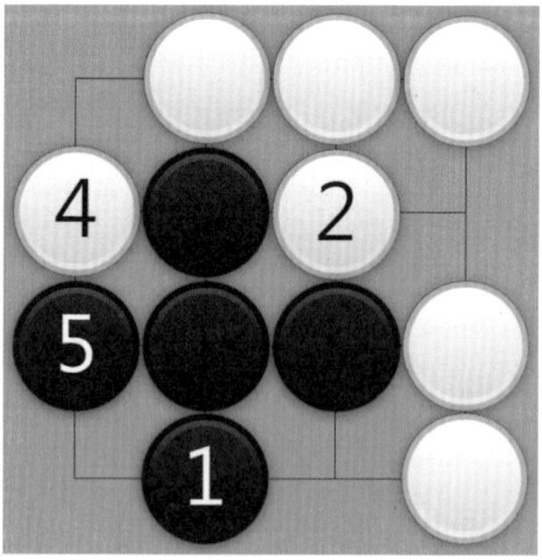

이 경우에는 흑 ❸으로 왼쪽에 있는 백돌 3개를 모두 따내면 됩니다. 그다음 백이 ④로 흑 ❸을 따내도 흑이 ❺로 두면, 튼튼한 숨구멍을 가지고 있는 흑이 승리하게 됩니다. 이후에 백은 패스를 할 수밖에 없지만 흑은 마음만 먹으면 남은 백돌을 차례로 따낼 수가 있습니다.

문제 ❹

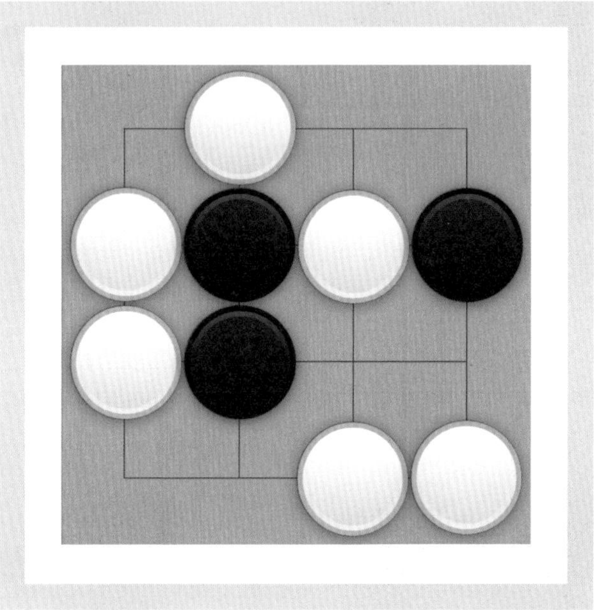

흑 차례 | 승리하기

1도 실패

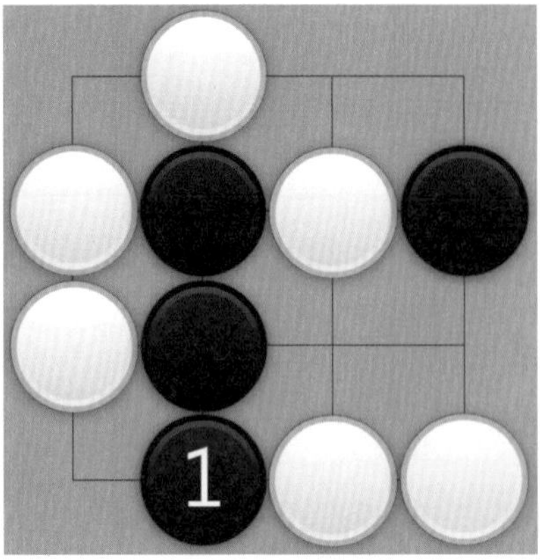

→

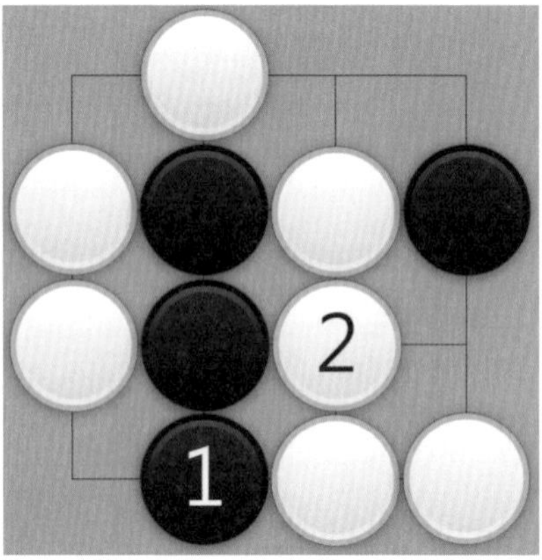

흑 ❶을 예시와 같이 두면 백이 ②로 이어서 왼쪽에 있는 흑돌 3개를 단수치게 됩니다.

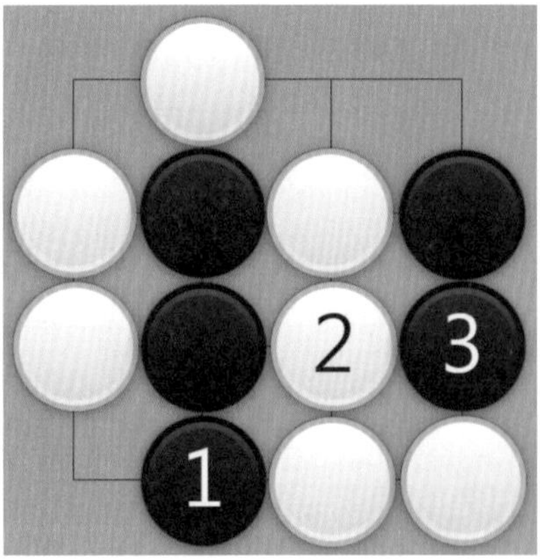

→

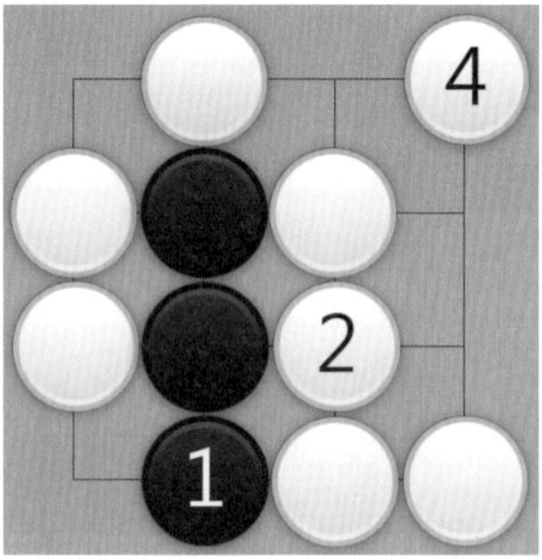

이후에 흑이 ❸으로 반격해도, 백은 ④로 오른쪽에 있는 흑돌 2개를 따내면서 승기를 가져가기 때문에 흑의 실패가 됩니다.

2도 정답

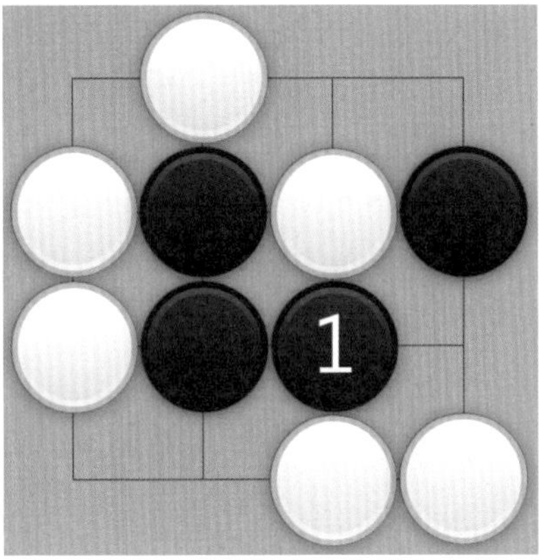

흑 ❶의 자리가 이 문제의 급소 자리입니다. 여기에 두면 바로 위에 있는 백돌 1개를 단수치는 모양이 됩니다.

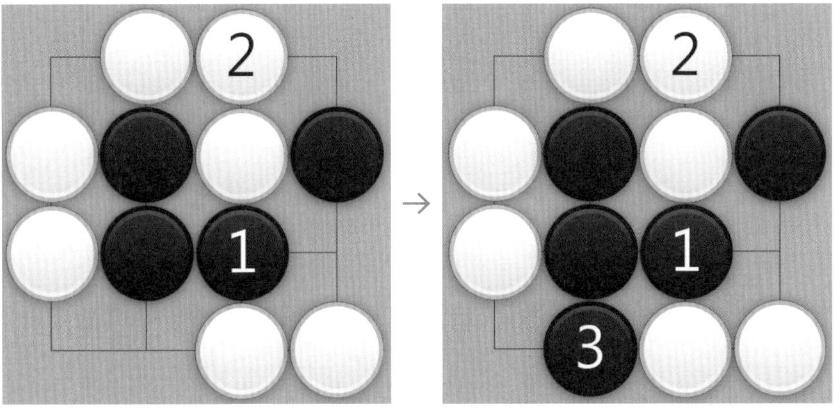

이를 막기 위해 백이 ②로 잇는다면 흑은 ❸으로 두어서 간단하게 퍼즐을 해결할 수 있습니다. 이후에 백은 어디에 두어도 흑에게 잡히는 형세가 되어 곤란해집니다.

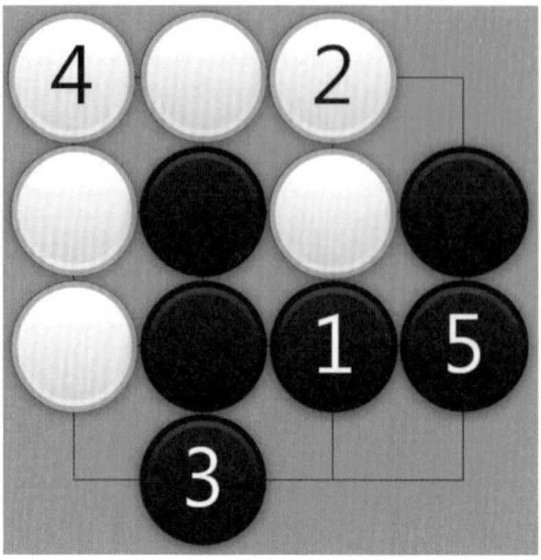

백 ④로 잇는 것이 그나마 할 수 있는 수이지만, 흑을 ❺로 두면 아래쪽에 있는 백돌 2개를 잡으면서 남은 백돌을 이내 모두 따낼 수 있는 모양이 되기 때문에 흑의 성공입니다.

TIP 때로는 나의 돌을 연결하는 것이 좋은 수가 됩니다.

문제 ❺

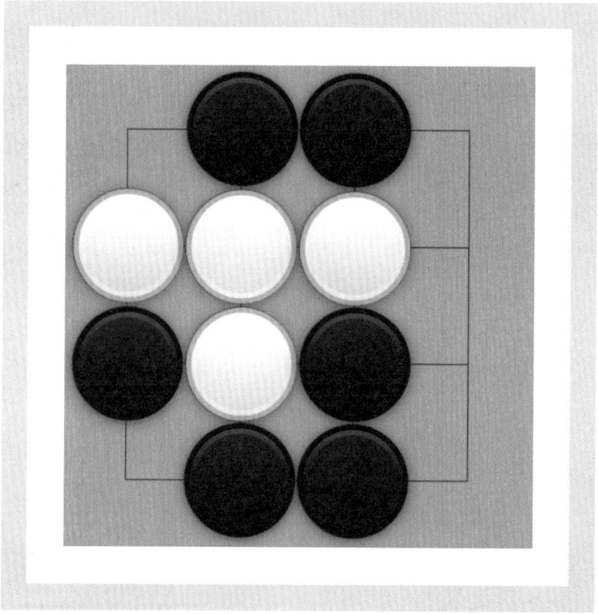

흑 차례 | 승리하기

1도 실패

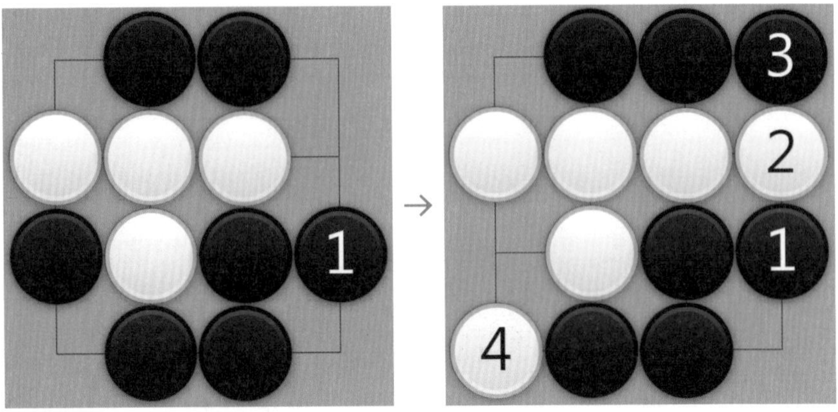

튼튼한 숨구멍을 만들기 위해서 흑 ❶로 두는 수를 생각할 수도 있지만, 백이 ②로 두면 흑의 위, 아래가 서로 분리됩니다. 이후에 백 ④까지 수가 진행되면 흑은 더 이상 둘 수 있는 곳이 없어 부득이한 착수 포기로 패배하고 맙니다.

2도 실패

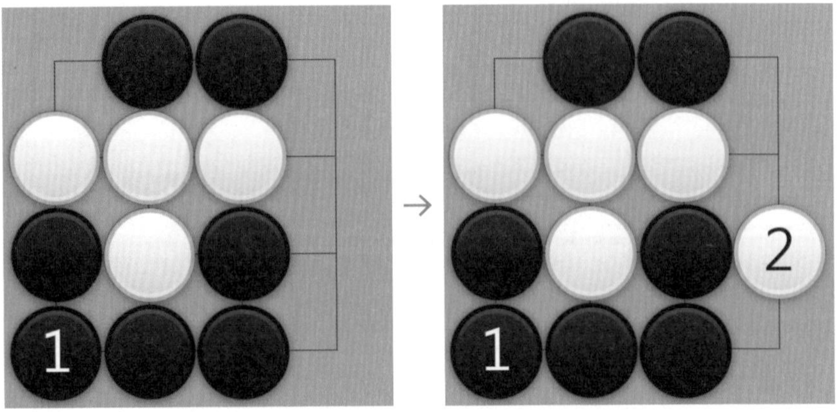

흑 ❶로 왼쪽에 있는 흑돌을 살리는 수도 실패입니다. 백이 ②로 두면서 아래쪽에 있는 흑돌 5개를 단수치기 때문입니다. 이후에 흑은 마땅한 수단이 없습니다.

3도 정답

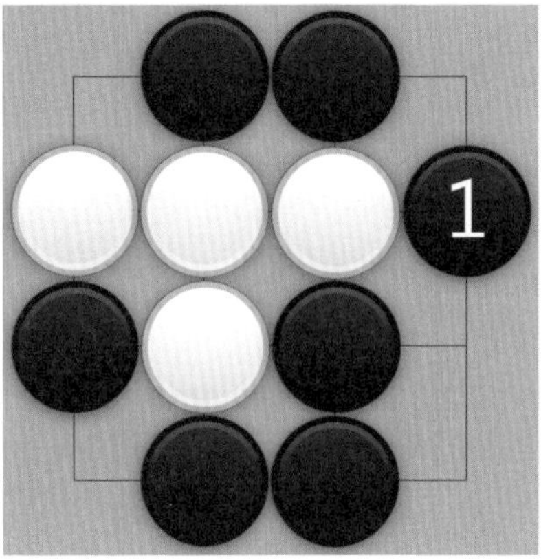

정답은 흑 ❶로 백돌 4개를 단수치는 수입니다. 이 상황에서 백은 왼쪽에 있는 흑돌 1개를 따낼 수밖에 없습니다.

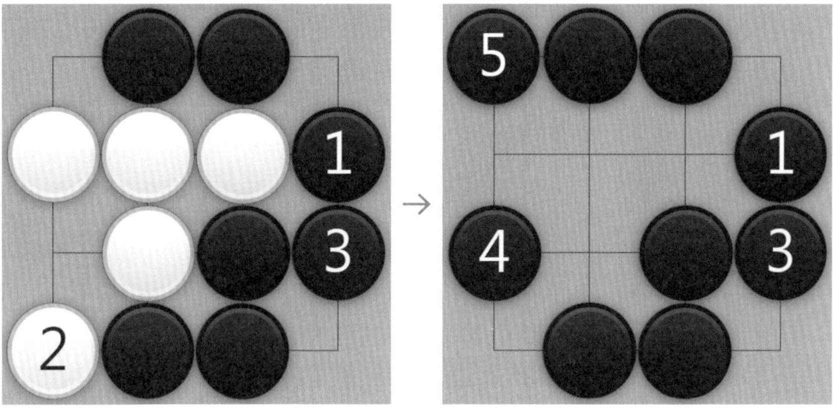

그다음 흑은 ❸으로 이어 상대가 무너트릴 수 없는 튼튼한 숨구멍을 만드는 것이 좋습니다. 이후에 백은 일부러 착수를 포기하는 패스를 할 수밖에 없는데, 흑은 ❹와 ❺로 백돌 전체를 따내어 승리하게 됩니다.

TIP
퍼즐 풀이는 첫 번째 수를 맞히는 것만이 전부가 아닙니다.
이후의 과정들까지도 정확하게 찾아내야 진정한 정답이라고 할 수 있습니다.

바둑의 위기구품(圍棋九品)

중국의 송(宋)대 학자인 장의가 저술한 기경(棋經)에는 바둑의 9가지 품계가 기록되어 있습니다. 1품은 입신(入神), 2품은 좌조(坐照), 3품은 구체(具體), 4품은 통유(通幽), 5품은 용지(用智), 6품은 소교(小巧), 7품은 투력(鬪力), 8품은 약우(若愚), 9품은 수졸(守拙)입니다. 이는 오늘날 바둑의 단위(段位)로서 통용되고 있기도 한데, 1품은 9단, 9품은 초단에 해당합니다.

수졸(守拙)	큰 힘을 발휘하지는 못하지만 제 스스로는 지킬 수 있음을 의미함.
약우(若愚)	어리석어 보이지만 어느 정도 실력은 갖춤을 의미함.
투력(鬪力)	지혜나 재주보다는 힘으로 싸우는 수준을 의미함.
소교(小巧)	작은 재주를 부릴 줄 앎을 의미함.
용지(用智)	지혜롭게 싸우는 것을 의미함.
통유(通幽)	깊고 그윽한 곳을 꿰뚫어 앎을 의미함.
구체(具體)	바둑의 모든 체격을 갖춤을 의미함.
좌조(坐照)	앉아서 환하게 볼 수 있는 경지를 의미함.
입신(入神)	신묘한 경지에 다다랐음을 의미함.

문제 ❻

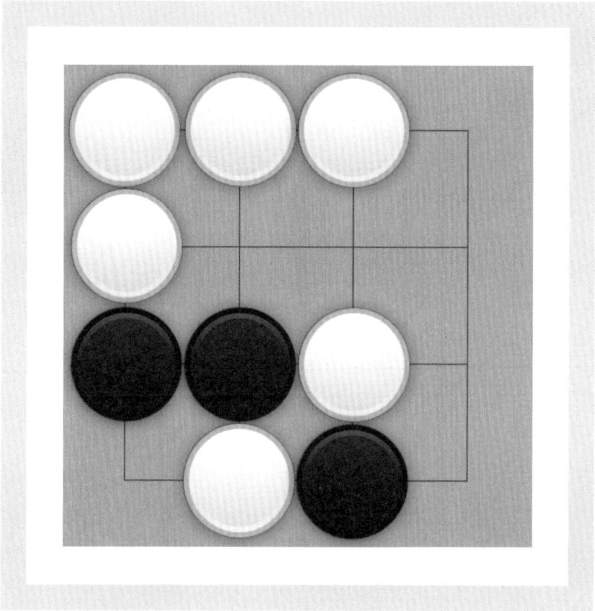

흑 차례 | 승리하기

1도 실패

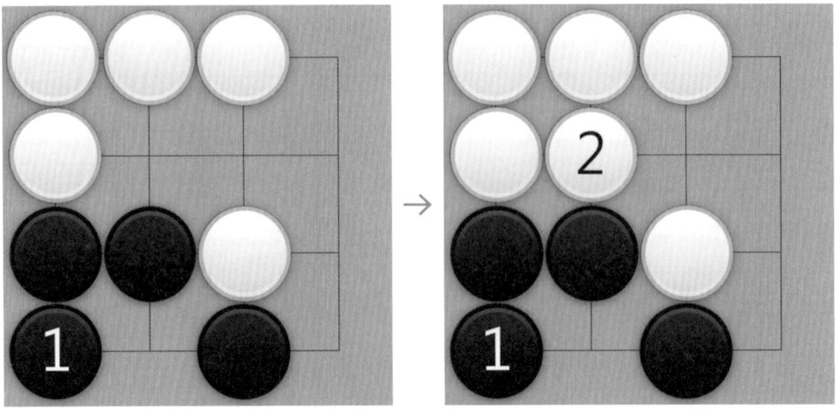

흑 ❶로 아래쪽에 있는 백돌 1개를 따내는 수는 눈앞에 있는 먹이를 바로 먹어 버린 꼴입니다. 이후에 백이 ②로 흑돌 전체를 위협하게 되어 결국 흑이 패배하게 됩니다.

2도 실패

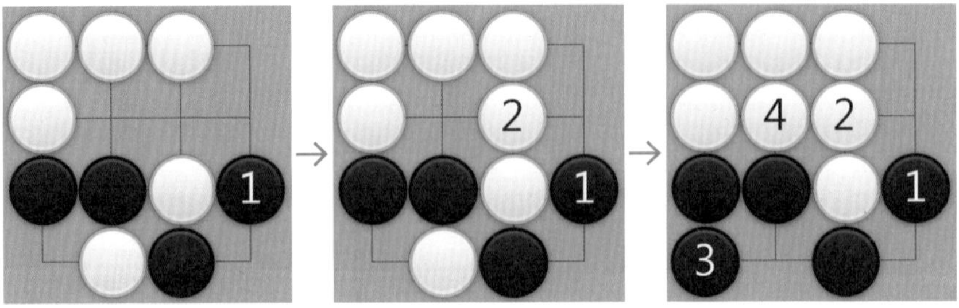

흑 ❶로 단수를 치면 백은 ②로 이어서 막게 됩니다. 그다음 흑이 ❸으로 아래쪽에 있는 백돌 1개를 따내도, 백이 ④로 단수치면 흑이 잡히기에 실패가 됩니다.

3도 정답

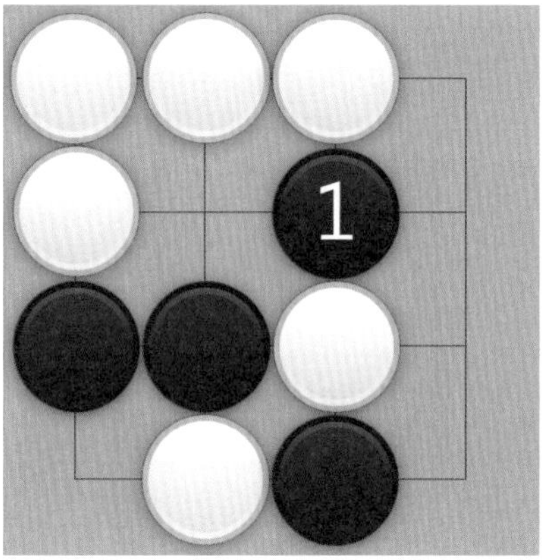

흑 ❶로 단수치는 수가 정답입니다.

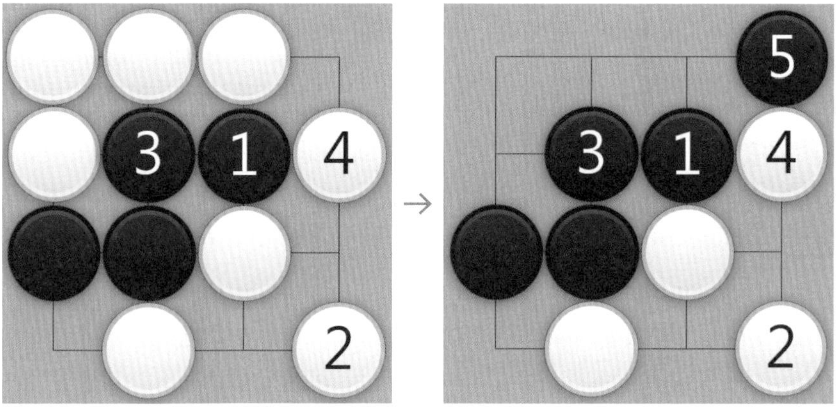

이렇게 되면 백은 ②로 아래쪽에 있는 흑돌 1개를 따낼 수밖에 없는데, 그다음 흑이 ❸으로 이으면 백돌을 위협할 수 있습니다. 백이 ④로 막아도 흑은 ❺로 백돌 4개를 따내면서 거대하고 튼튼한 숨구멍을 만들게 됩니다.

이후에 흑 ❾까지 수가 진행되면 결국 흑이 승리하게 됩니다.

TIP 상대의 돌을 잡으면서 튼튼한 숨구멍을 만들면 좋은 결과를 만들어낼 수 있습니다.

문제 ❼

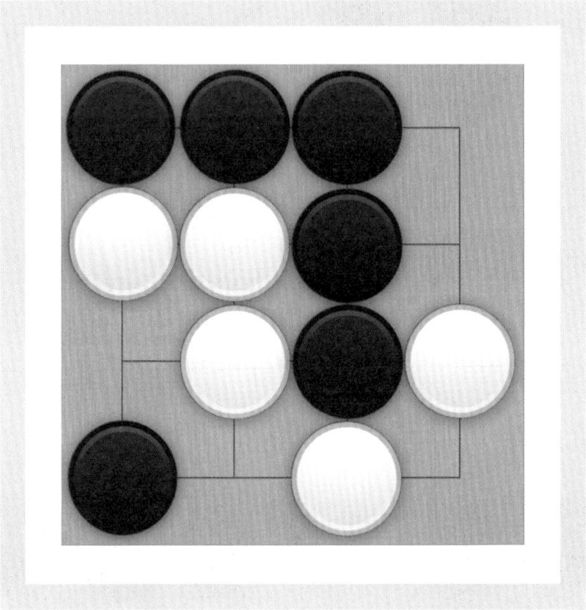

흑 차례 | 승리하기

해설

1도 실패

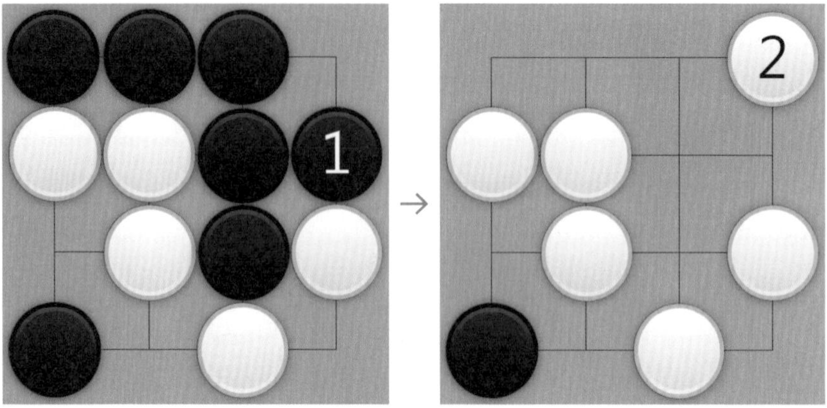

흑 ❶을 예시와 같이 두면 백이 ②로 흑돌 6개를 한 번에 따내기 때문에 흑이 패배하고 맙니다.

2도 실패

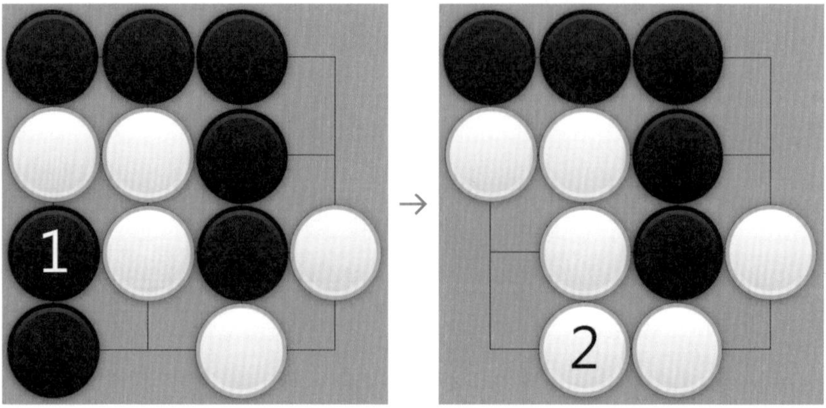

흑 ❶을 예시와 같이 두는 수도 역시 실패입니다. 그다음 백이 ②로 왼쪽에 있는 흑돌 2개를 따내면서 튼튼한 숨구멍을 만들게 됩니다.

3도 정답

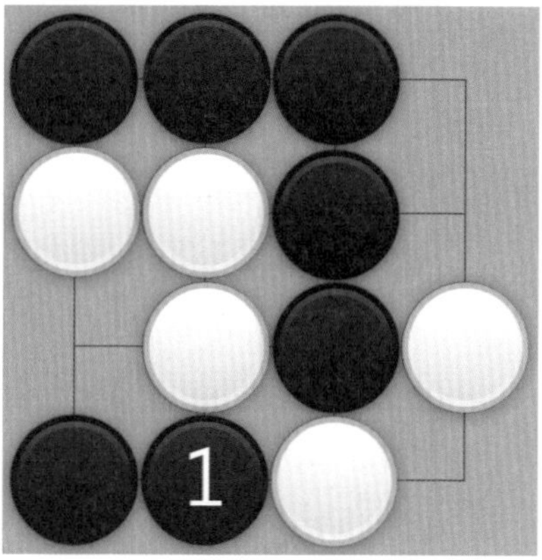

이 문제의 급소는 흑 ❶의 자리입니다. 누가 저 자리에 두느냐에 따라 승패가 갈리는 것이죠.

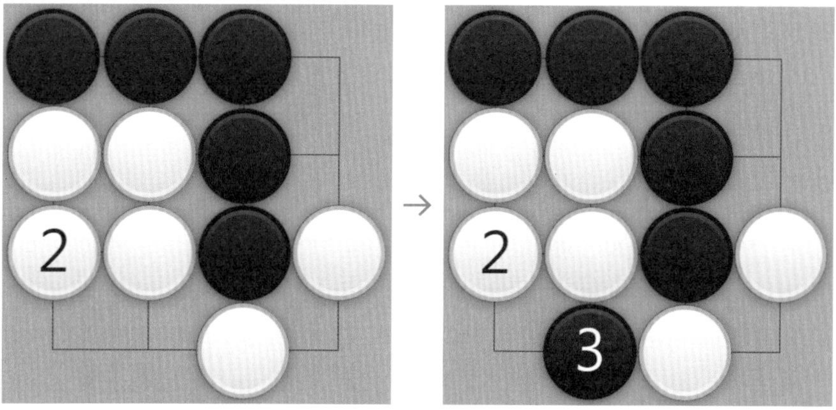

백이 ②로 아래쪽에 있는 흑돌 2개를 따내도 다시 흑 ❸을 아래쪽에 둡니다. 그 다음 백은 자신의 돌이 잡힐 위기에 있으므로 흑 ❸을 따내려할 것입니다.

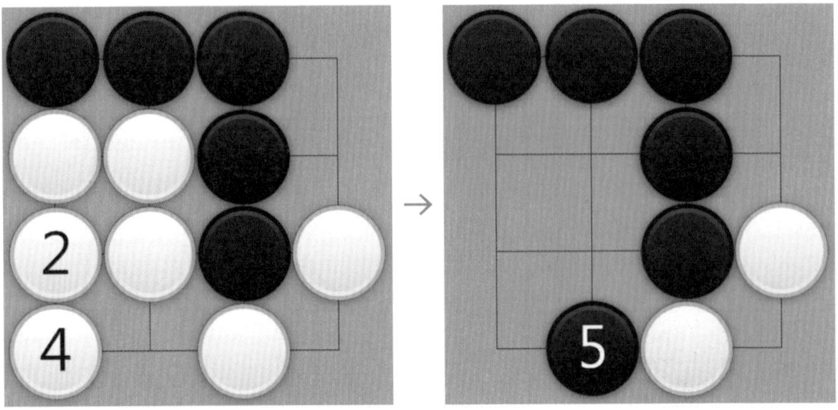

백이 ④로 흑 ❸을 따내면, 흑은 ❺를 다시 같은 자리에 두어 백돌 5개를 한 번에 따내게 됩니다. 흑이 자신의 돌을 포로로 내주면서 승리를 거머쥐는 모습입니다.

TIP 때로는 승리하기 위해서 나의 돌을 일부러 포로로 만들어 희생하는 것도 필요합니다.

문제 ❽

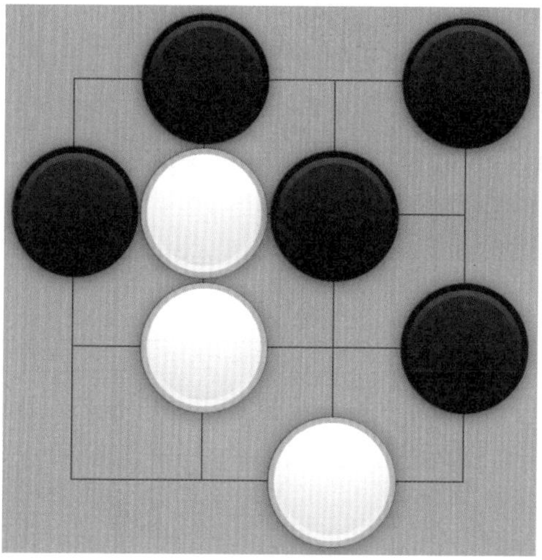

흑 차례 | 승리하기

1도 실패

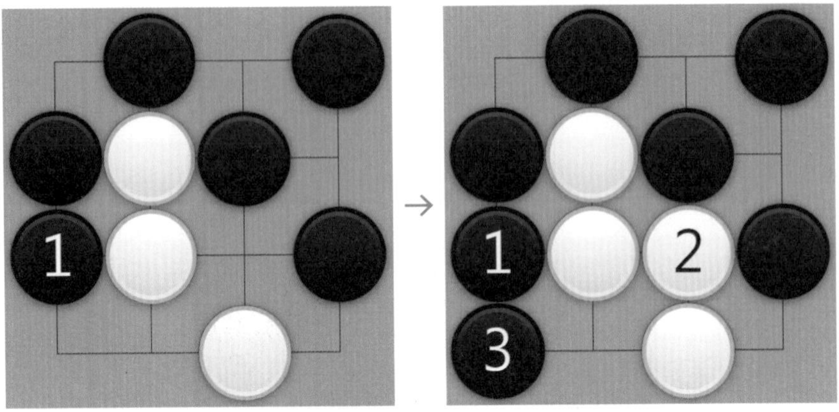

흑 ❶을 예시와 같이 두면 백 ②로 급소를 당하게 됩니다. 이어서 흑이 ❸으로 두면 빅이 되어 무승부가 되기 때문에 흑의 실패가 됩니다.

2도 실패

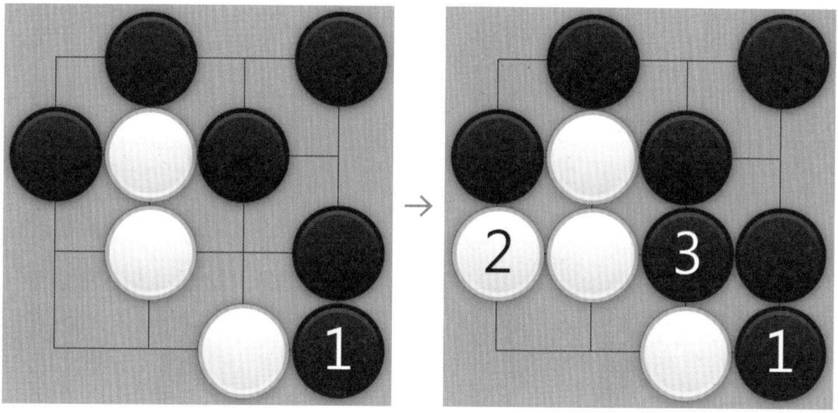

흑 ❶을 예시와 같이 두면 백이 ②로 두었을 때 흑의 입장이 곤란해집니다. 그다음 흑은 ❸으로 두는 것이 최선의 수가 됩니다.

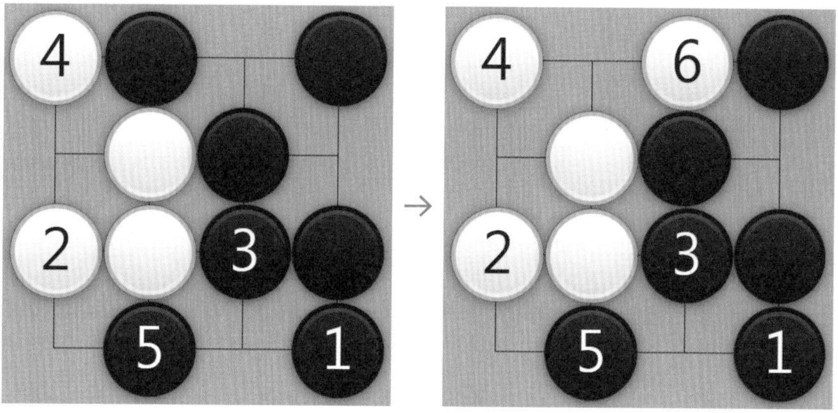

하지만 백이 ④로 흑돌 1개를 따내면, 흑이 ❺로 공격해도 백은 ⑥으로 또 다시 흑돌 1개를 따냅니다. 패의 모양이기 때문에 흑은 곧바로 되따낼 수가 없어서 괴로운 상황입니다.

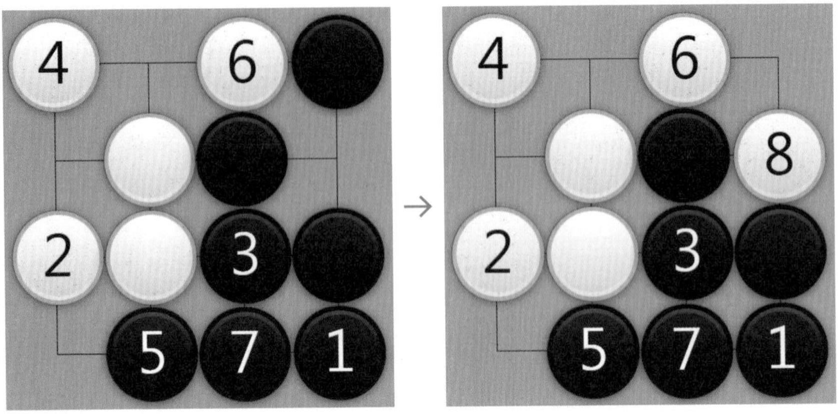

흑이 ❼로 이어서 버텨도, 백은 ⑧로 흑돌 1개를 또 따내면서 흑 전체를 단수치게 됩니다. 이제 흑은 더 이상 수단이 없어 패배하게 됩니다.

3도 정답

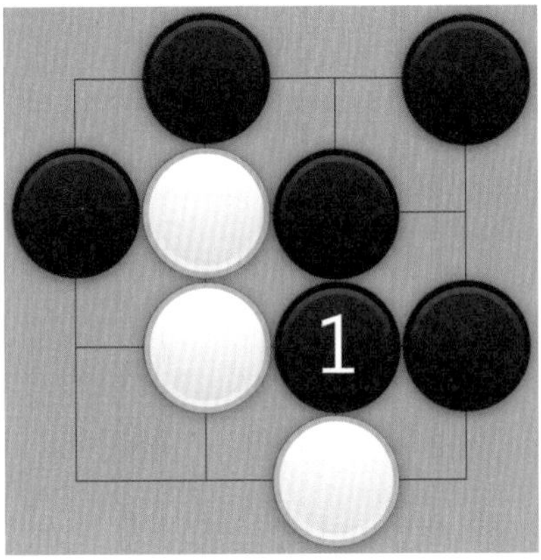

흑 ❶로 급소를 공략하는 것이 정답입니다. 이렇게 하면 흑은 튼튼한 숨구멍을 만들게 됩니다.

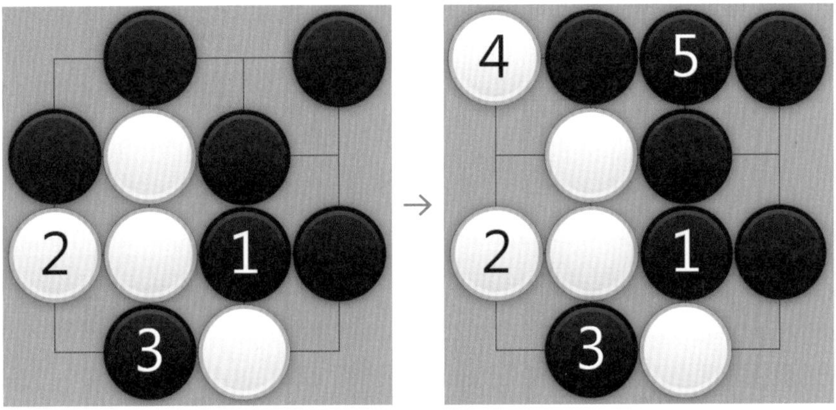

백이 ②로 두면 흑은 ❸으로 두어서 백이 튼튼한 숨구멍을 못 만들게 합니다. 그 다음 백이 ④로 흑돌 1개를 따내도, 흑이 ❺로 이으면 문제없이 승리할 수가 있습니다.

TIP 바둑 격언 중에는 '상대방의 급소는 나의 급소'라는 격언이 있습니다.
이를 잘 기억하면서 급소를 잘 공략할 수 있도록 합니다.

2 중급

문제 ❶

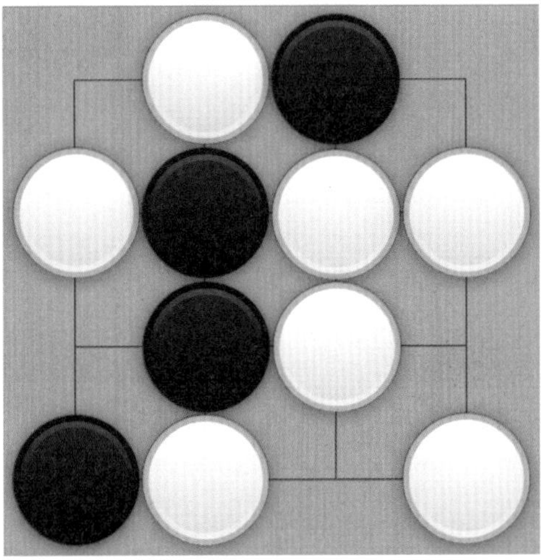

흑 차례 | 승리하기

1도 실패

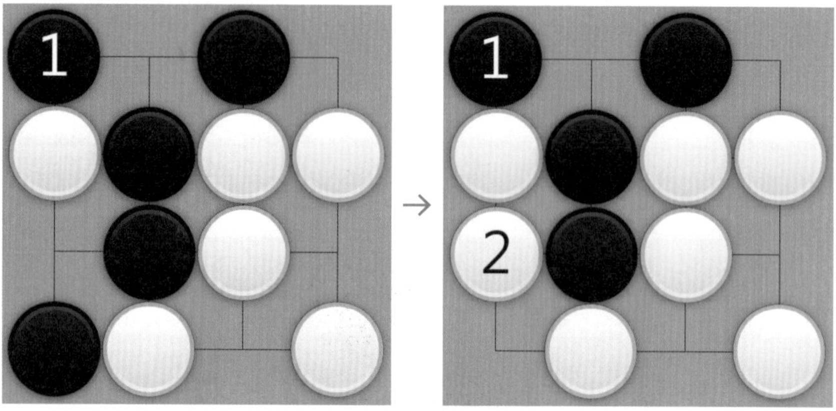

예시와 같이 흑 ❶로 두면 백은 ②로 아래쪽에 있는 흑돌 1개를 따내게 됩니다.

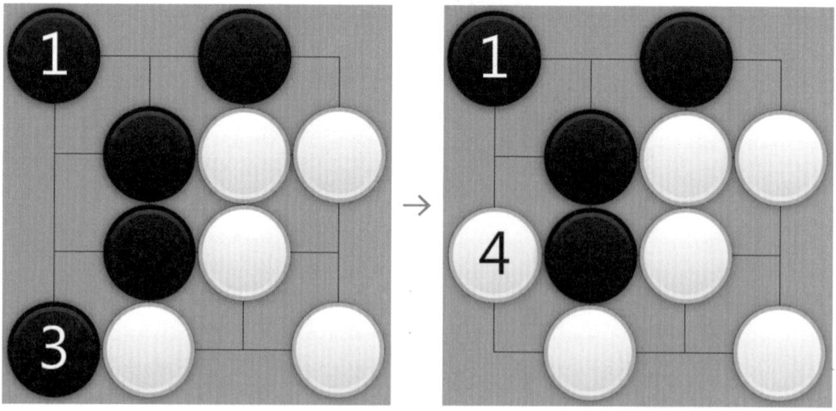

이어서 흑이 ❸으로 왼쪽에 있는 백돌 2개를 따내도, 백은 ④로 흑 ❸을 따내면서 튼튼한 숨구멍을 가지게 됩니다. 이후에는 흑이 계속 패스를 해도 결국에는 백이 흑을 모두 따내기 때문에 실패입니다.

2도 정답

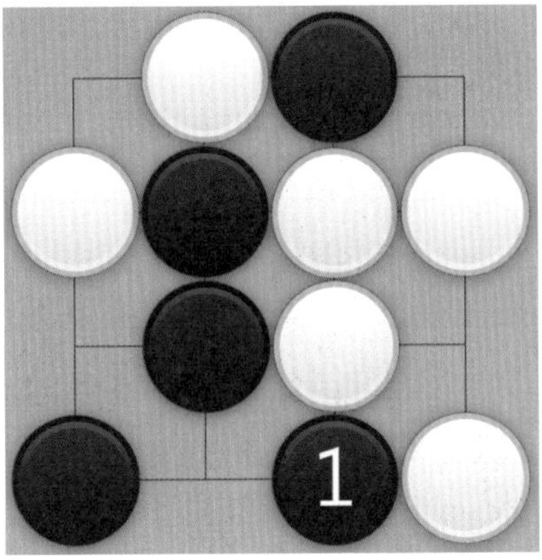

정답은 흑 ❶로 아래쪽에 있는 백돌 1개를 따내는 수입니다. 그다음 백이 둘 수 있는 최선의 수는 위쪽에 있는 흑돌 1개를 잡는 것입니다.

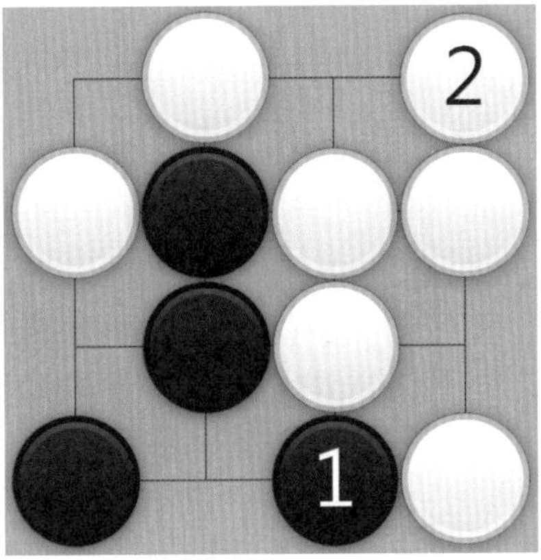

→

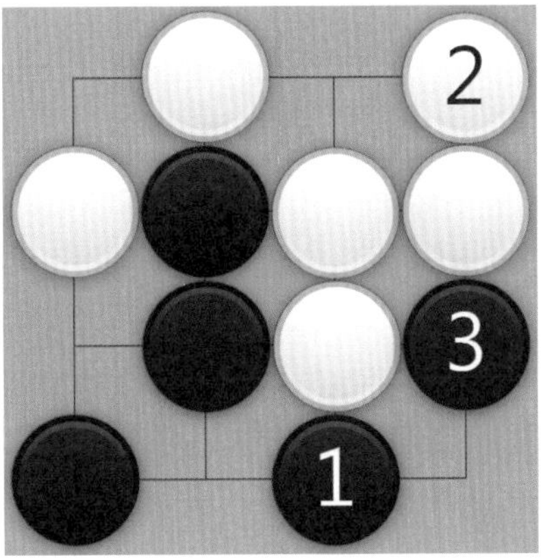

하지만 백이 ②로 위쪽에 있는 흑돌 1개를 따내면, 흑은 ❸으로 오른쪽 아래에 있는 백돌 1개를 따내면서 백을 단수칠 수가 있습니다.

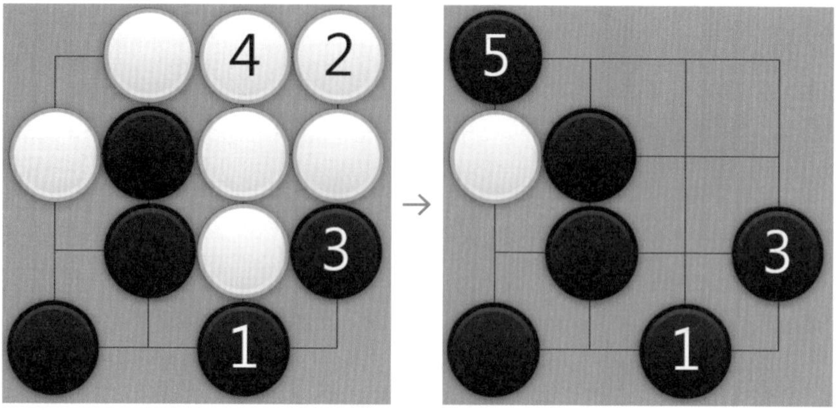

흑 ❸으로 따낸 자리가 패의 모양이기에 백은 곧바로 되따내지 못하고 ④로 이을 수밖에 없습니다. 하지만 이렇게 되면 단수가 이어진 모양이기 때문에 흑은 ❺로 백돌 6개를 따내면서 멋진 승리를 하게 됩니다.

TIP 퍼즐 풀이를 할 때는 수를 놓기 전에 다시 한번 검토하는 습관이 필요합니다.

문제 ❷

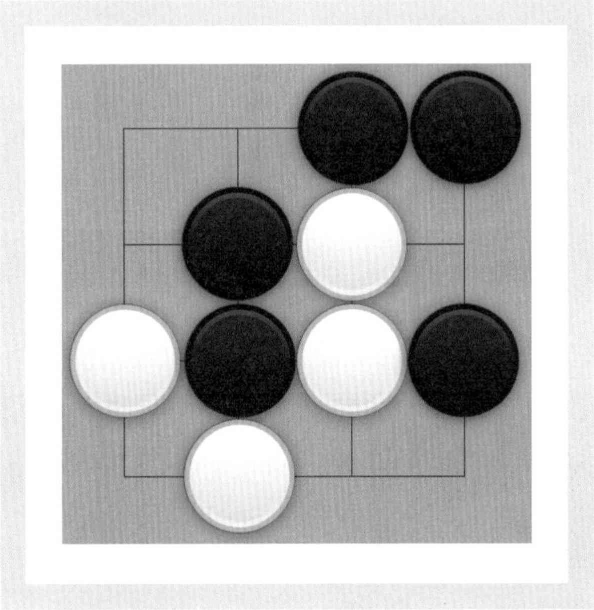

흑 차례 | 무승부 만들기

1도 실패

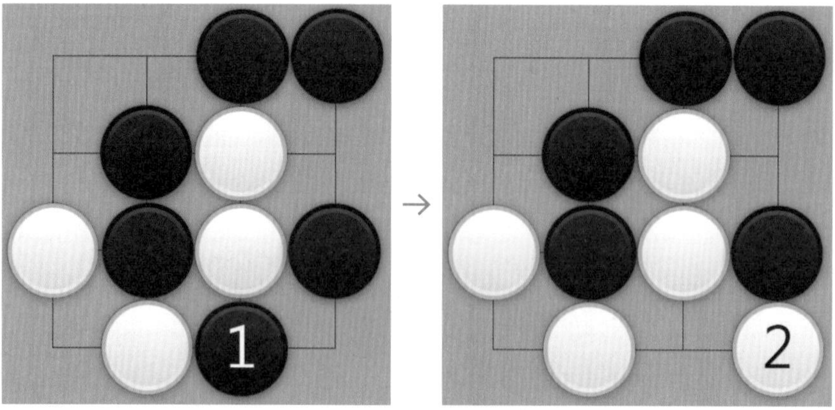

예시와 같이 흑 ❶로 두는 수는 백이 ②로 따내게 만들어주는 수입니다.

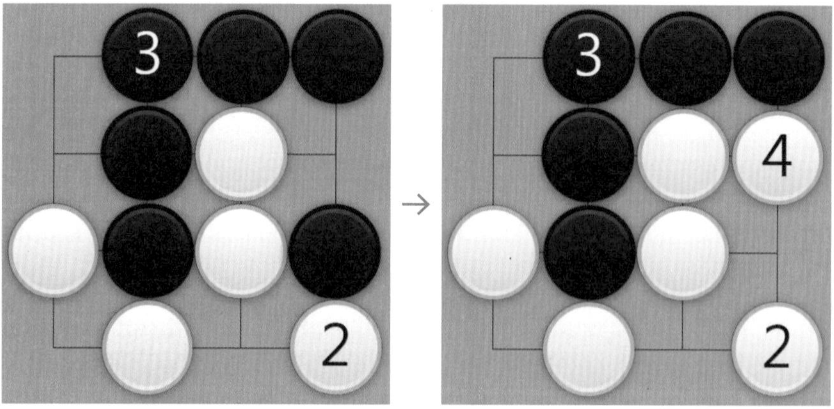

그다음 흑이 ❸으로 이어서 버텨도 백이 ④로 두면, 아래쪽에 있는 흑돌 1개를 따내면서 흑 전체를 위협하게 됩니다. 이후에는 흑이 어떻게 두어도 백에게 잡히기 때문에 실패입니다.

2도 실패

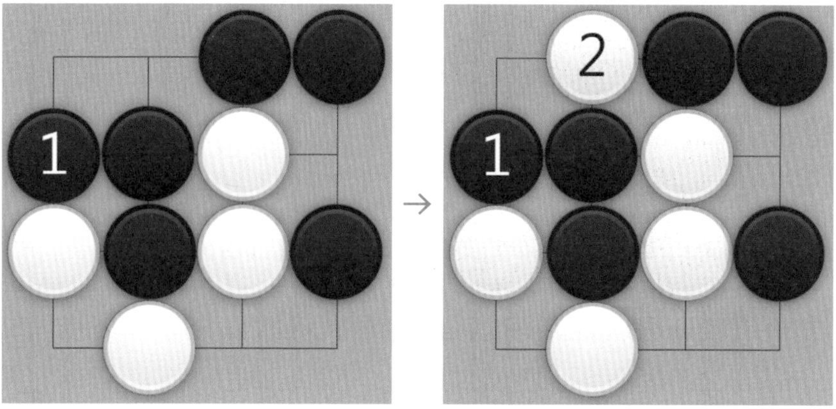

예시와 같이 흑 ❶로 공격하는 수는 백 ②로 반격을 당하게 됩니다. 양쪽의 흑돌이 단수가 된 이른바 '양단수'가 되기 때문이죠.

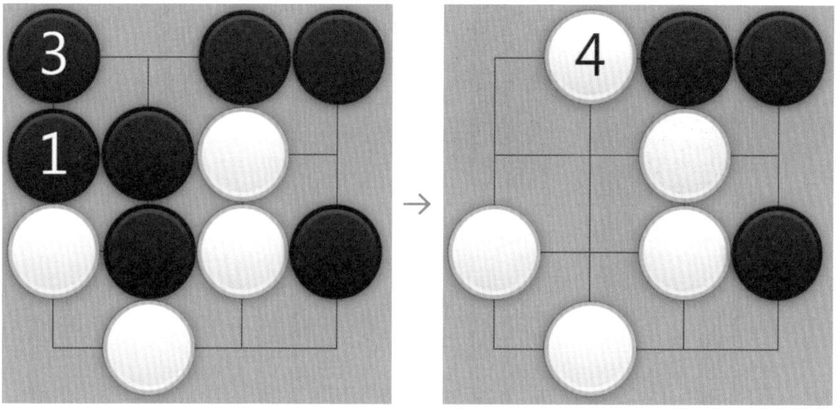

흑은 ❸으로 백 ②를 따낼 수밖에 없는데, 따낸 후의 모습이 다시 백에게 단수가 되어버린 모습입니다. 그다음 백이 ④로 두면 흑돌 4개를 따내면서 튼튼한 숨구멍을 가지게 되어 흑이 패배하게 됩니다.

3도 정답

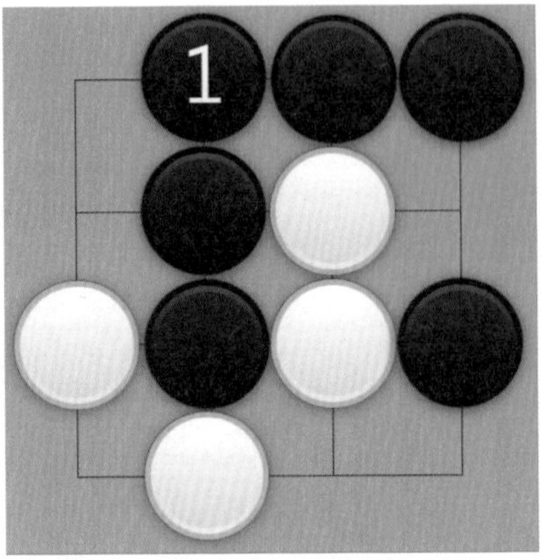

이 문제는 가만히 흑 ❶로 잇는 것이 정답입니다. 흑 ❶의 자리는 자신의 급소이자 상대방의 급소라고 할 수 있습니다.

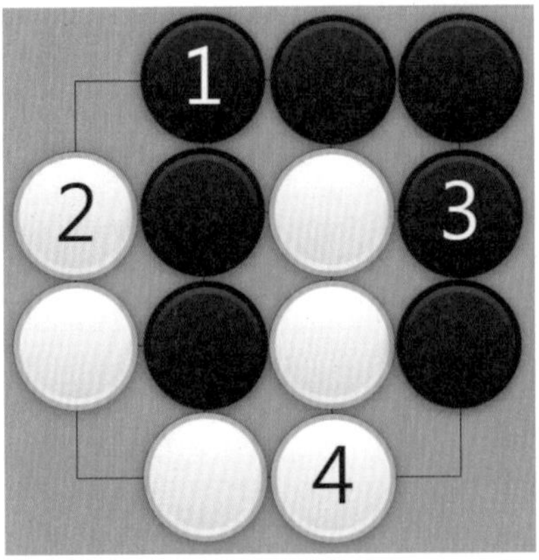

이렇게 되면 백은 ②로 흑의 숨구멍을 없앨 수밖에 없는데, 이후 백 ④까지 수가 진행되면 서로 패스를 할 수밖에 없는 빅이 됩니다. 이때 서로 잡은 포로가 없기에 무승부로 종결되는 것이지요.

TIP 미니 바둑 퍼즐에서는 일반 바둑과 달리 돌로 둘러싸인 영토(집)는 승부에 영향을 주지 않습니다. 오로지 잡은 포로의 수와 부득이한 착수 포기 여부로 승부가 결정 나게 됩니다.

문제 ❸

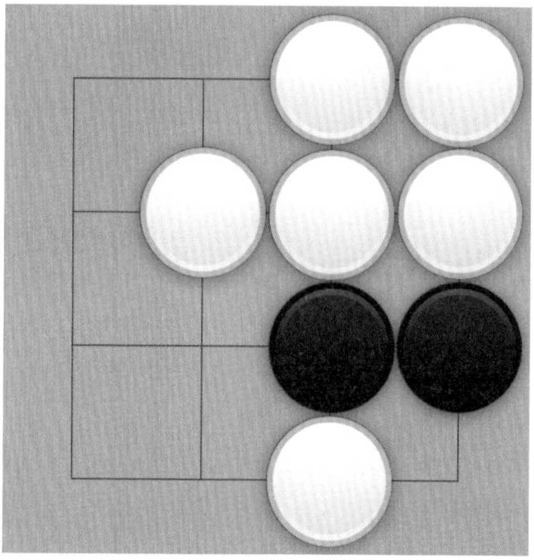

흑 차례 | 무승부 만들기

해설

1도 실패

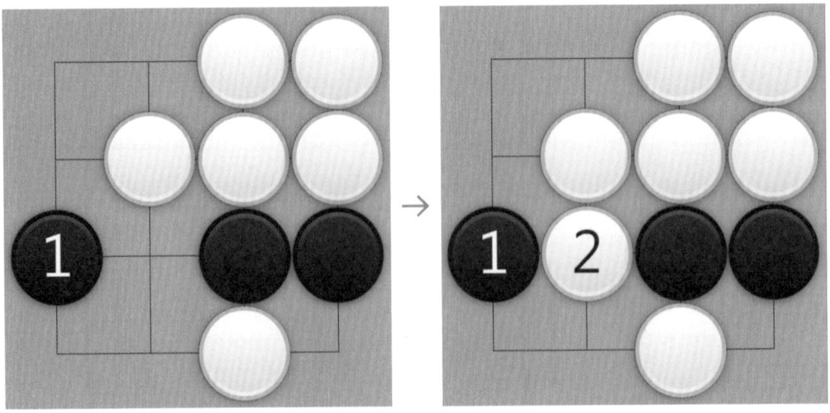

흑 ❶을 한 칸 띄어서 두는 것은 좋지 못한 수입니다. 백이 ②로 찌르면 흑은 더 이상 반격의 수가 없습니다.

2도 실패

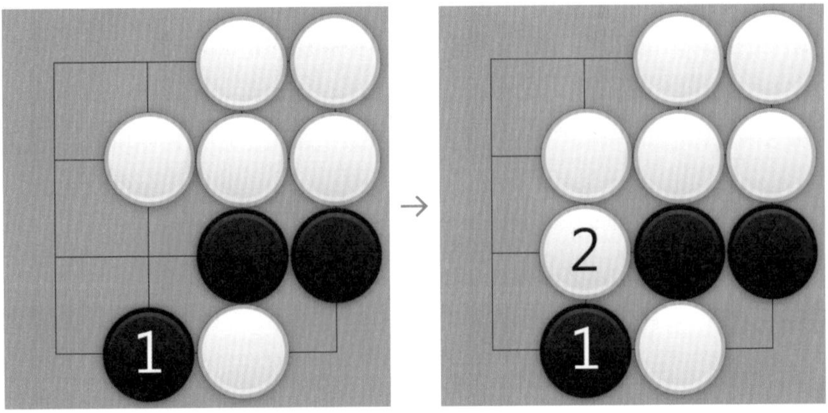

흑 ❶로 아래쪽에 있는 백돌을 단수치는 수도 실패입니다. 백이 ②로 두면 흑이 곤란해집니다.

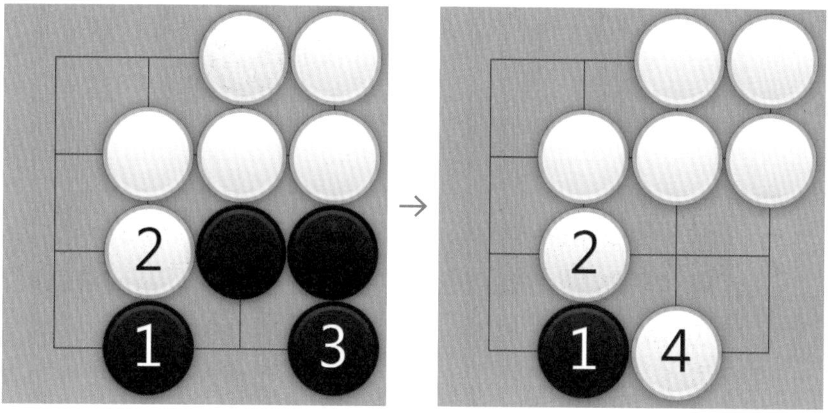

이후에 흑 ❸으로 아래쪽에 있는 백돌 1개를 따내도, 백이 ④로 흑돌 3개를 모두 따내버리기 때문이죠.

3도 정답

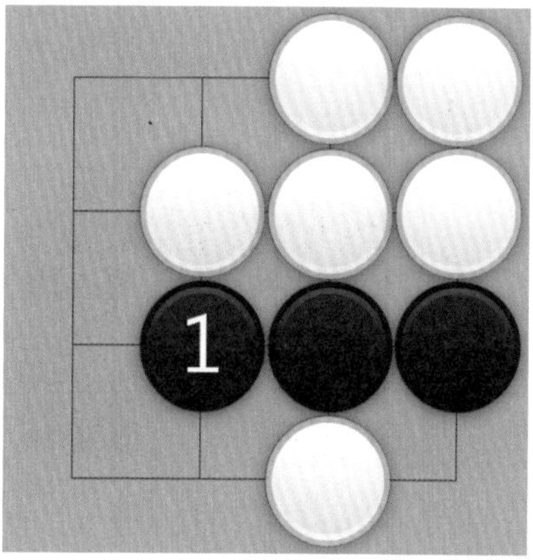

이렇게 흑 ❶로 두는 수가 정답입니다.

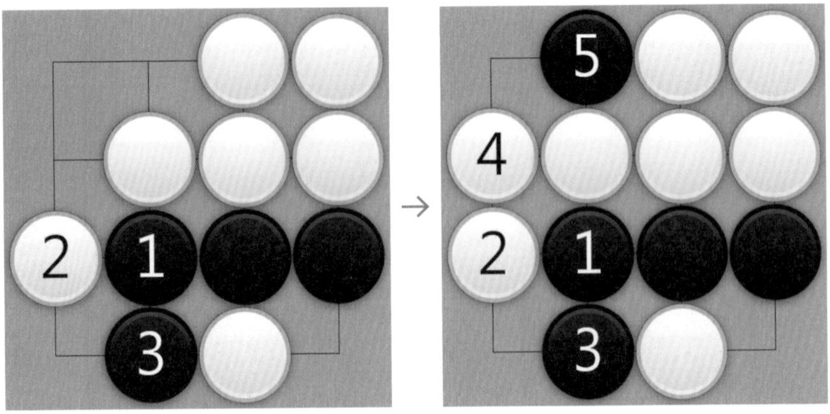

백이 ②로 두면 흑은 ❸으로 아래쪽에 있는 백돌 1개를 가두는 것이 좋습니다. 이후에 백이 ④로 이어서 흑을 공격하려고 하면, 흑은 ❺로 일부러 돌 1개를 미끼로 건넵니다. 빅을 만들기 위해서지요.

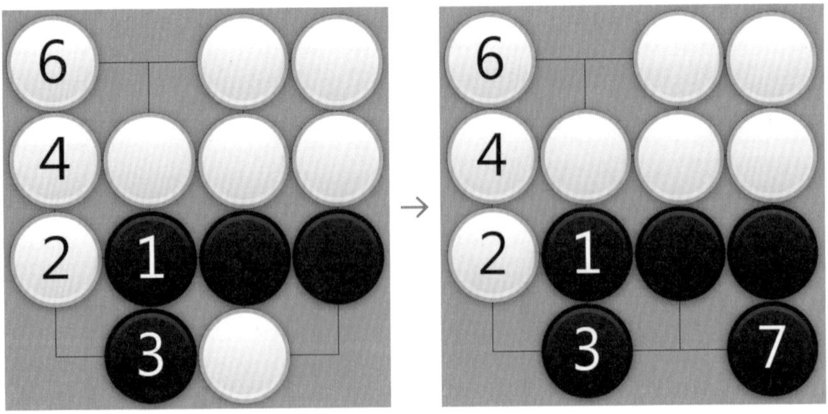

백이 ⑥으로 흑 ❺를 따내면, 흑은 ❼로 아래쪽에 있는 백돌 1개를 따내고 빅을 만듭니다. 이때 서로 잡은 포로의 수가 1개씩 같기 때문에 무승부가 됩니다.

TIP 상대방의 돌을 가두는 수는 상대방의 돌을 포로로 만드는 수가 되기도 합니다.

문제 ❹

흑 차례 | 승리하기

1도 실패

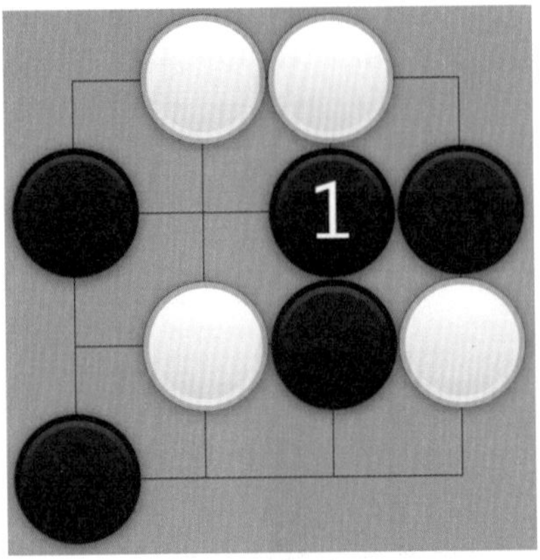

흑 ❶을 예시와 같이 두면 튼튼한 숨구멍을 만들 수 있는 것처럼 보이지만 안타깝게도 정답이 아닙니다.

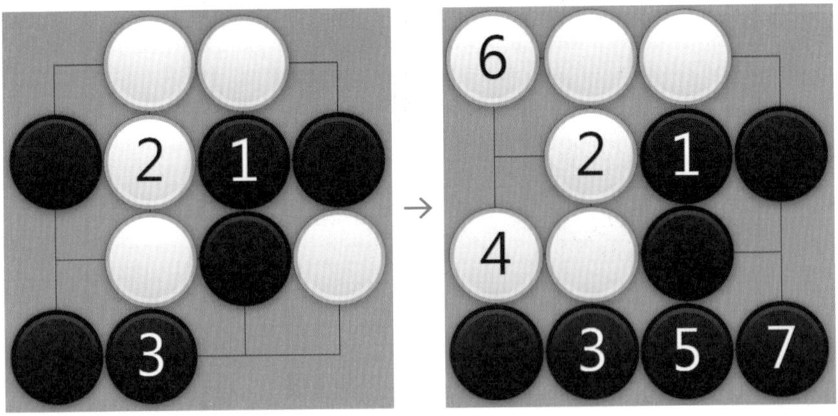

이렇게 백이 ②로 이으면 백 또한 튼튼해지기 때문이지요. 그다음 흑은 ❸으로 두는 것이 최선인데, 이후에 흑 ❼까지 수가 이어지면 흑과 백이 모두 포로를 1개씩 잡은 상태에서 빅이 되어 무승부가 되고 맙니다. 승리하는 것이 목표이기 때문에 이렇게 되면 실패입니다.

2도 **정답**

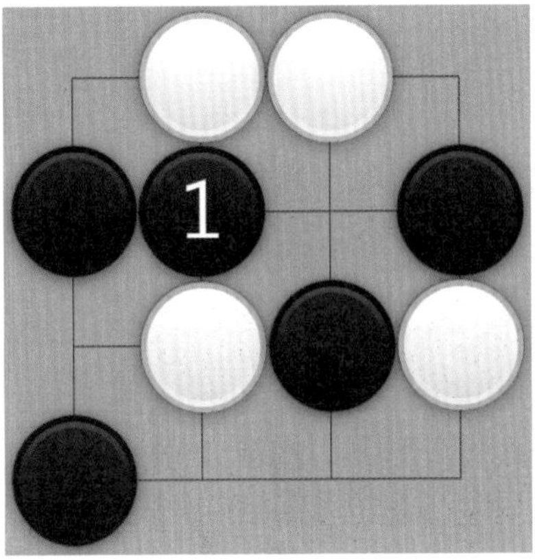

이렇게 흑 ❶로 두는 것이 정답입니다.

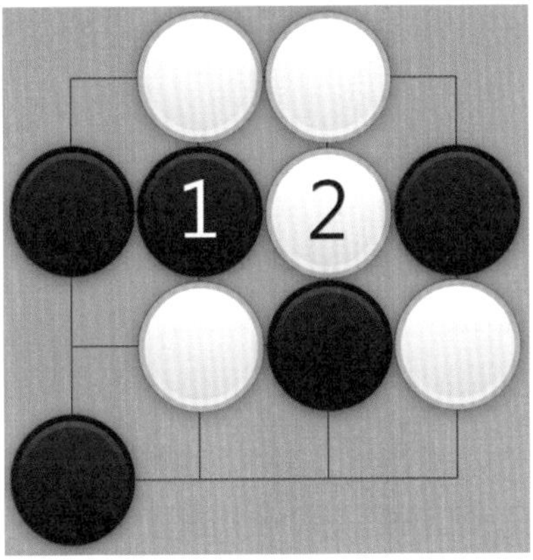

→

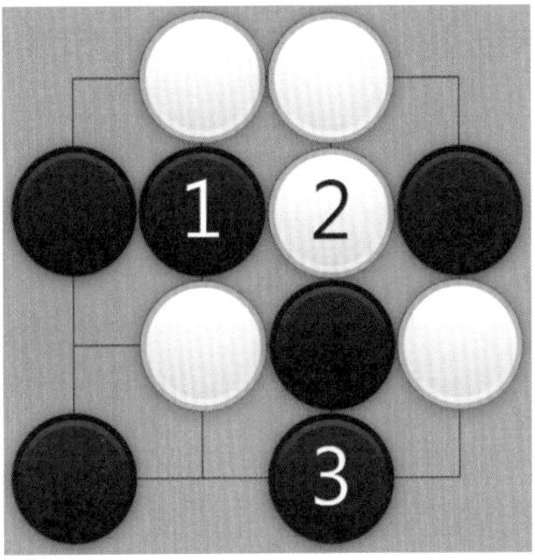

백은 ②로 흑을 끊으면서 단수칠 수밖에 없는데, 그다음 흑이 가만히 ❸으로 내려서면 양쪽에 있는 백돌을 포위하는 모습이 됩니다.

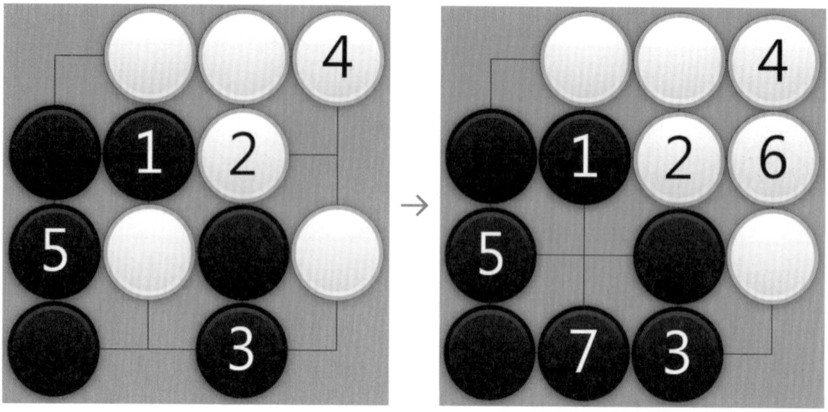

이후에 백이 ④로 오른쪽에 있는 흑돌 1개를 따내도, 흑은 ❼수까지 튼튼한 숨구멍을 갖추면서 백 전체를 따낼 수 있는 모양을 만들게 됩니다.

TIP 자신의 돌을 연결하면서 튼튼한 숨구멍을 만드는 것도 중요하지만
상대방이 숨구멍을 만들지 못하게 하는 것 또한 중요합니다.

문제 ❺

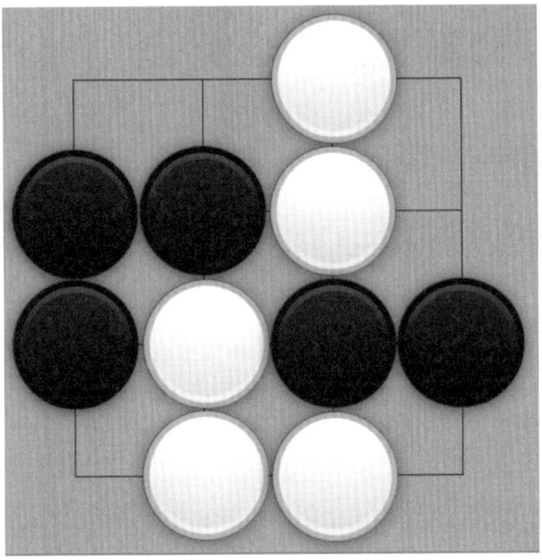

흑 차례 | 승리하기

1도 실패

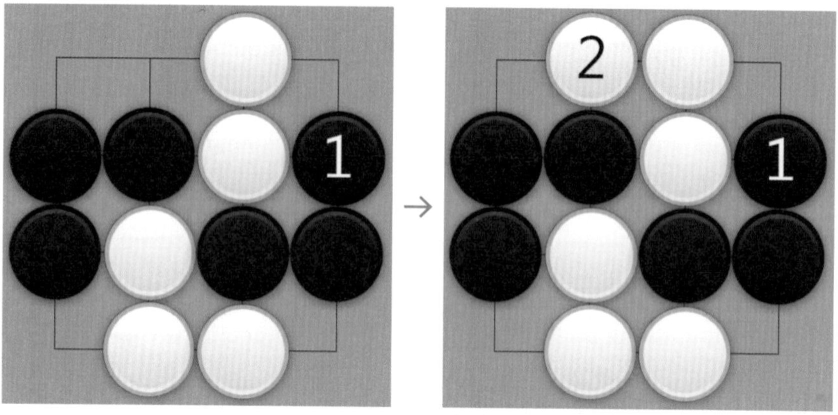

예시와 같이 흑 ❶로 두면 실패입니다. 백이 ②로 두면 돌 전체가 바람개비 모양으로 빅이 되는데, 이때 서로 잡은 포로가 없어서 무승부가 되기 때문입니다.

2도 실패

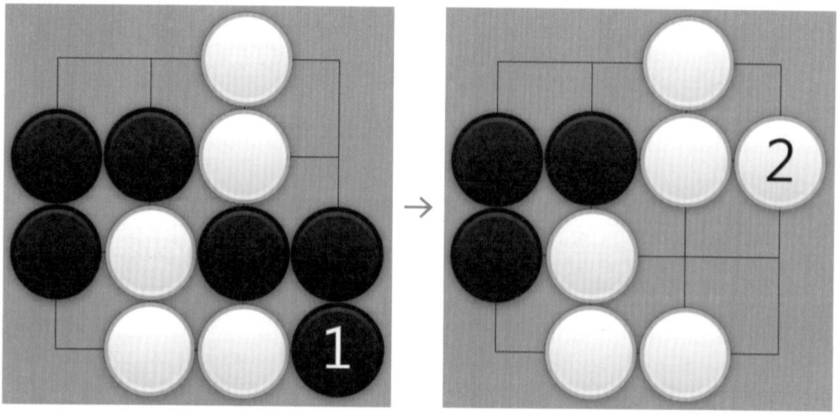

흑 ❶을 오른쪽 아래에 두면 백이 ②로 흑돌 3개를 따내기 때문에 역시 실패하고 맙니다.

3도 실패

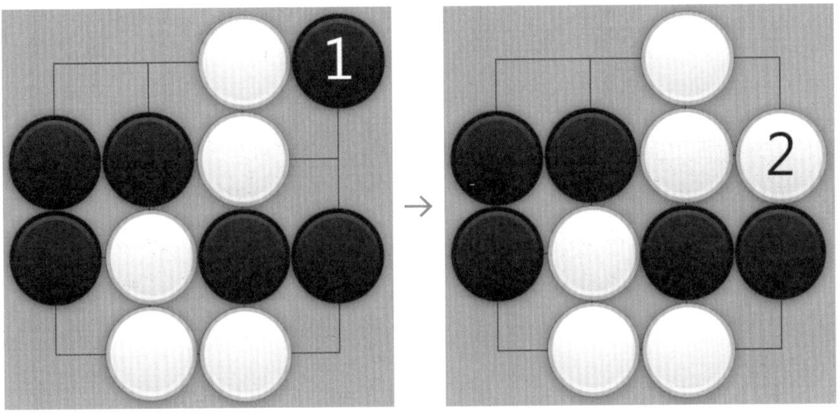

흑 ❶을 예시와 같이 한 칸 띄어서 두는 수도 실패입니다. 백이 ②로 흑 ❶을 따내면서 오른쪽에 있는 흑돌 2개도 단수치기 때문입니다.

4도 정답

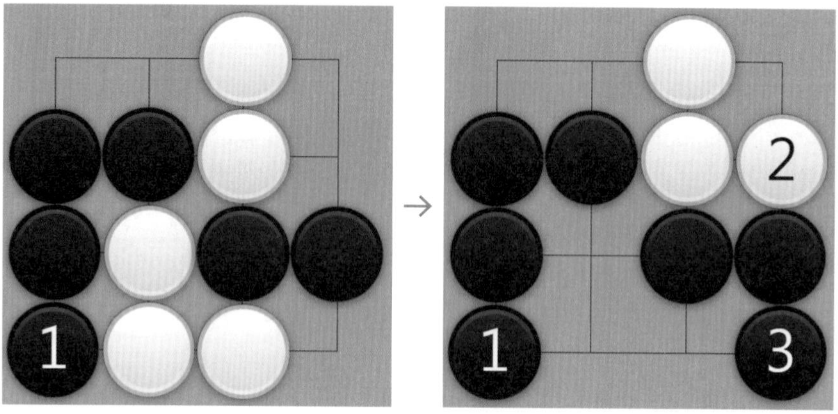

정답은 흑 ❶을 왼쪽 아래에 두어 아래쪽에 있는 백돌 3개를 단수치는 것입니다. 이후에 백이 ②로 오른쪽에 있는 흑돌 2개를 단수쳐도, 흑 ❸으로 아래쪽에 있는 백돌 3개를 따내면 승기를 가져올 수가 있습니다.

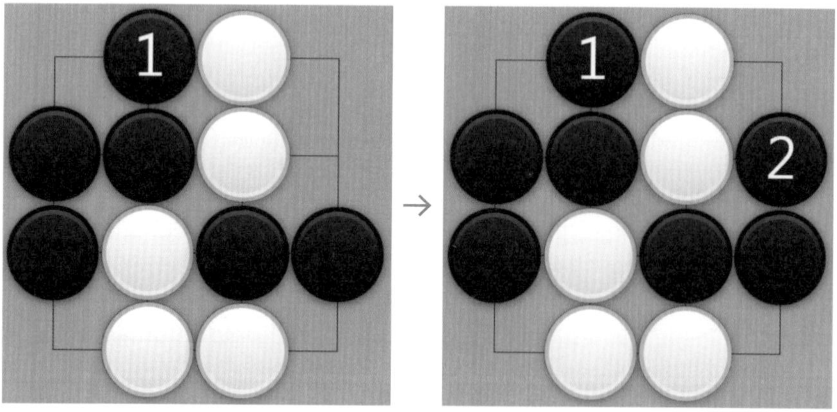

흑 ❶을 위쪽에 두는 수도 정답입니다. 그다음 백은 어디에 두어도 스스로 단수를 맞게 되어 패스를 할 수밖에 없는데, 이마저도 흑이 ❷로 두면 확실하게 승리를 거머쥐게 됩니다.

TIP 한 수만 실수해도 퍼즐 풀이에 실패하게 된다는 것은 그만큼 신중히 임해야 한다는 뜻이겠죠?

문제 ❻

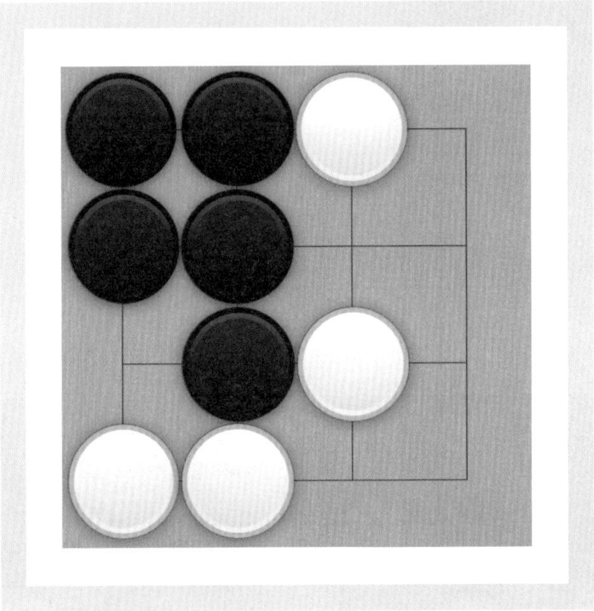

흑 차례 | 승리하기

1도 실패

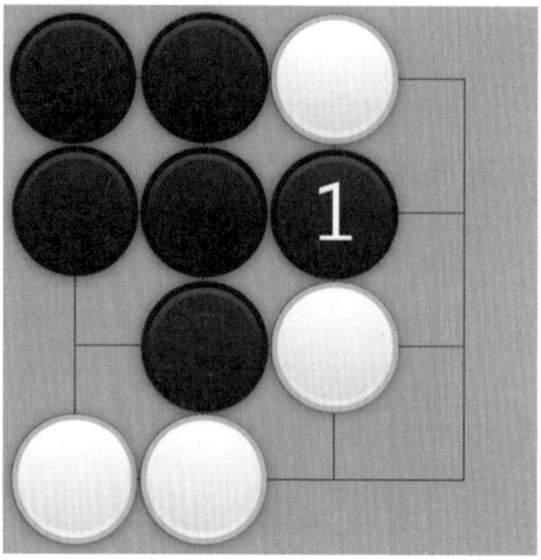

일단 흑 ❶을 예시와 같이 놓는 수는 정답으로 가는 첫 번째 수입니다.

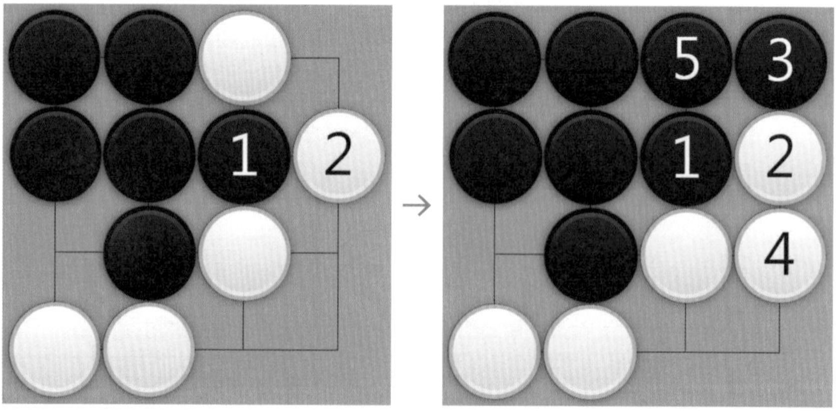

그다음 백이 ②로 오른쪽을 막고 버티면 흑은 ❸으로 오른쪽 위에 있는 백돌 1개를 따냅니다. 백이 ④로 이은 다음이 중요한데, 만약에 흑이 ❺를 예시와 같이 잇는다면 백이 단수치는 것을 도와주는 꼴이 됩니다.

그다음 백이 ⑥으로 흑 전체를 따내기 때문에 흑의 패배가 됩니다.

2도 정답

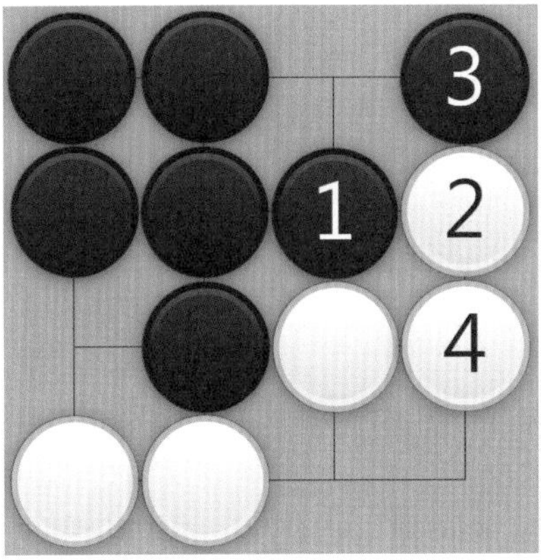

그렇다면 여기에서 흑 ❺를 어떻게 두어야 승리할 수 있을까요?

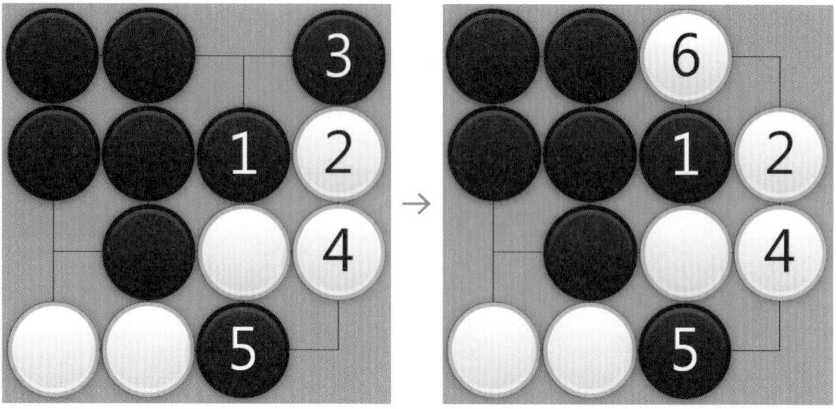

예시와 같이 흑 ❺로 단수치는 것이 아주 멋진 수입니다. 백은 양단수로 몰렸기 때문에 ⑥으로 반격할 수밖에 없습니다.

그러면 흑은 ❼로 왼쪽 아래에 있는 백돌 2개를 따냅니다. 백이 ⑧로 다시 방어를 하면, 흑은 ❾로 백 ⑥을 따내면서 아래쪽에 있는 백돌을 모두 가둡니다. 이후에는 백이 ⑩으로 흑 ❺를 따내도, 흑은 ⓫로 백돌 4개를 따내면서 멋지게 승리를 하게 됩니다.

TIP 돌이 얽혀 있는 상황에서는 자세히 살펴보면서 모양의 변화를 예측해야 합니다.

문제 ❼

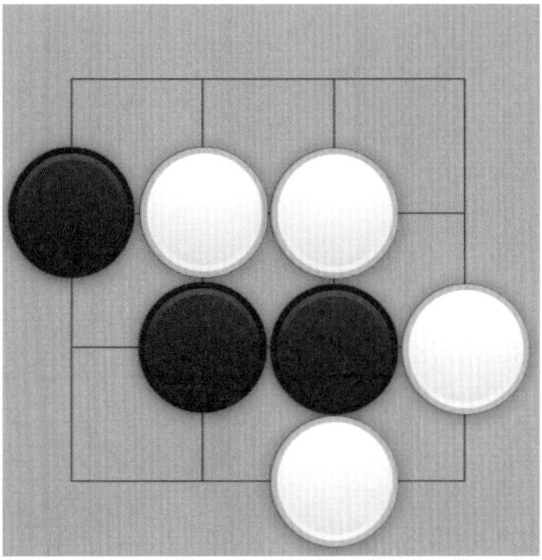

흑 차례 | 무승부 만들기

1도 실패

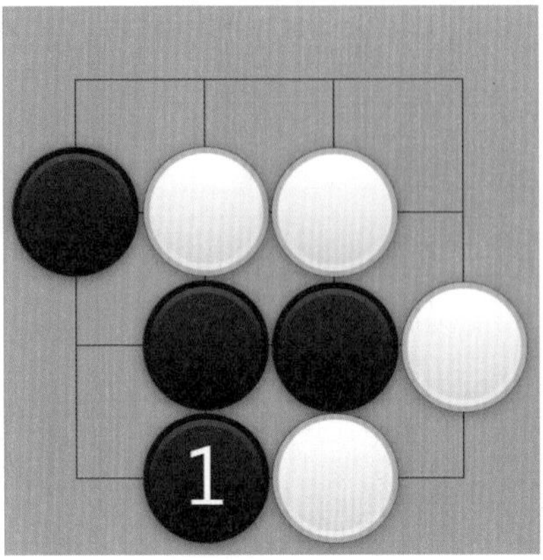

예시와 같이 흑 ❶로 두는 수는 실패의 수입니다.

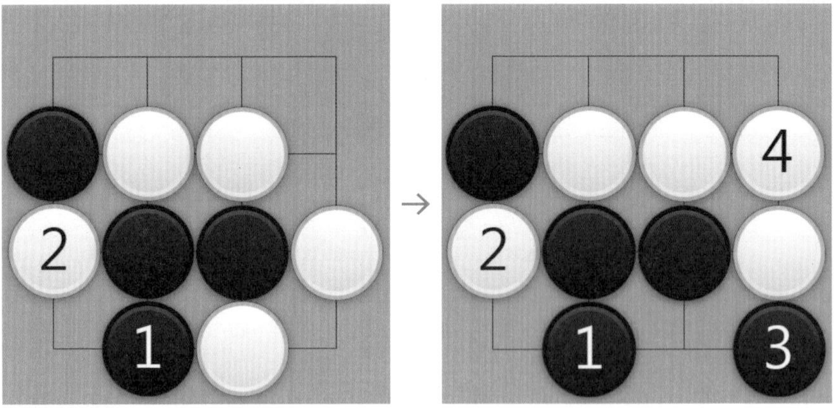

백이 ②로 단수치면 흑이 곤란해지기 때문입니다. 이후에 흑이 ❸으로 아래쪽에 있는 백돌 1개를 따내도, 백이 ④로 이으면 흑은 더 이상 손을 쓸 수가 없습니다.

2도 정답

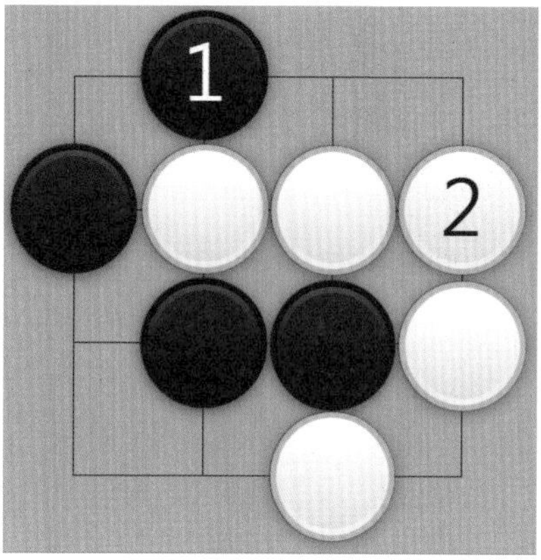

예시와 같이 흑 ❶로 두는 수가 정답입니다. 그다음 백은 ②로 두는 것이 최선의 수가 됩니다.

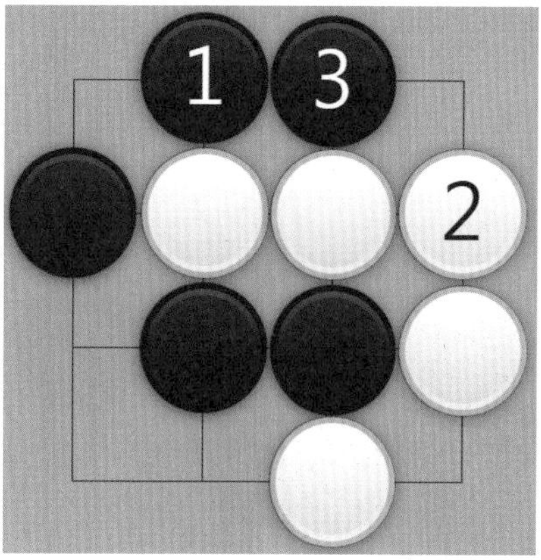

→

흑이 ❸으로 백의 숨구멍을 없애면 마찬가지로 백도 ④로 흑이 숨구멍을 만들지 못하도록 막습니다. 그다음 흑이 ❺로 이으면 빅이 되는데, 이때 서로 잡은 포로가 없기 때문에 무승부가 됩니다.

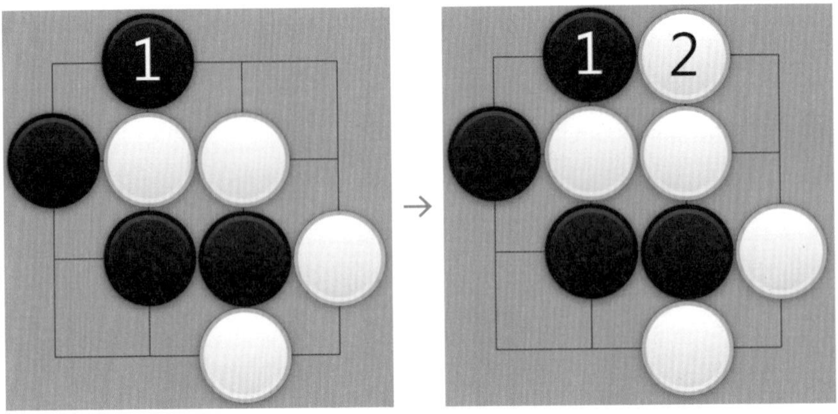

만약에 백이 ②를 예시와 같이 두면 흑 ❸을 어떻게 두어야 할까요? 이러한 모습에서는 흑에게 묘수가 하나 있습니다.

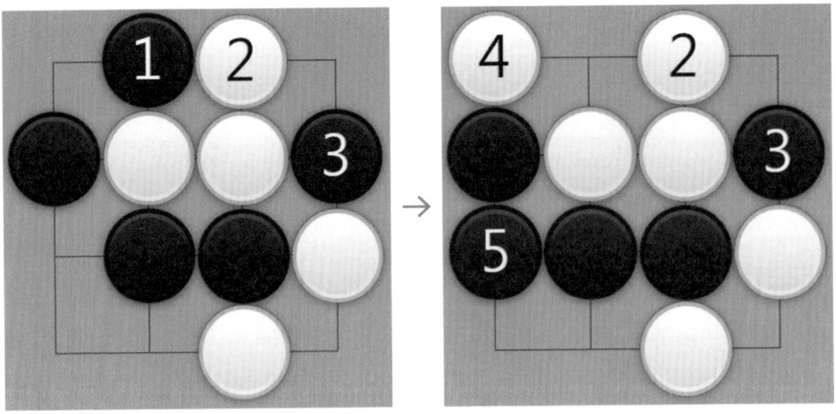

바로 흑 ❸을 예시와 같이 두는 것입니다. 이어서 백이 ④로 흑 ❶을 따내면 흑은 가만히 ❺로 잇는 것이 좋습니다.

→

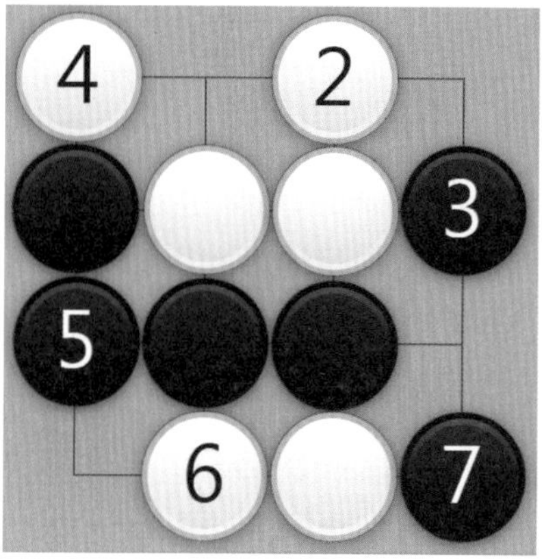

그다음 백이 ⑥으로 버텨도 흑이 ❼로 두면, 오른쪽에 있는 백돌 1개를 따내면서 백을 전멸시킬 수 있는 모양이 됩니다.

우리나라 바둑교육의 미래는?

심층적 사고력과 창의력 등을 기르기 위하여 이미 우리나라에서는 공교육에서 바둑 교육이 시도된 적이 있습니다. 경기도 군포의 흥진초에서는 지난 2005년부터 바둑을 정규과목으로 채택해 전교생을 대상으로 바둑 수업을 진행하였습니다. 바둑이 학생들의 인성함양 및 두뇌계발에 효과가 있다는 연구결과에 주목해 바둑 교육을 도입하였던 것입니다. 그외에도 부천초, 광명북초 등 수많은 학교들이 학생들의 집중력과 사고력을 증진시키기 위한 방법으로 바둑을 택하였습니다.

바둑은 각 시도교육청이 참가하는 전국소년체전의 정식종목으로 채택되기도 하여, 지난 44회 대회부터 많은 어린 꿈나무들이 참가하여 서로 수담을 나누고 실력을 뽐내었습니다. 이처럼 이미 두뇌 스포츠의 한 분야로서 자리 잡은 바둑이기에 앞으로 더욱 많은 학교들이 바둑의 교육적 효과에 관심을 가지고 바둑 교육을 행할 것으로 기대하고 있습니다.

문제 ❽

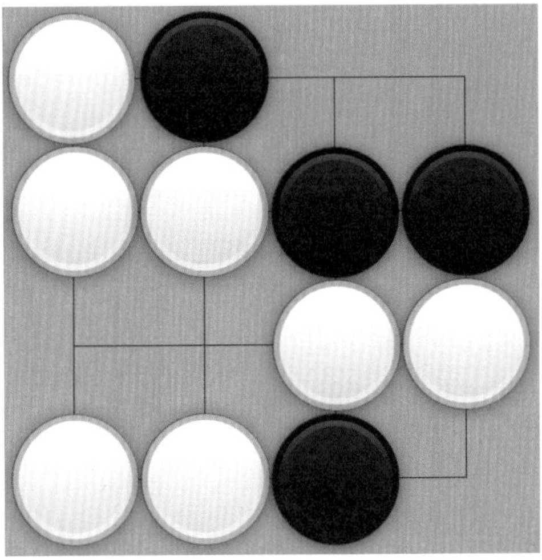

흑 차례 | 승리하기

1도 실패

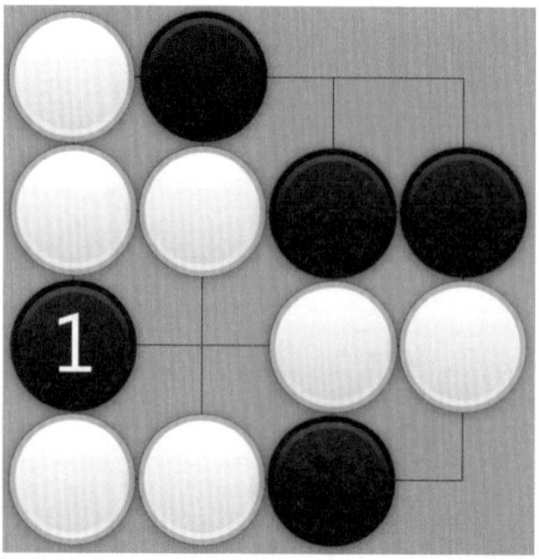

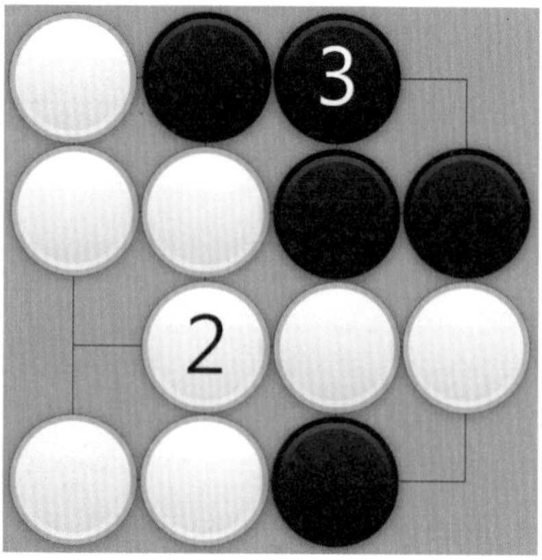

예시와 같이 흑 ❶로 두면 백이 ②로 흑 ❶을 따내게 됩니다. 이후에 흑이 ❸으로 이어도 백이 일부러 착수를 포기하거나, 흑돌을 따내면 흑의 패배가 됩니다.

2도 정답

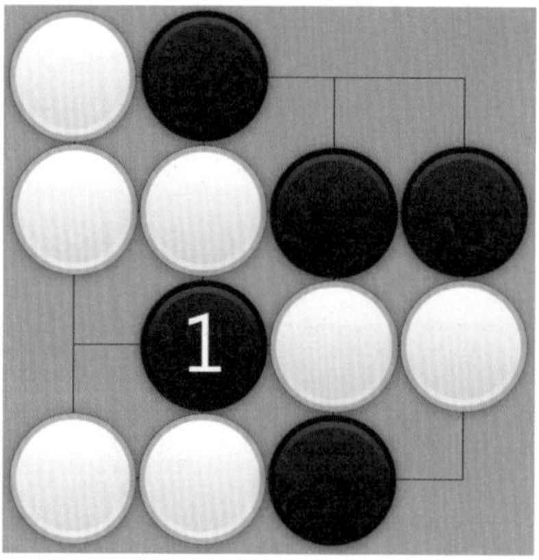

정답은 예시와 같이 흑 ❶로 두는 수입니다. 언뜻 보면 이 역시도 백이 곧바로 따내서 무리일 것 같아 보입니다.

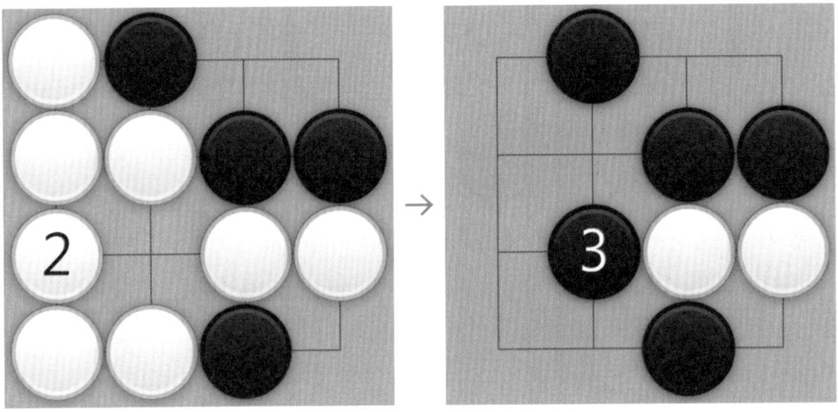

하지만 백이 ②로 흑 ❶을 따내면 다시 흑 ❸으로 멋지게 백돌 6개를 따낼 수가 있습니다.

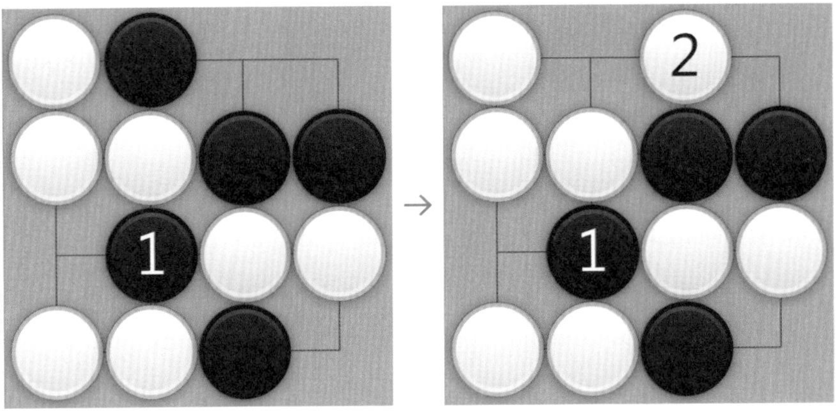

만약에 백이 ②로 흑 ❶을 따내지 않고 위쪽에 있는 흑돌 1개를 따냈다면, 흑 ❸을 어떻게 두어야 할까요?

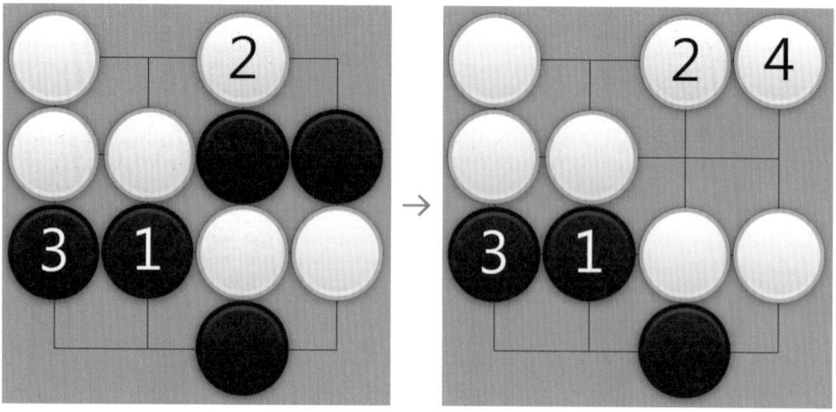

흑 ❸으로 왼쪽 아래에 있는 백돌 2개를 따내면 실패입니다. 백이 ④로 오른쪽에 있는 흑돌 2개를 따내면서 튼튼한 숨구멍을 2개 이상 만들기 때문이지요.

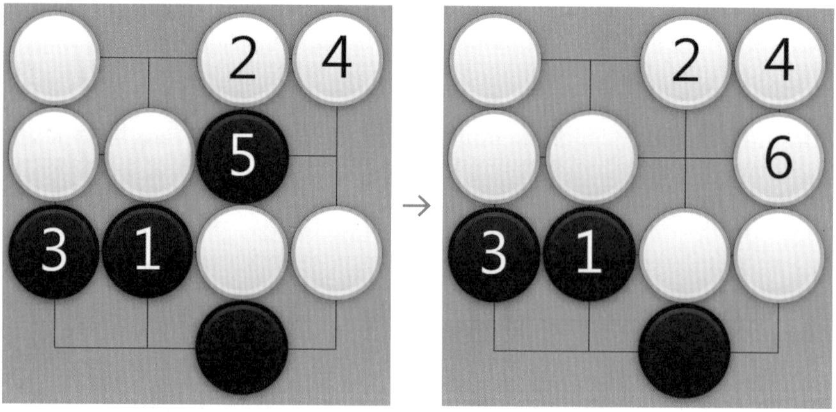

그다음 흑이 ❺로 두어도 백이 ⑥으로 따내면 흑의 패배가 됩니다.

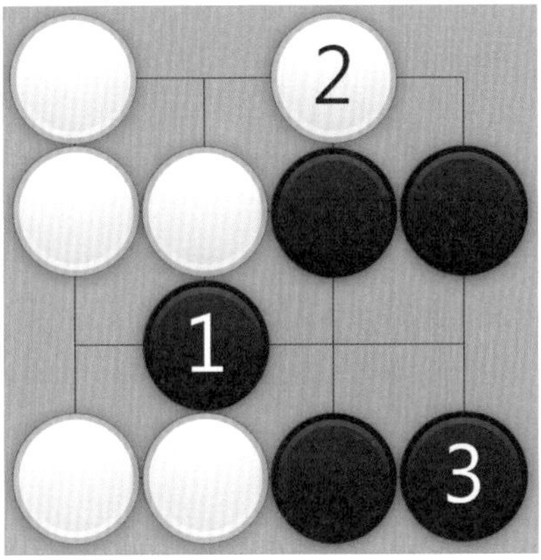

이 경우에는 흑 ❸을 오른쪽 아래에 두어, 오른쪽에 있는 백돌 2개를 따내는 것이 좋습니다.

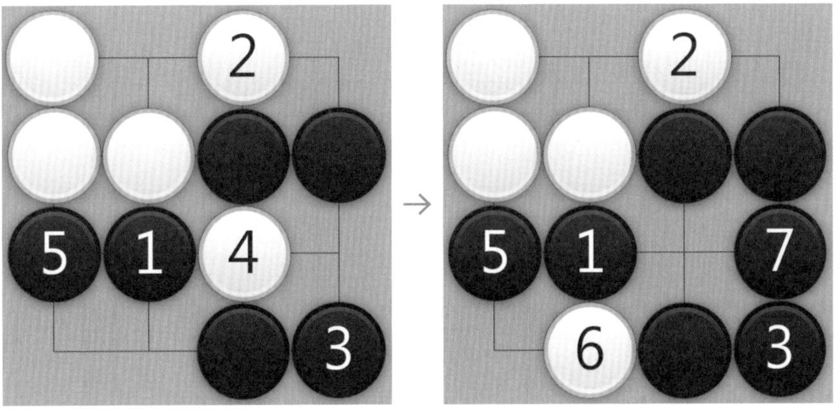

이후에 백이 ④와 ⑥으로 버텨도 흑이 ❺와 ❼로 응수하면 결국 흑이 승리하게 됩니다.

TIP 돌이 양쪽으로 단수가 되어있을 때는 어느 쪽을 살리느냐의 판단이 중요합니다.
미니 바둑 퍼즐에서는 가치가 더 중요한 돌을 '요석'이라고 합니다.

바둑의 아칭(雅稱)

예로부터 많은 사람들은 바둑을 부르는 독자적인 별칭들을 많이 사용해 왔습니다. 흔히 '신선놀음에 도끼자루 썩는 줄 모른다.'의 고사인 난가(爛柯)를 비롯하여 수담(手談), 방원(方圓), 좌은(坐隱), 귤중지락(橘中之樂), 오로(烏鷺) 등의 표현들을 이용해 바둑을 지칭하였습니다.

수담(手談)	손으로 나누는 이야기. 바둑판을 사이에 두고 두 사람이 마주 앉아서 아무 말 없이 손으로만 바둑을 두며 의사를 전달함을 일컬음.
좌은(坐隱)	세속을 초탈하여 은둔의 경지에서 바둑 삼매경에 몰입한다는 것을 의미함.
방원(方圓)	네모진 바둑판과 바둑돌을 비유하여 일컬음.
오로(烏鷺)	바둑알의 흑백을 까마귀와 백로로 비유하여 일컬음.

문제 9

흑 차례 | 승리하기

1도 실패

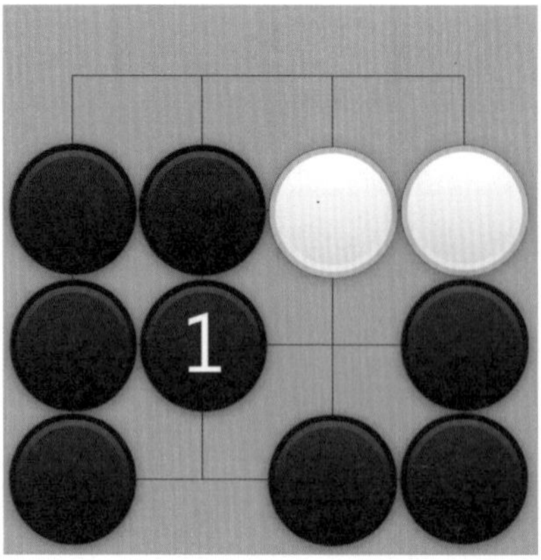

흑 ❶로 아래쪽에 있는 백돌 1개를 따내는 것은 좋은 수가 아닙니다.

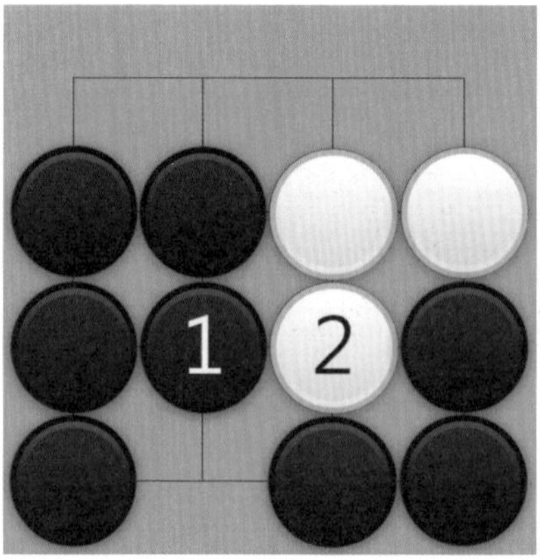

→

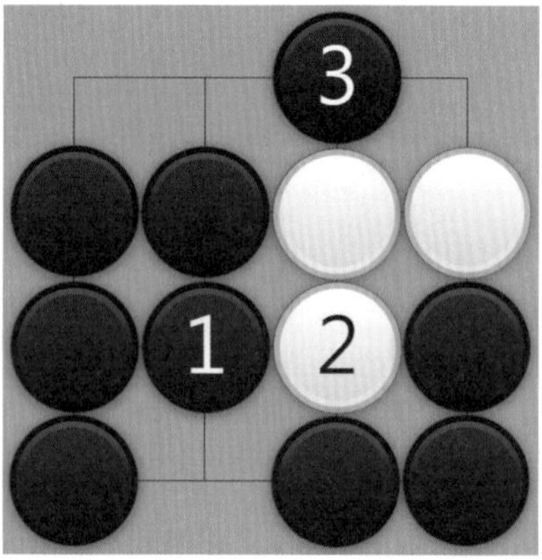

백이 ②로 흑돌 3개를 단수치면 흑이 난감해지기 때문입니다. 흑을 아래로 이으면 백이 단수쳐서 모두 잡힐 것이 분명하므로, 흑의 최선의 수는 ❸으로 단수치는 것이 됩니다. 아래쪽에 있는 흑돌 3개를 버리는 것이죠.

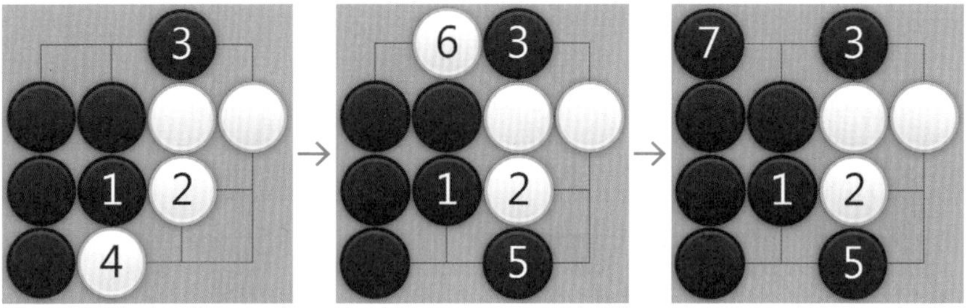

그다음 백이 ④로 흑돌 3개를 따내면 흑은 다시 ❺로 백 ④를 따냅니다. 이후에 백이 ⑥으로 두어 흑이 튼튼한 숨구멍을 만들지 못하게 하면, 흑이 ❼로 백 ⑥을 따낸 다음에 빅이 되어 버립니다. 이때 잡은 포로의 수는 서로 3개씩 같아 무승부가 되기 때문에 실패입니다.

2도 정답

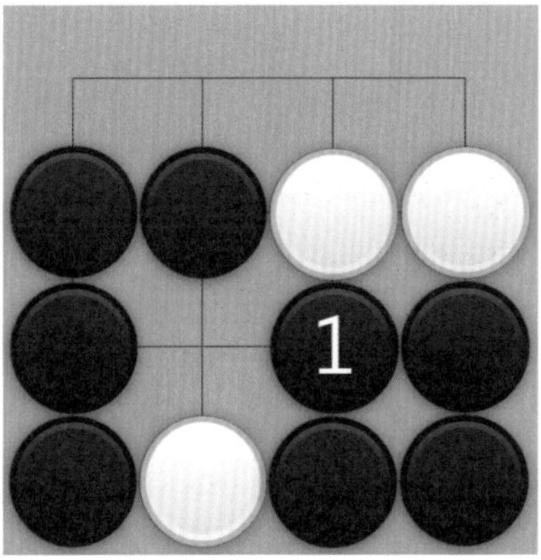

정답은 예시와 같이 흑 ❶로 두는 묘수입니다. 얼핏 보면 흑돌을 4개로 키워 잡히게 하는 수처럼 보이지만, 자신의 돌을 희생해서 더 값진 결과를 얻을 수 있는 수입니다.

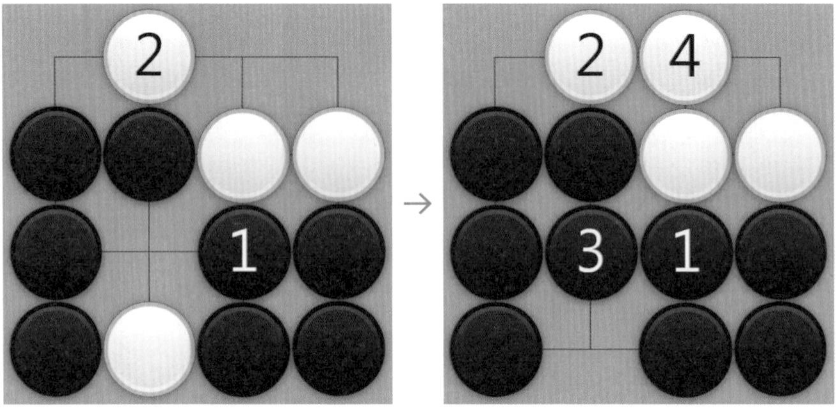

백이 바로 따내지 않고 ②로 버틴다면, 흑은 ❸으로 아래쪽에 있는 백돌 1개를 따냅니다. 이후 백이 ④로 두면 빅을 만들게 되는데, 이때 흑만 포로를 1개 잡았기 때문에 흑의 승리가 됩니다.

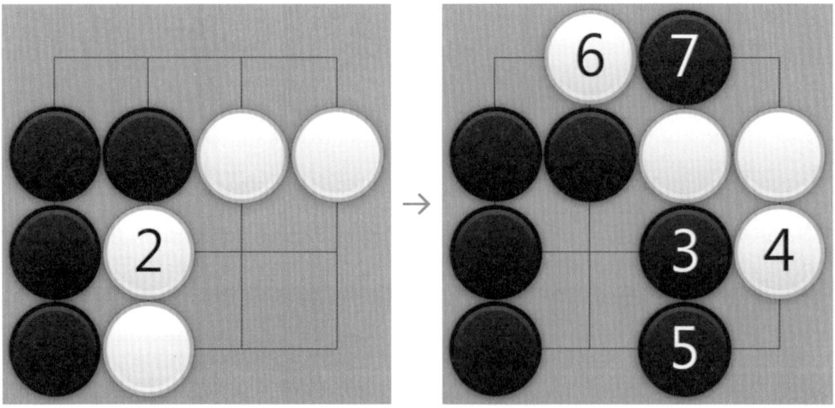

만약에 백이 ②로 흑돌 4개를 따내면, 흑은 다시 ❸으로 끊어 가면서 안쪽에 있는 백돌 2개를 단수치는 것이 좋습니다. 이후에 백이 ⑥으로 두어도 흑은 ❼로 백 전체를 따낼 수 있는 모양을 만들기 때문에 멋진 승리를 할 수 있습니다.

TIP 자신의 돌을 포로로 잡히게 한 다음 다시 상대방의 돌을 따내는 수를 '후절수'라고 부릅니다.

문제 ⑩

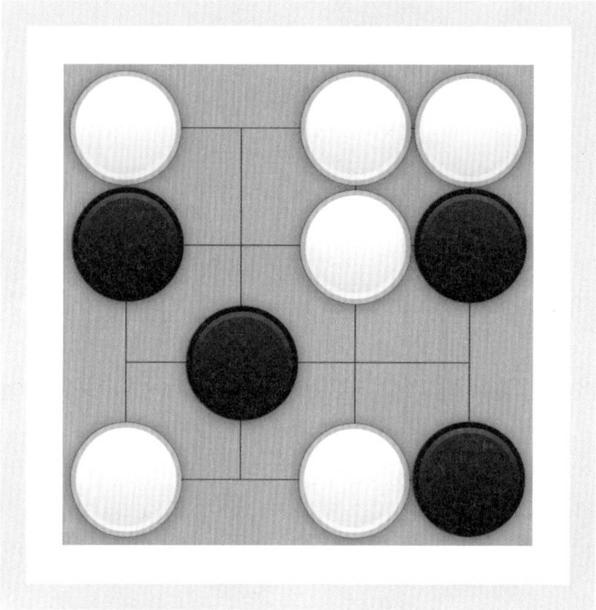

흑 차례 | 승리하기

1도 실패

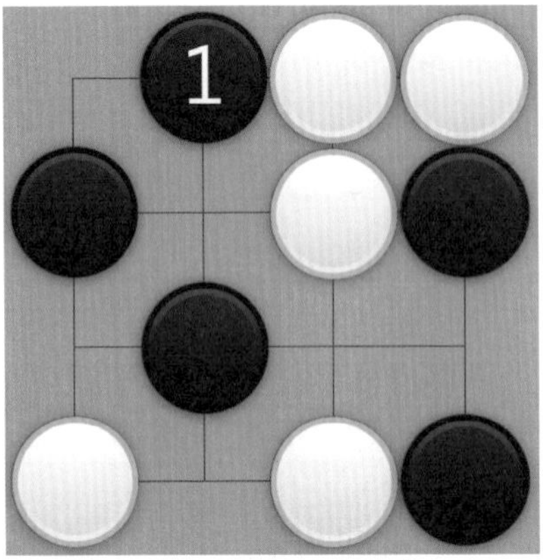

흑 ❶로 백돌 1개를 바로 따내는 수는 급소를 잘못 찌른 실패의 수입니다.

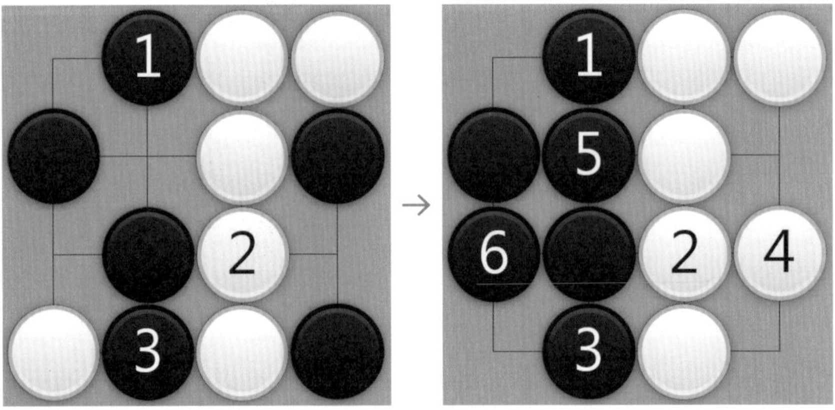

백이 ②로 두면 흑은 ❸으로 막아설 수밖에 없는데, 그다음 백 ④로 흑돌 2개가 잡히고 맙니다. 이후에 흑 ❺, 백의 패스, 그리고 다시 흑 ❻까지 수가 이어지면 서로 연달아 패스를 할 수밖에 없는데, 이때 서로 잡은 포로의 수가 2개씩 같아 무승부가 되기 때문에 실패입니다.

2도 실패

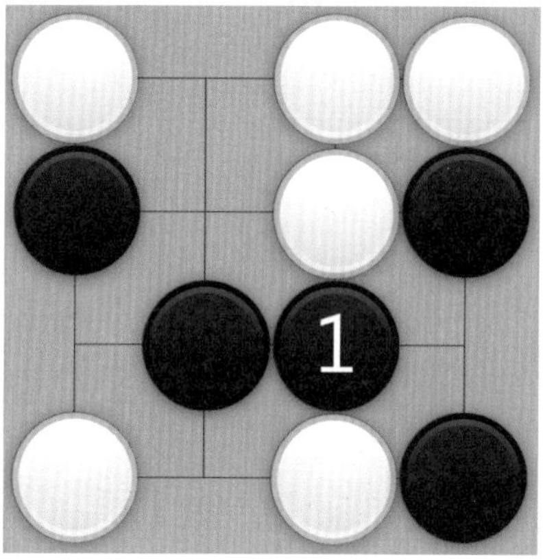

이 퍼즐의 급소는 흑 ❶의 자리입니다. 이곳을 먼저 찌르는 것이 정답으로 가는 첫 번째 수입니다.

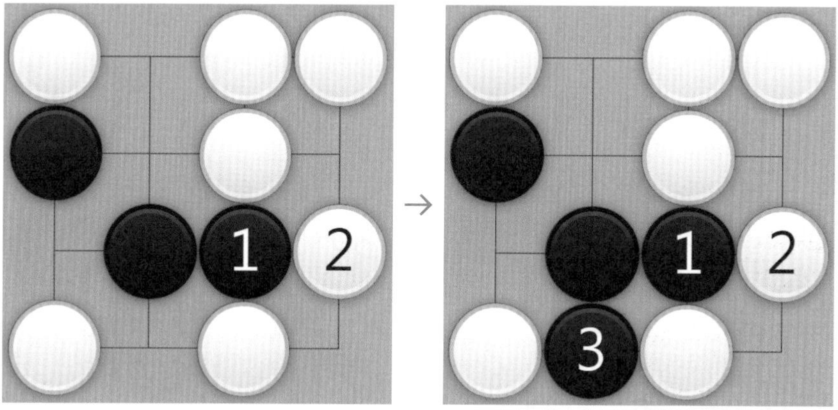

백은 ②로 오른쪽에 있는 흑돌 2개를 따내는 것이 최선의 수가 됩니다. 그다음 흑의 움직임이 중요한데, 예시와 같이 흑 ❸을 아래쪽에 두면 실패하게 됩니다.

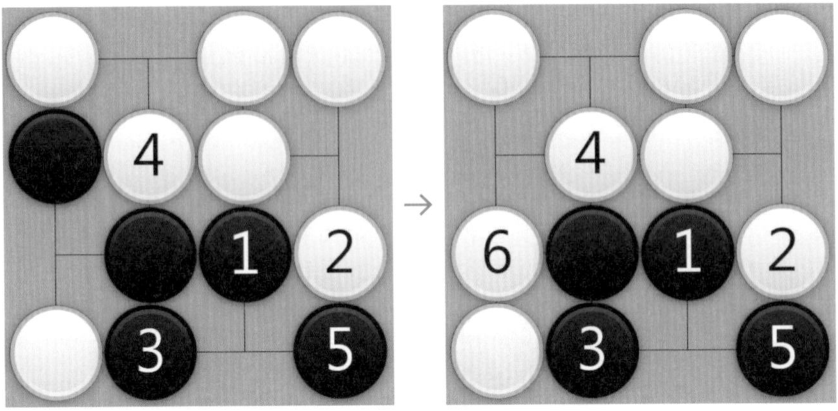

백이 ④로 두고 흑이 ❺로 아래쪽에 있는 백돌 1개를 따내면, 백도 ⑥으로 왼쪽에 있는 흑돌 1개를 따냅니다.

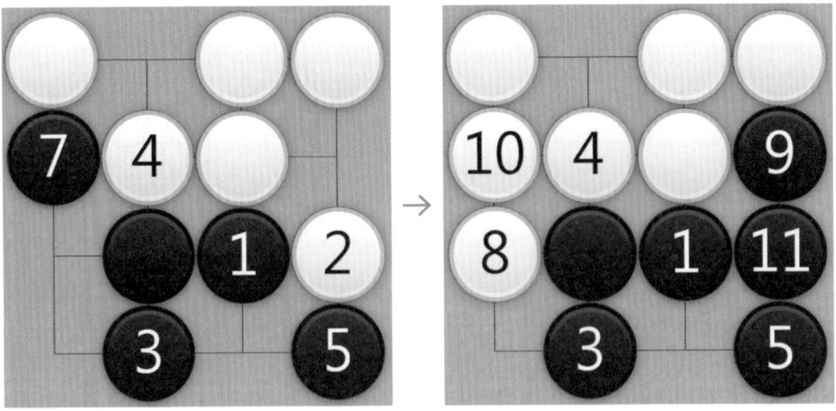

흑이 ❼로 왼쪽에 있는 백돌 2개를 따내면 백은 ⑧로 흑 ❼을 따내게 됩니다. 이후에 흑 ⓫까지 수가 진행하면 빅으로 마무리되는데, 이때 흑과 백이 잡은 포로의 수는 각각 4개씩 같기 때문에 무승부가 되어 실패입니다.

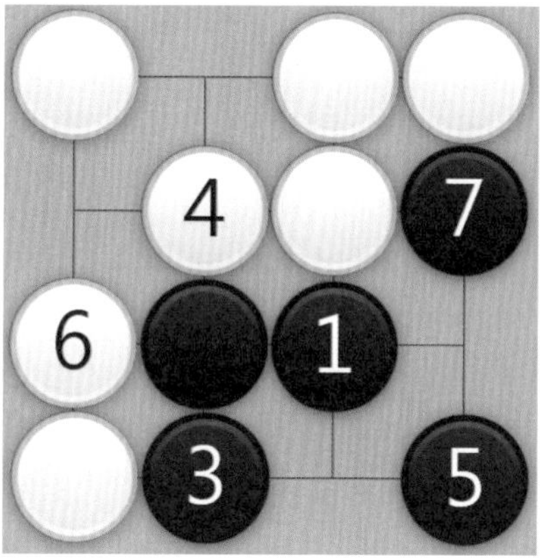

흑 ❼로 오른쪽에 있는 백 ②를 따내면 어떻게 될까요?

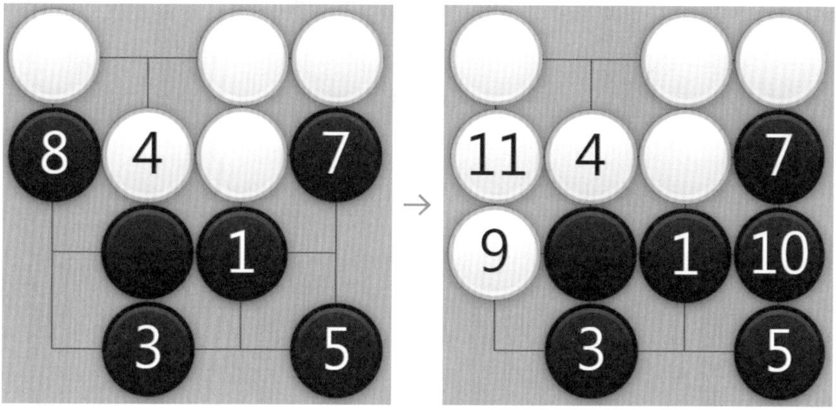

이 경우에는 백이 일부러 패스를 한 다음 백 ⑪까지 수가 이어지면 빅이 됩니다. 이때 서로 잡은 포로의 수가 같아 역시 무승부로 끝이 나서 실패가 됩니다.

3도 정답

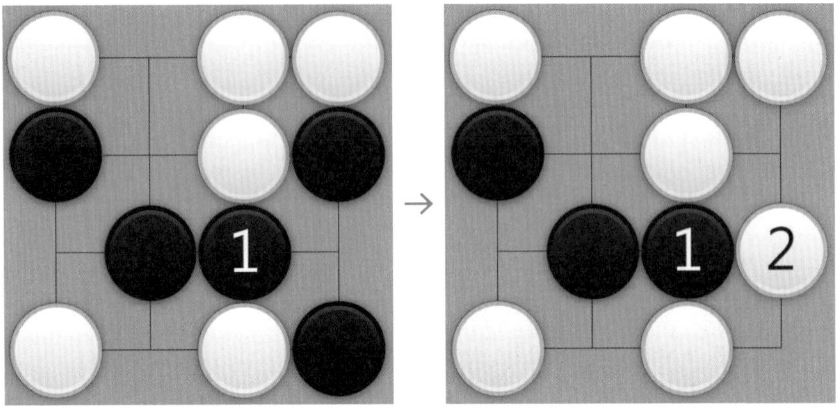

정답의 첫 번째 수는 앞서 살펴본 흑 ❶의 자리입니다. 문제는 백이 ②로 흑돌 2개를 따낸 이후에 흑의 응수인데, 흑 ❸을 어떻게 두어야 할까요?

예시와 같이 흑 ❸으로 왼쪽 위에 있는 백돌 1개를 따내는 수가 좋은 수입니다. 이렇게 두면 흑은 튼튼한 숨구멍이 한 곳 생깁니다.

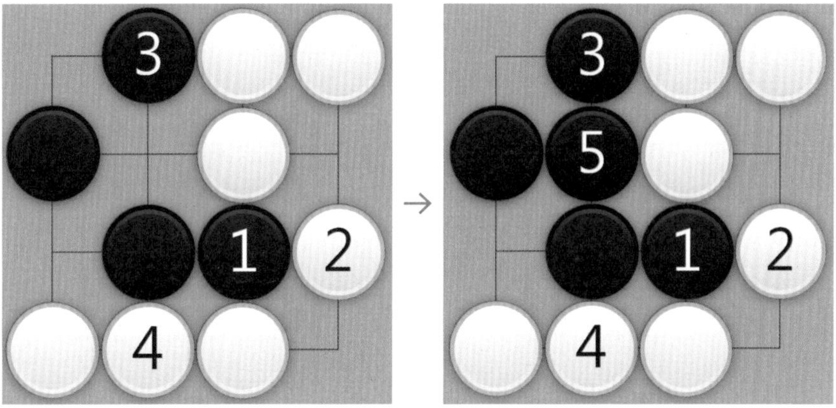

그다음 백이 ④로 버텨도 흑이 ❺로 단수치면, 이내 백돌 전체를 가두게 되어 흑의 승리로 이어지게 됩니다. 백의 급소를 두 번 연타하여 승리를 가져오는 문제였다고 할 수 있습니다.

TIP 상대방의 돌만 포위해서 잡으려고 하다간 거꾸로 나의 돌이 잡힐 수도 있습니다.

CHAPTER 4

5줄 바둑 퍼즐

1 초급

문제 ❶

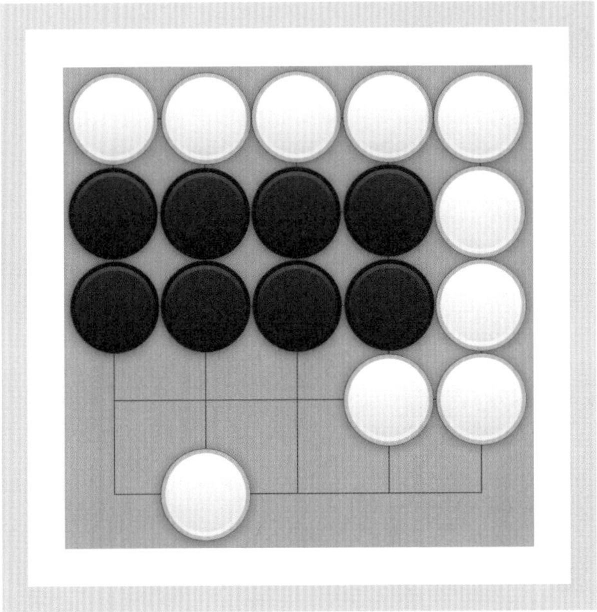

흑 차례 | 승리하기

1도 실패

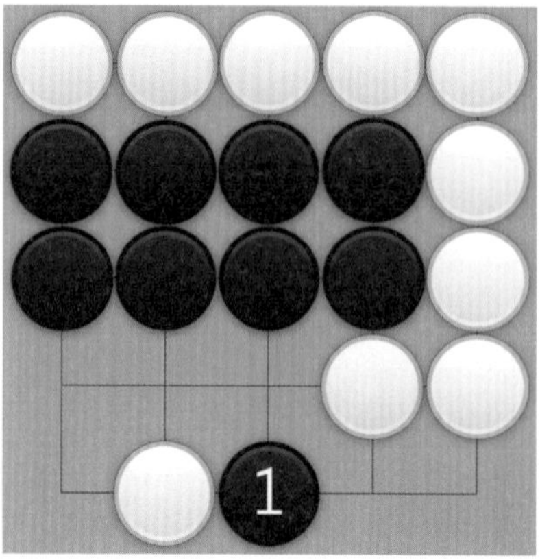

흑 ❶로 두는 수는 아쉽게도 실패입니다.

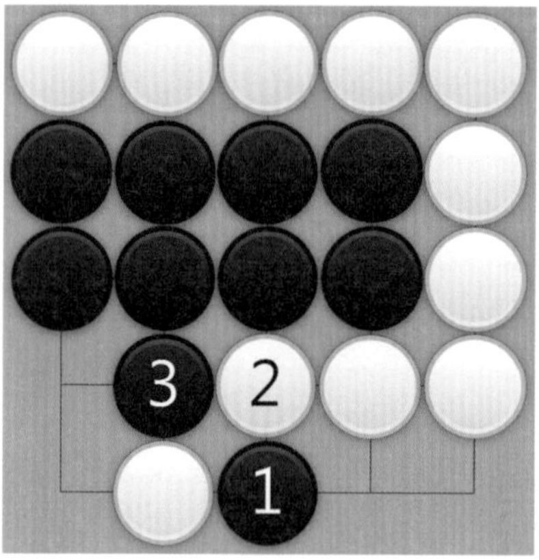

→

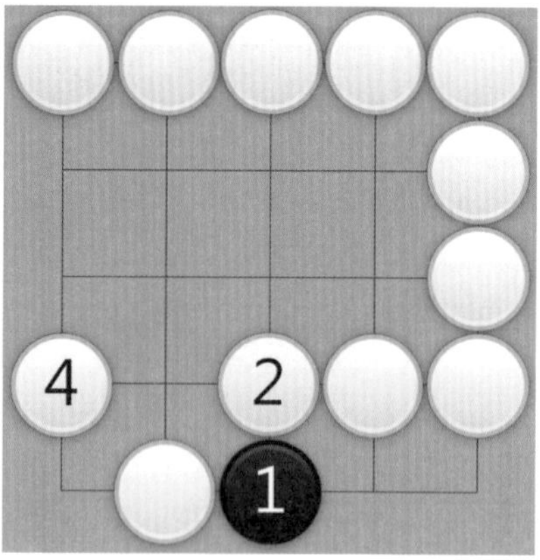

백이 ②로 끊으면 흑이 ❸으로 막아도, 그다음 차례에 백 ④로 흑이 모두 잡히기 때문입니다.

2도 정답

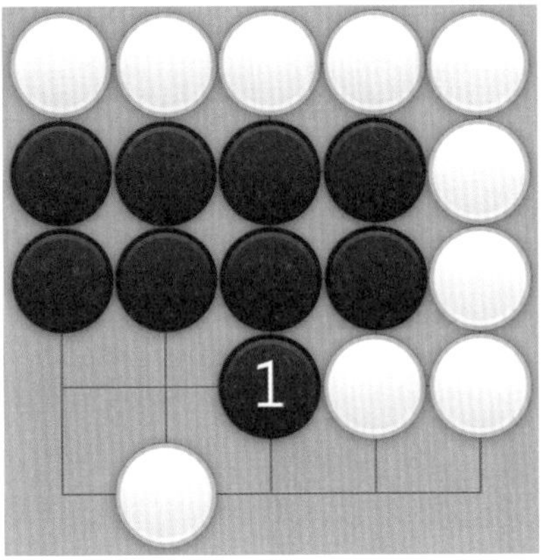

예시와 같이 흑 ❶로 두는 것이 정답입니다. 여기에서 흑 ❶의 자리는 이 문제에서 유일한 급소 자리입니다.

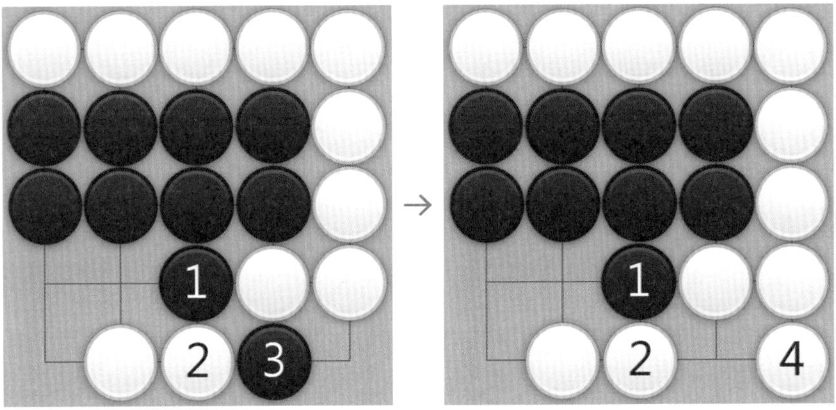

백이 ②로 두면 흑은 ❸으로 돌 하나를 미끼로 건넵니다. 그다음 백은 자신의 돌을 지키기 위해 백 ④로 흑 ❸을 따낼 수밖에 없습니다.

하지만 같은 자리에 흑을 다시 ❺로 두면, 백돌 10개를 따내게 되어 흑의 대성공으로 끝이 납니다.

TIP 자신의 돌을 일부러 희생하여 몰아치는 수법을 바둑에서는 '먹여치기'라고도 부릅니다.

문제 ❷

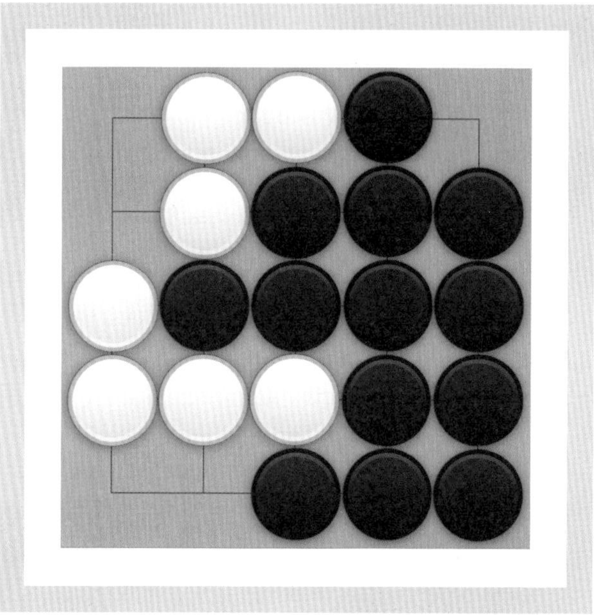

흑 차례 | 승리하기

1도 실패

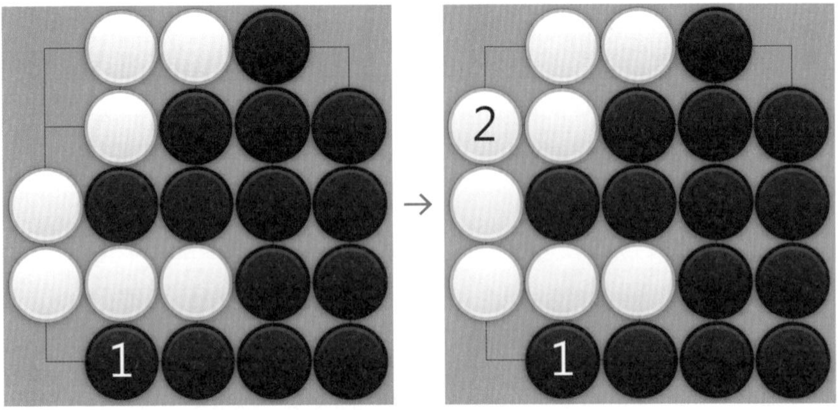

백의 숨구멍을 없애기 위해 흑 ❶로 두는 수는 실패입니다. 백이 ②로 이으면 빅이 되어 무승부로 끝이 나기 때문입니다.

2도 실패

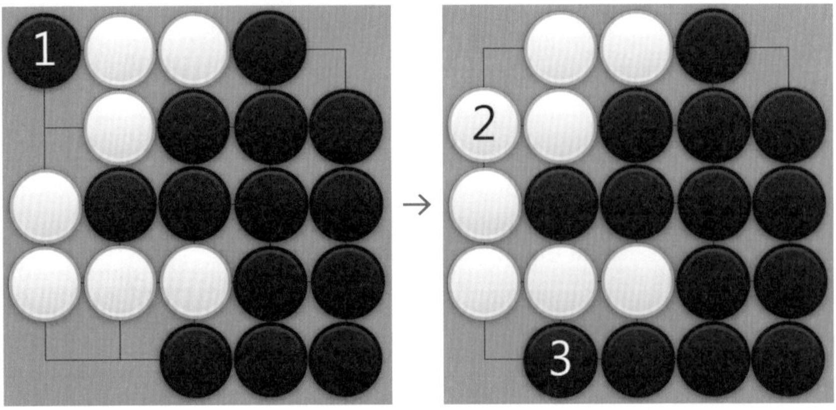

예시와 같이 흑 ❶로 두는 수도 백이 ②로 흑 ❶을 따내면, 이후에 흑의 응수가 마땅치 않습니다. 그다음 흑을 ❸으로 두면 빅이 되어 포로를 1개 잡힌 흑이 패배하게 됩니다.

3도 실패

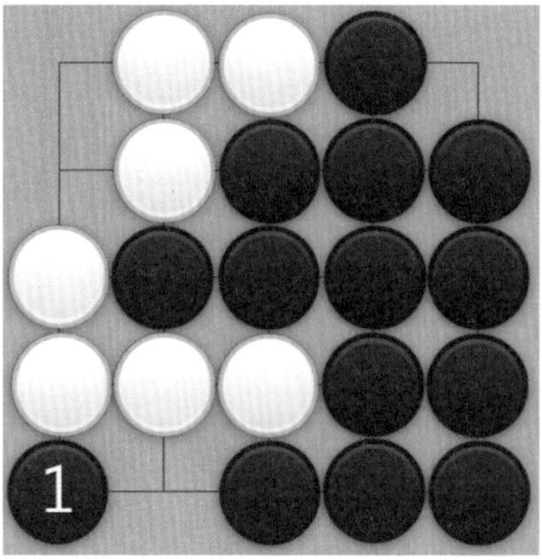

흑 ❶을 한 칸 띄어서 두면 어떨까요?

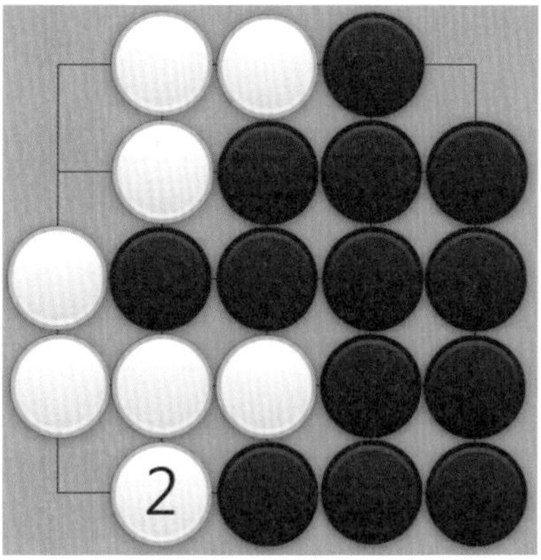

안타깝게도 이 역시 백이 ②로 간단히 따내면서 흑이 꼼짝없이 잡히는 모양이 됩니다.

4도 정답

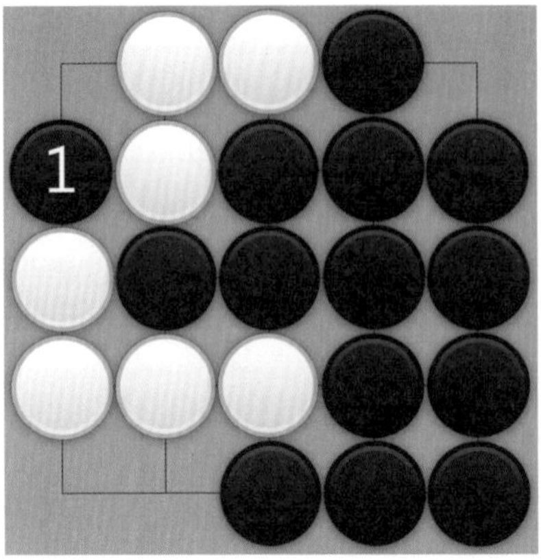

예시와 같이 흑 ❶로 두는 수가 정답입니다. 이는 흑돌 1개를 포로로 주면서 백돌 3개를 단수치는 수입니다.

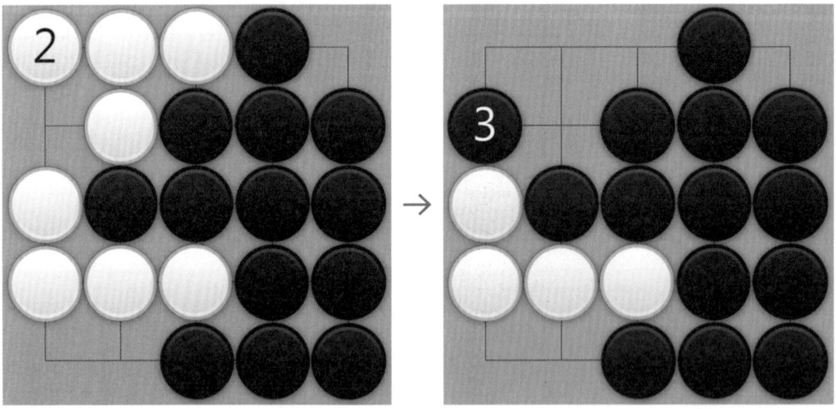

백 ②로 흑 ❶을 따내도 그다음 흑 ❸을 다시 같은 자리에 두면, 위쪽에 있는 백돌 4개를 모두 따낼 수가 있습니다. 이후에는 흑이 아래쪽에 있는 백돌도 따낼 수 있는 모양을 만들기 때문에 완벽한 승리를 하게 됩니다.

TIP 나의 돌을 일부러 포로로 주고 그다음 차례에 상대방의 돌을 잡는 수법을 활용할 수 있어야 합니다.

문제 ❸

흑 차례 | 승리하기

1도 실패

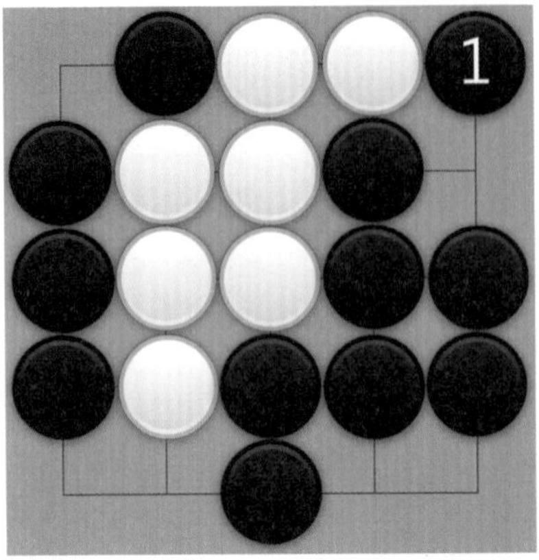

흑 ❶을 예시와 같이 두면 얼핏 보아서는 백을 궁지에 몰아넣어 성공한 듯 보입니다. 하지만 이 수는 아쉽게도 실패하고 마는 수입니다.

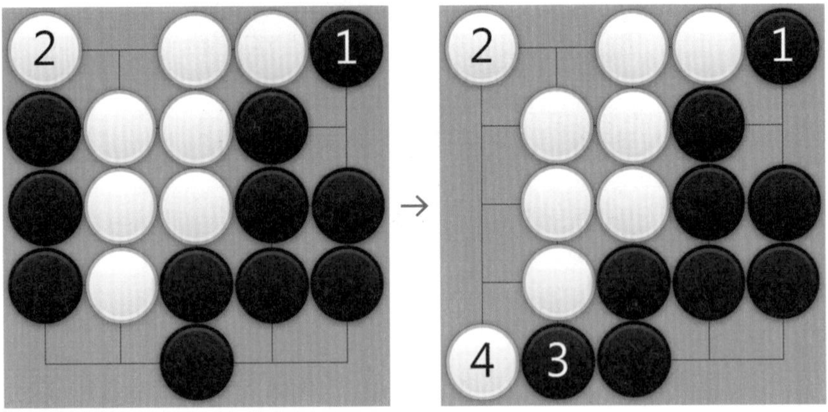

백이 ②로 위쪽에 있는 흑돌 1개를 따내면, 흑은 곧바로 되따낼 수가 없기에 ❸으로 두는 것이 최선의 수가 됩니다. 하지만 그다음 백이 ④로 왼쪽에 있는 흑돌 3개를 따내면 흑은 패배하게 됩니다.

2도 정답

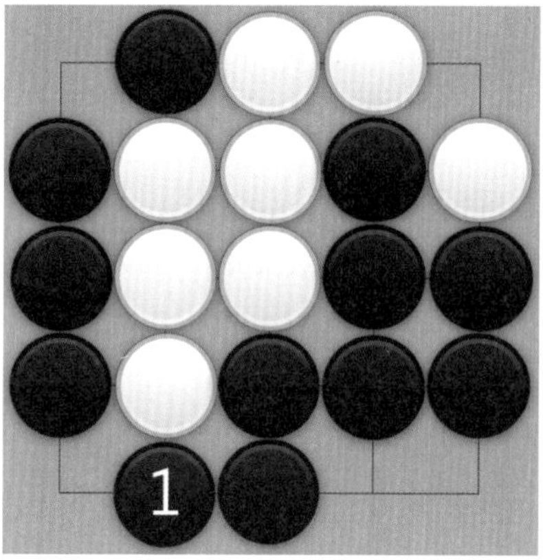

흑 ❶로 돌을 연결하면서 백을 단수치는 것이 좋은 수입니다.

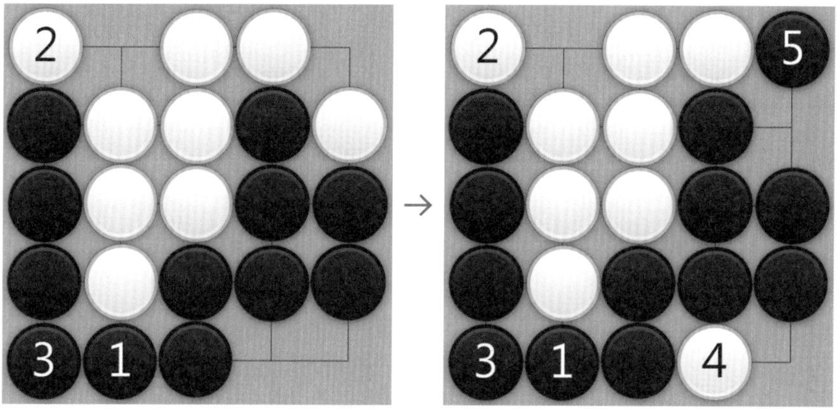

백이 ②로 위쪽에 있는 흑돌 1개를 따내도 흑은 ❸으로 가만히 잇습니다. 백이 ④로 공격해도 흑 ❺를 오른쪽 위에 두면, 백은 더 이상 둘 수 있는 곳이 없어 부득이한 착수 포기로 패배하고 맙니다. 흑의 좋은 운영에 따른 성공입니다.

TIP 같은 모양이어도 두는 순서에 따라 전혀 다른 결과가 나오기도 합니다.

바둑과 관련된 격언들

바둑은 흔히 '인생의 축소판'으로 비유되곤 합니다. 바둑판 안에서 일어나는 무수한 변화들은 우리의 삶에서 일어나는 모습과 비슷한 부분이 많고 때때로 큰 깨달음과 교훈을 주기 때문입니다. 바둑 속에 담긴 교훈적 메시지는 바둑 격언으로 제시되기도 하는데 대표적인 격언은 아래와 같습니다.

때로는 과감하게 버려야 한다	큰 것을 이루기 위해 작은 것에 얽매이지 않고 과감히 버려야 할 때가 있음을 의미함.
상대의 급소는 나의 급소이다	상대가 마음에 두고 있는 것은 나에게도 중요한 것일 수도 있음을 의미함.
상대의 돌이 많은 곳에서는 가볍게 두어라	상대의 세력이 강한 곳에서는 조심하는 것이 좋다는 것을 의미함.
일수불퇴(一手不退)	바둑판에서 수를 한 번 두면 절대 무를 수 없듯이, 삶에서도 중요한 순간에 내린 결단은 다시 번복될 수 없을 때가 있음을 의미함.
적을 공격하기 전에 먼저 나의 약점을 보강하라	어떤 목적을 위한 수단을 생각하기 전에 나의 약점이 무엇인지 먼저 살피는 것이 급선무임을 의미함.
돌을 잡고 바둑은 진다	상대의 돌을 잡는 재미에만 빠져 있다가는 결국 실패할 수 있으므로, 작은 부분만 보기보다는 보다 크게 시야를 넓혀야 한다는 것을 의미함.

문제 ❹

흑 차례 | 승리하기

1도 실패

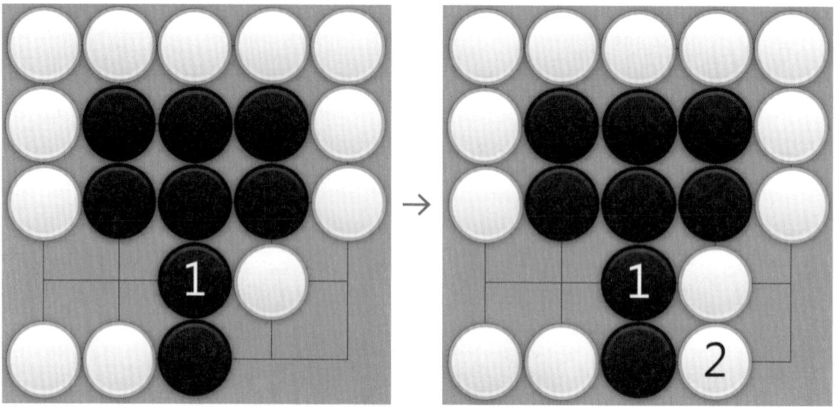

흑 ❶로 연결하는 수는 아쉽게도 실패입니다. 백이 침착하게 ②로 단수치면 흑은 더 이상 손쓸 방법이 없습니다.

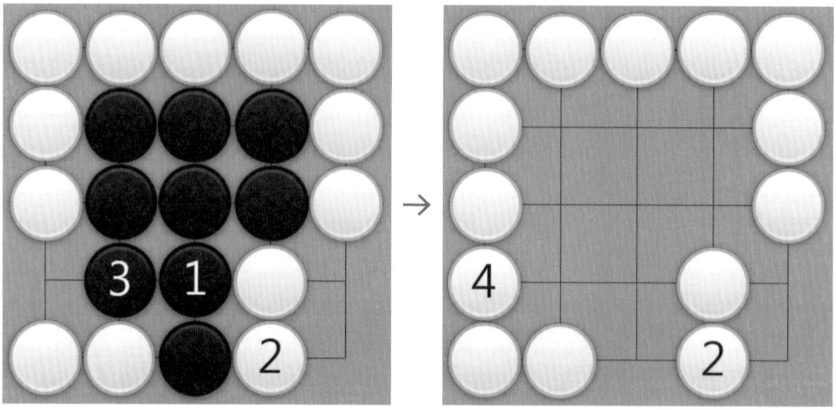

이후에 흑이 ❸으로 단수쳐도 백 ④로 흑이 전부 잡히게 됩니다.

2도 실패

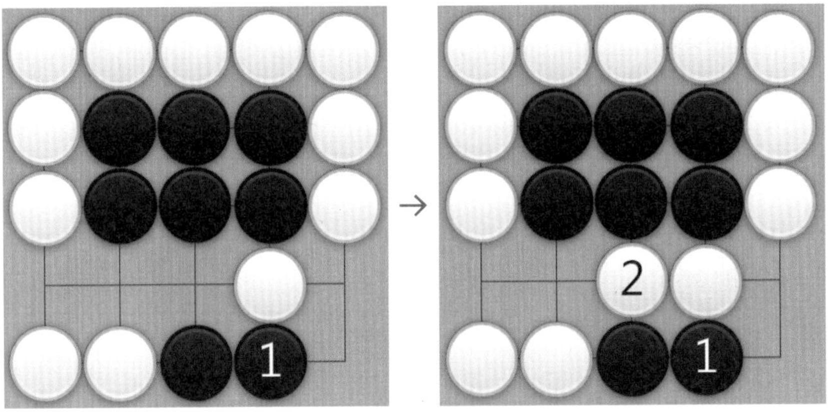

예시와 같이 흑 ❶로 두는 수는 어떨까요? 백의 입장에서는 ②로 끊어가는 것이 최선의 수입니다.

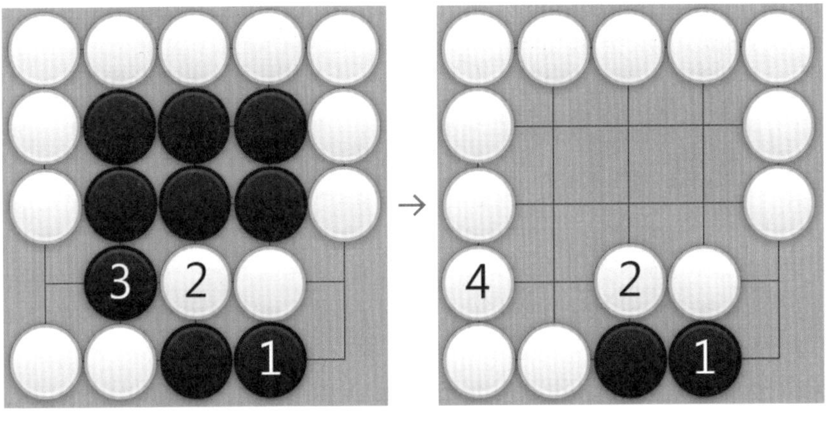

그다음 흑이 ❸으로 버텨도 역시 백 ④로 안쪽에 있는 흑돌 7개가 한 번에 잡히기 때문에 이 방법도 실패입니다.

3도 정답

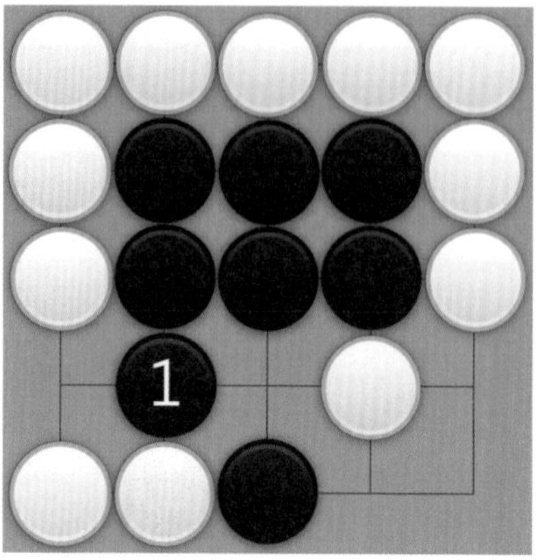

흑 ❶로 왼쪽 아래에 있는 백돌 2개를 단수치는 것이 좋은 수입니다.

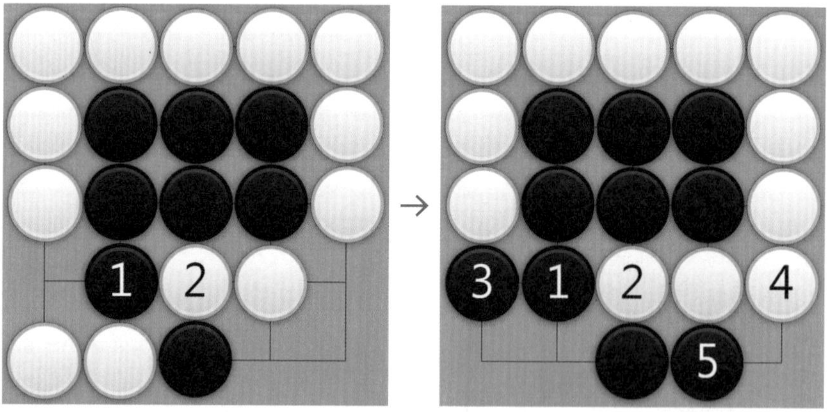

그다음 백이 ②로 반격해도 흑은 ❸으로 아래 쪽에 있는 백돌 2개를 따내면 됩니다. 이후에 백이 ④로 이어도 흑이 ❺로 단수치면 손쉽게 승리할 수가 있습니다.

TIP 때로는 상대의 돌을 바로 에워싸는 노골적인 수가 좋습니다.

문제 ❺

흑 차례 | 승리하기

1도 실패

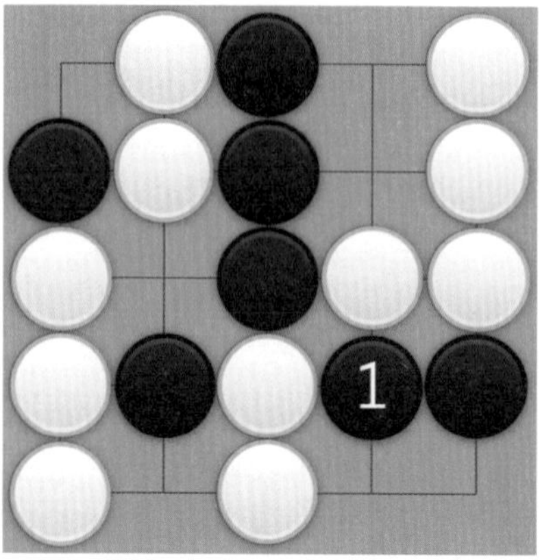

흑 ❶로 끊는 수는 아쉽게도 실패입니다.

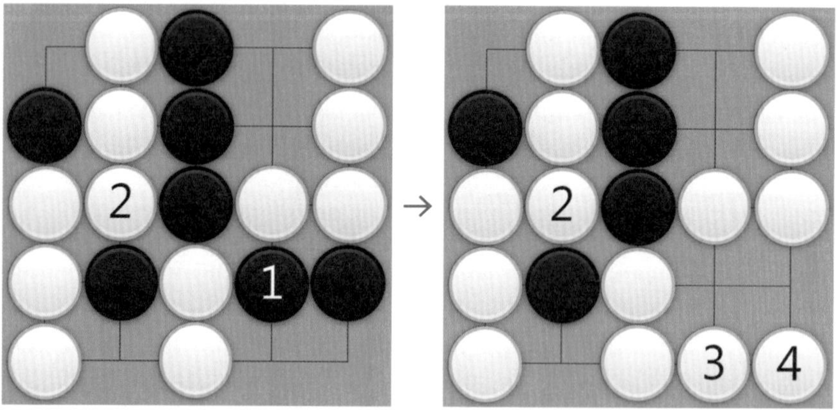

백이 ②로 끊으면 그다음 흑은 둘 곳이 마땅치 않기 때문입니다. 아직 흑이 둘 수 있는 곳은 네 군데가 남아있지만, 어디에 두어도 백에게 잡히기에 일부러 패스를 할 수밖에 없습니다. 하지만 이마저도 백이 ③과 ④로 연속타를 날리면 오른쪽에 있는 흑돌 2개가 잡히고 맙니다. 이후 진행은 굳이 보지 않아도 흑이 패하는 것을 쉽게 알 수 있습니다.

2도 실패

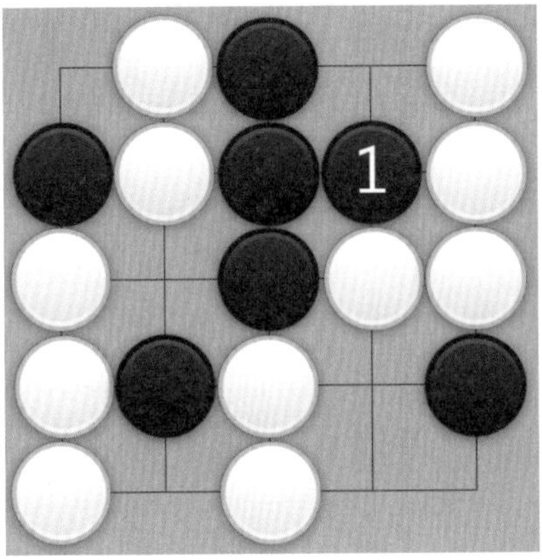

→

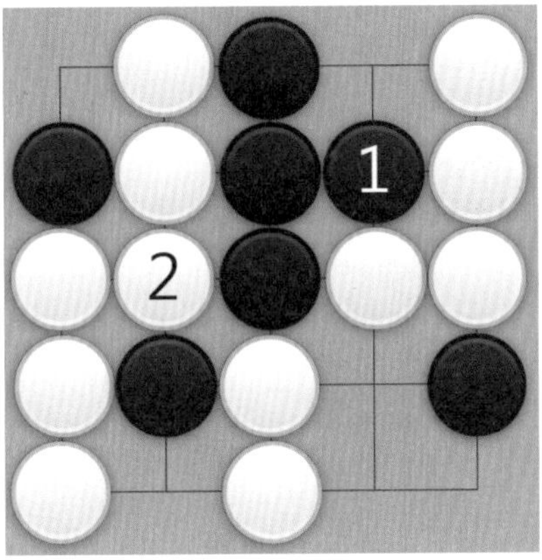

예시와 같이 흑 ❶로 두는 것 역시 실패입니다. 백이 ②로 끊으면, 위쪽에 있는 흑돌 4개를 단수치면서 흑을 가두기 때문입니다.

3도 정답

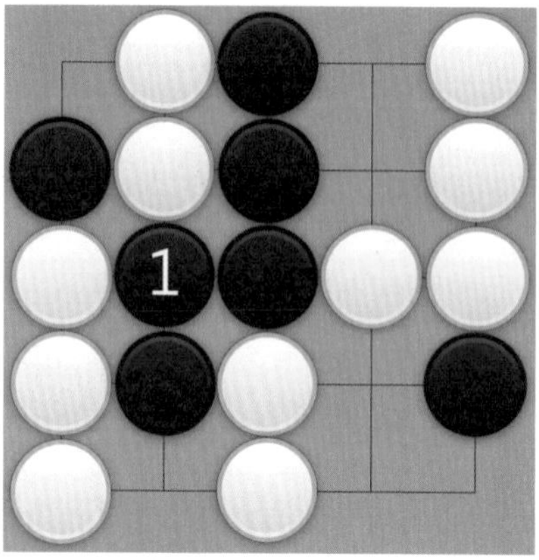

이렇게 흑 ❶로 끊으면서 왼쪽에 있는 백돌을 단수치는 것이 좋은 수입니다.

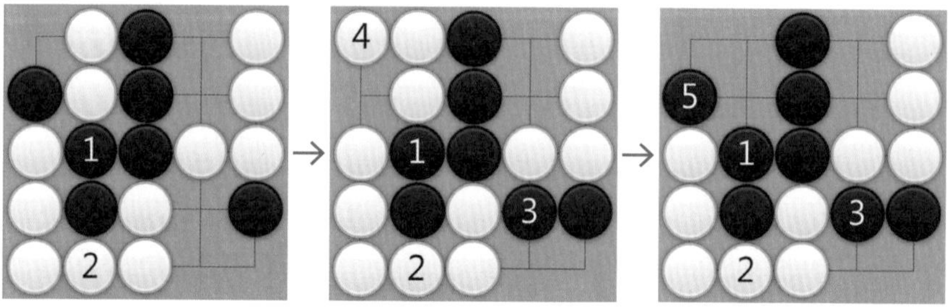

백은 왼쪽에 있는 3개의 돌을 살리기 위해 ②로 이을 수밖에 없는데, 그다음 흑이 ❸으로 끊으면 백을 모두 위협하게 됩니다. 이후에 백이 ④로 왼쪽 위에 있는 흑돌 1개를 따내도, 흑 ❺로 왼쪽 위에 있는 백돌 3개를 따내면 승기를 가져올 수가 있습니다.

TIP

5줄 미니 바둑 퍼즐은 4줄보다 훨씬 더 다양한 모양을 이루고 있습니다.
때문에 모양에 따른 경우의 수를 더 자세히 따져보는 것이 좋습니다.

문제 ❻

흑 차례 | 승리하기

1도 실패

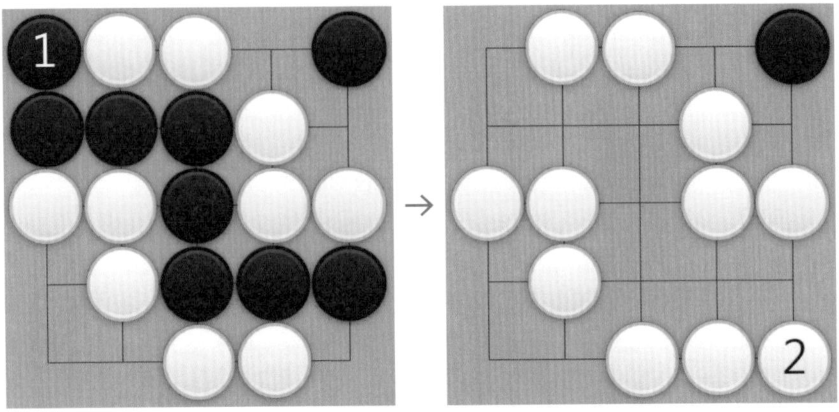

예시와 같이 흑 ❶로 단수치는 수는 언뜻 백을 곤란하게 만드는 것처럼 보이지만, 자세히 살펴보면 흑이 스스로 단수를 맞게 된 모습입니다. 백은 ②로 간단히 흑을 모두 따내기 때문에 흑의 실패입니다.

2도 실패

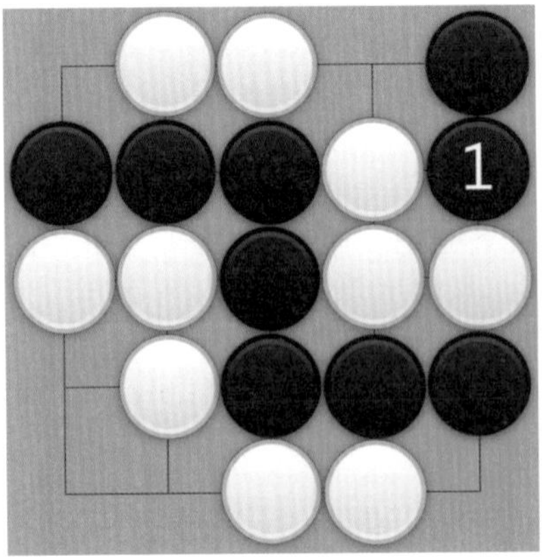

흑 ❶로 오른쪽에 있는 백돌을 단수치는 수를 살펴볼까요?

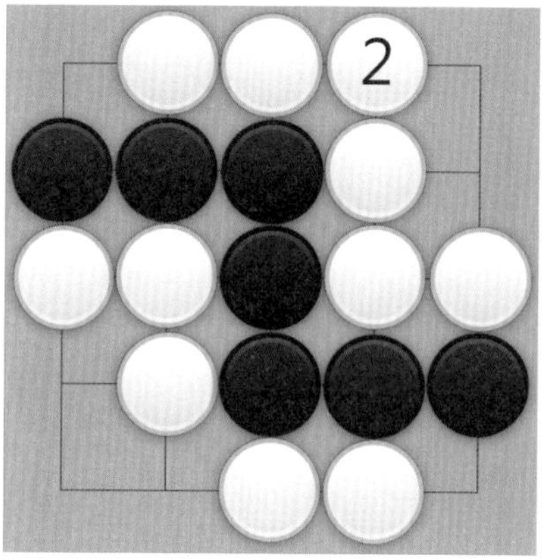

이 경우에는 백이 ②로 오른쪽에 있는 흑돌 2개를 따내면 흑이 어려워집니다.

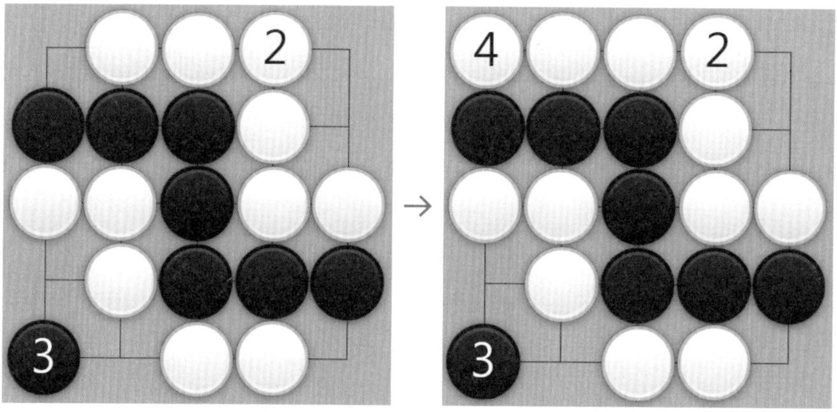

흑이 ❸으로 뒤늦게 반격을 시도해보아도 백이 ④로 흑을 단수치면, 흑은 도망갈 곳이 없어 결국 패배하고 맙니다.

3도 정답

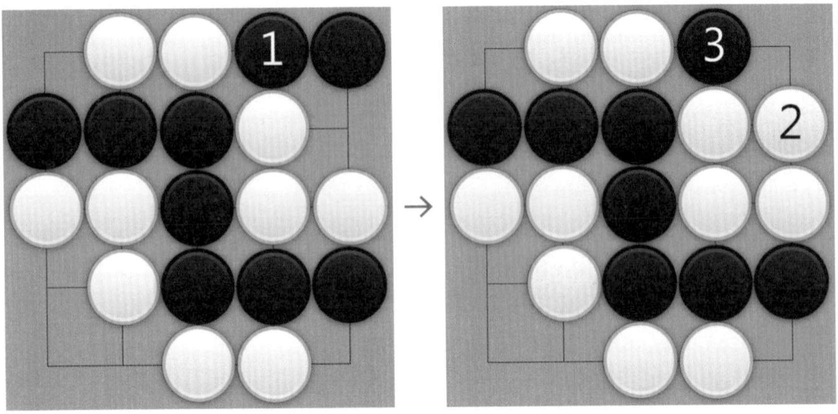

정답은 예시와 같이 흑 ❶로 두어 일부러 자신의 돌을 2개 내주는 수입니다. 흑 ❶은 백돌을 단수치는 수이기 때문에 백은 ②로 오른쪽 위에 있는 흑돌 2개를 따내야만 합니다. 하지만 흑이 ❸으로 다시 단수를 치면 백이 곤란해집니다. 백이 흑 ❸을 따내더라도 흑이 다시 그 자리에 ❹를 두면, 오른쪽에 있는 백돌을 모두 따낼 수 있기 때문이지요. 따라서 흑의 멋진 승리가 됩니다.

TIP 자신의 돌을 희생해서 더 큰 이득을 얻는 전략은 전략 중에서도 고급전략에 속합니다.

문제 ❼

흑 차례 | 승리하기

1도 실패

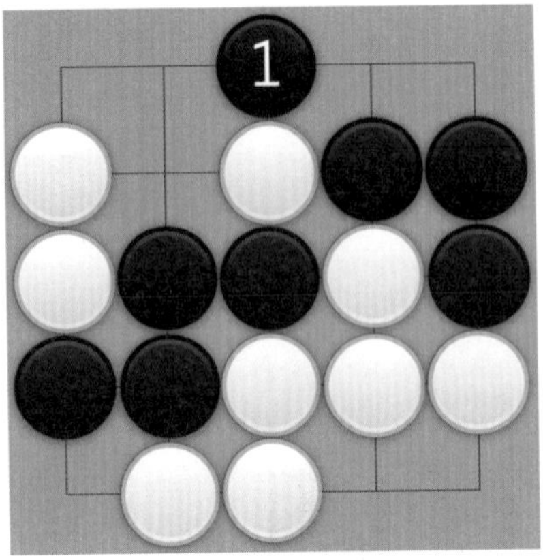

예시와 같이 흑 ❶로 위쪽에 있는 백돌 하나를 단수치는 수는 실패입니다.

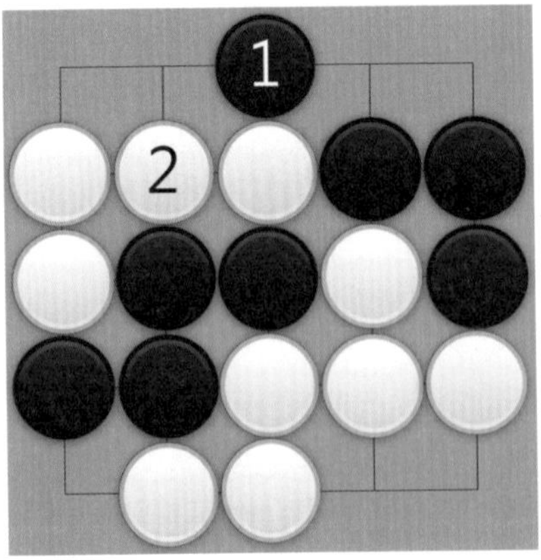

→

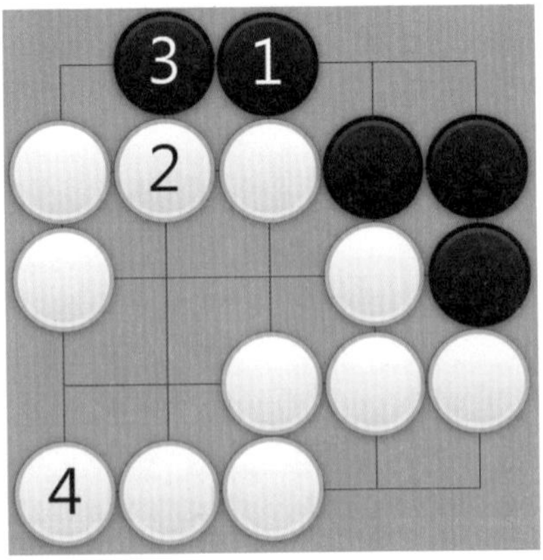

백이 ②로 이으면서 아래쪽에 있는 흑돌 4개를 단수치기 때문입니다. 이후에 흑이 ❸으로 두어도 백이 ④로 안쪽에 있는 흑돌 4개를 따내면, 흑은 패배하게 됩니다.

2도 정답

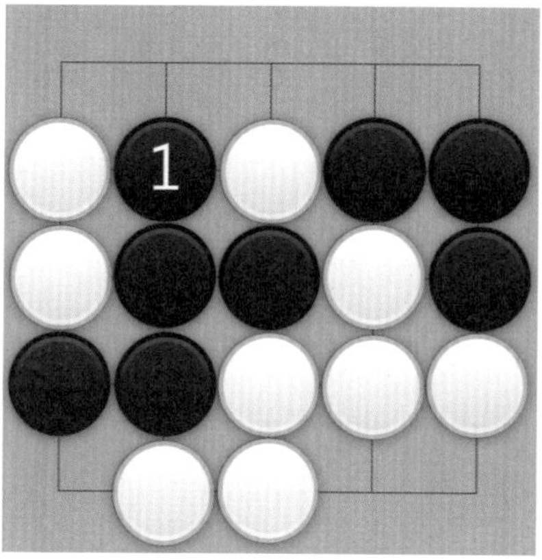

→

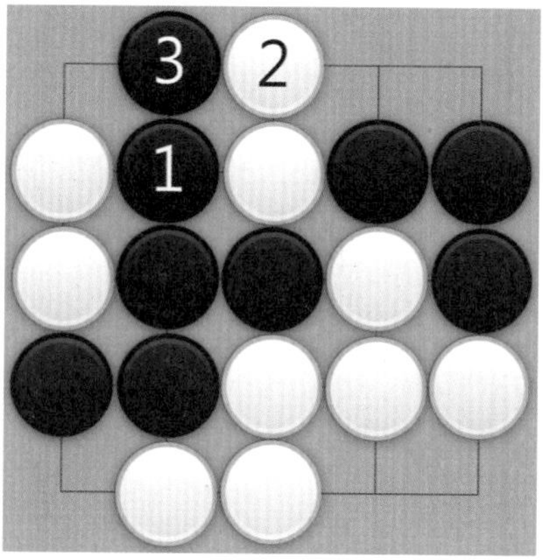

정답은 흑 ❶로 백돌을 낭떠러지 끝으로 몰아가는 수입니다. 백은 ②로 나아갈 수밖에 없는데, 그다음 흑이 ❸으로 단수치면 백은 더 이상 도망갈 곳이 없습니다.

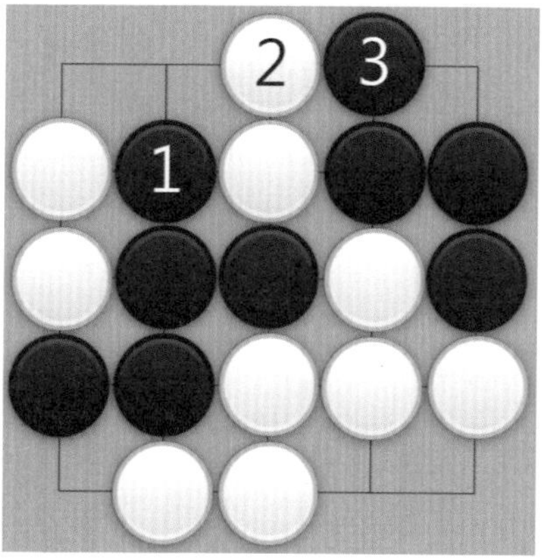

만약에 흑 ❸을 반대쪽으로 단수치면 어떻게 될까요?

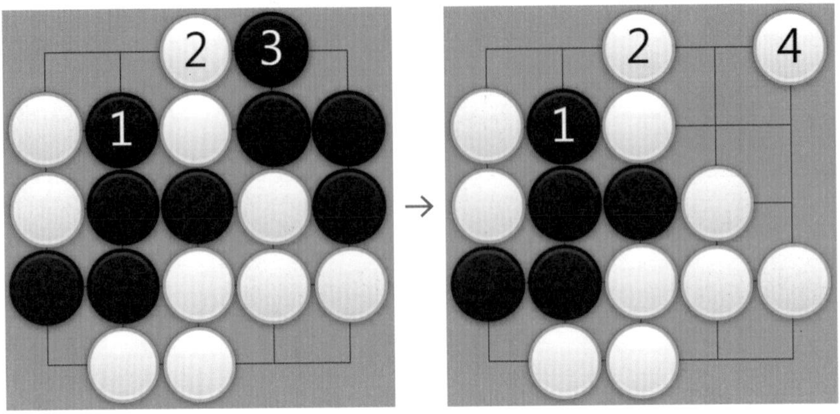

이렇게 되면 흔히 말하는 자충(自充)수[1]로서 스스로를 단수로 만들어 버리게 됩니다. 백은 당연히 ④로 흑돌을 잡아버리기 때문에 흑의 실패가 됩니다.

TIP	상대방의 돌을 미니 바둑판의 모서리 끝으로 몰아가며 단수치는 것이 좋은 방법일 때가 있습니다.

1 스스로 자신의 활로를 메우는 수

문제 ❽

흑 차례 | 승리하기

1도 실패

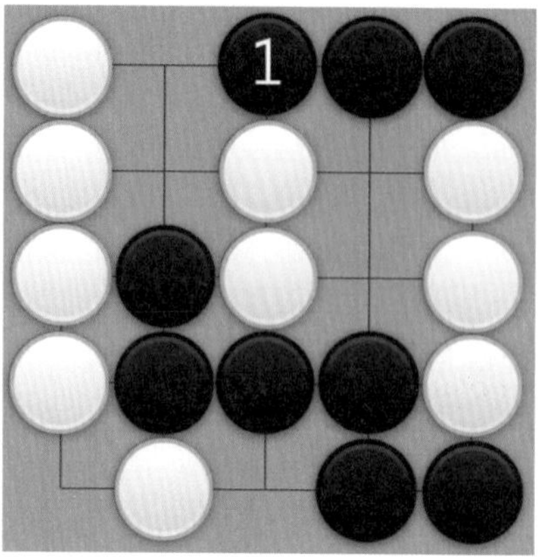

→

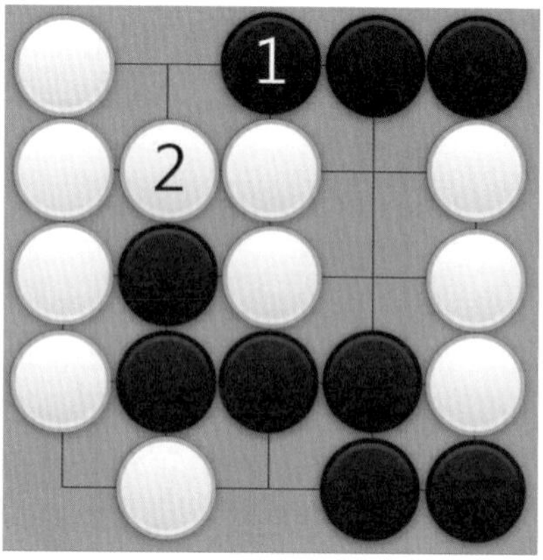

예시와 같이 흑 ❶로 파고 들어가는 수는 백이 ②로 이으면 실패로 돌아가고 맙니다.

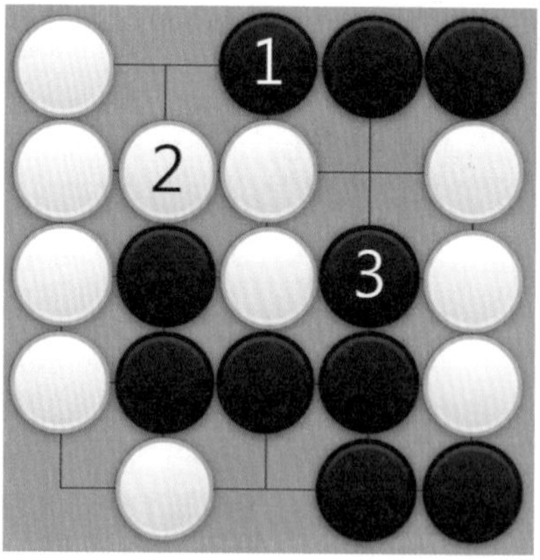

→

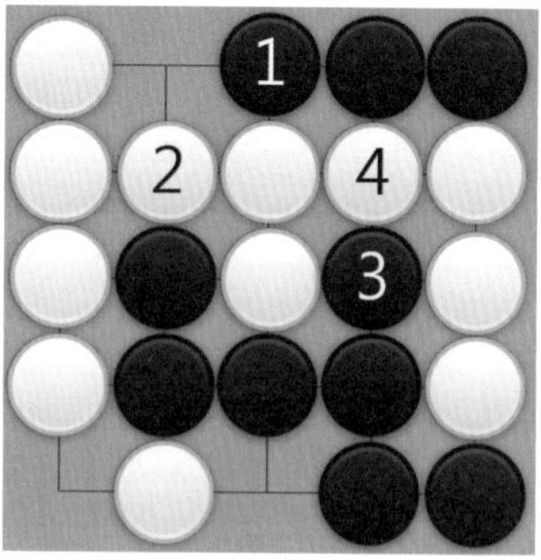

이후에 흑이 ❸으로 반격해도 백이 ④로 두면, 흑이 모두 단수를 맞기 때문입니다. 이제 흑은 둘 수 있는 곳이 마땅치 않기에 패배하고 맙니다.

2도 실패

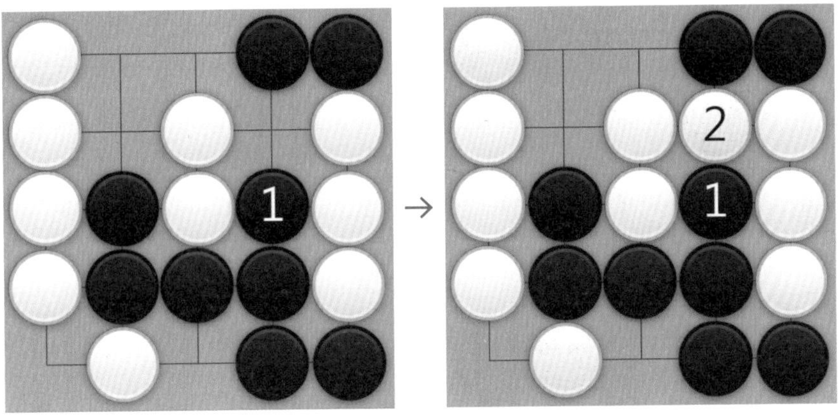

흑 ❶로 백을 단수치는 것은 어떨까요? 백은 당연히 ②로 이어서 방어할 것입니다.

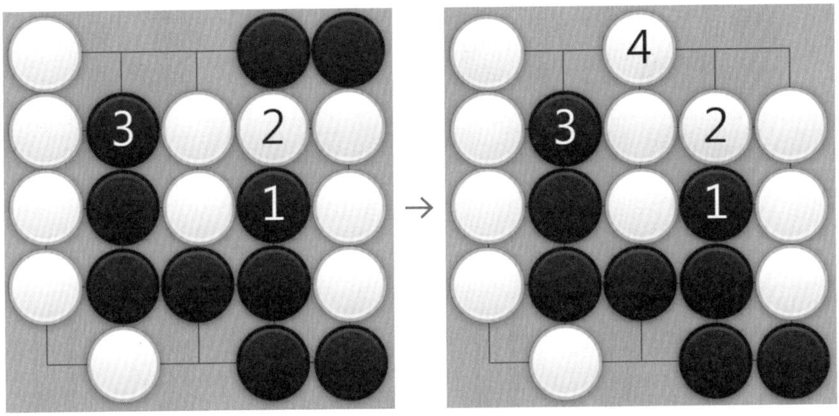

그다음 흑이 ❸으로 단수치면 얼핏 통할 것처럼 보이기도 하지만 이 수는 아쉽게도 실패가 됩니다. 백이 ④로 흑돌 2개를 따내면 이후에 흑은 둘 곳이 마땅치가 않기 때문입니다. 위쪽의 한 자리는 흑이 스스로 단수를 맞게 되는 자리이기에 둘 수가 없고, 결국 흑은 패배하게 됩니다.

3도 정답

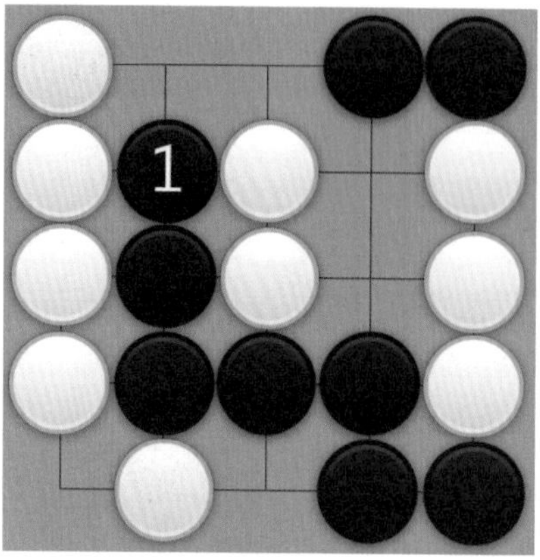

흑 ❶로 백의 약점을 먼저 찔러가는 수가 정답으로 가는 첫 번째 수입니다. 찔러가면서 백돌 전체에 균열을 내는 수이기 때문이지요.

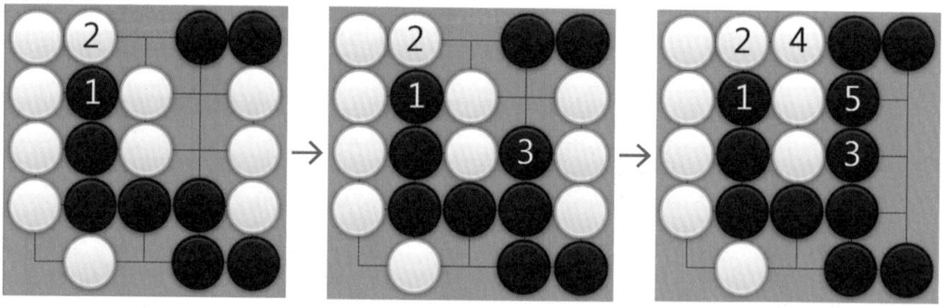

백은 ②로 넘어갈 수밖에 없는데, 그다음 흑을 ❸으로 두면 오른쪽에 있는 백돌 3개를 단수칠 수 있습니다. 이때 백은 흑의 공격을 막기 위해서 이을 수가 없습니다. 잇는 순간 스스로 덩치를 키워 단수를 맞게 되기 때문입니다. 어쩔 수 없이 백이 ④로 두면 흑은 ❺로 백돌 3개를 따내게 됩니다. 흑이 백의 약점을 순서에 맞게 차례로 찔러 멋지게 승리를 따내는 모습입니다.

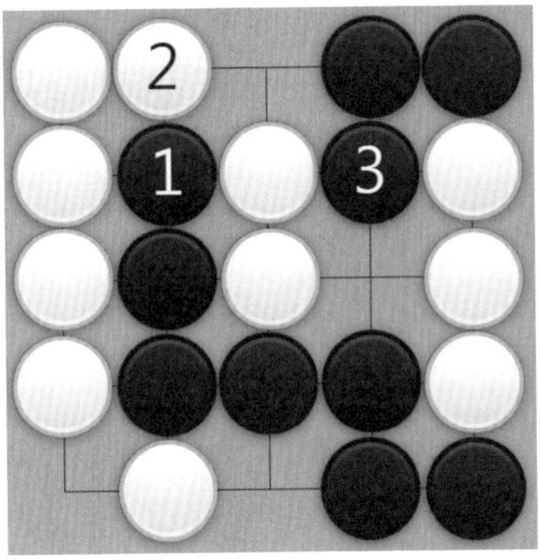

만약에 흑 ❸을 앞서 보여드린 정답 자리보다 한 칸 위에 두면 어떻게 될까요?

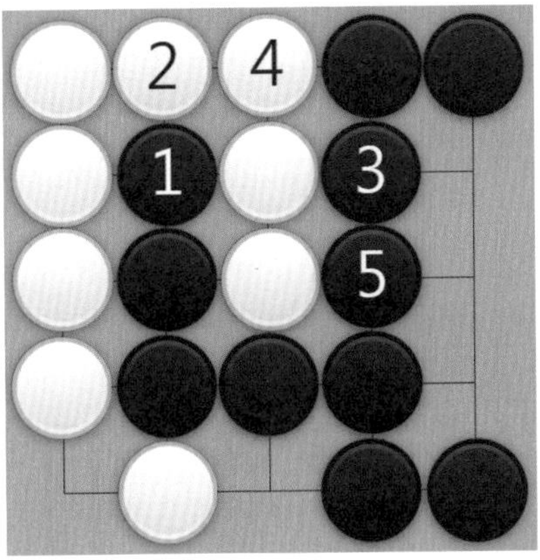

그다음 백은 ④로 이을 수밖에 없는데, 흑이 ❺로 따내면 똑같이 성공하는 모습이 됩니다. 따라서 이 역시도 정답입니다.

TIP 상대방이 가지고 있는 약점을 이용하여 공격해야 하는 것을 잊지 마세요!

2 중급

문제 ❶

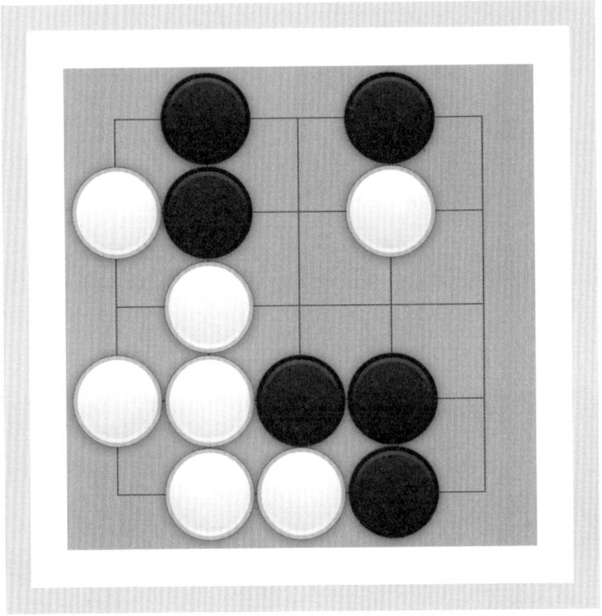

흑 차례 | 승리하기

1도 실패

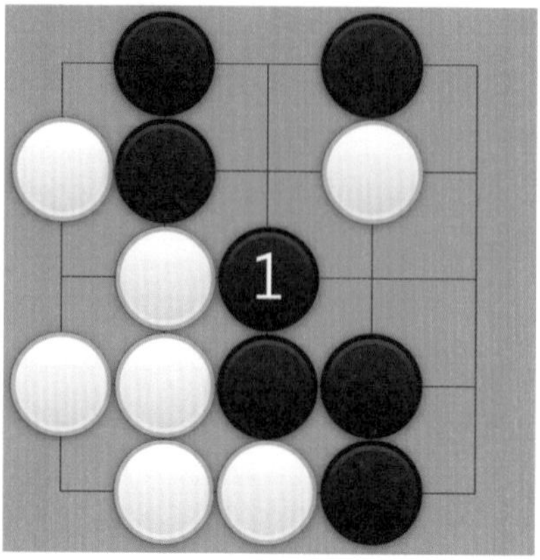

예시와 같이 흑 ❶로 막으면 백을 가두는 것처럼 보이지만, 백에게는 반격의 수가 있습니다.

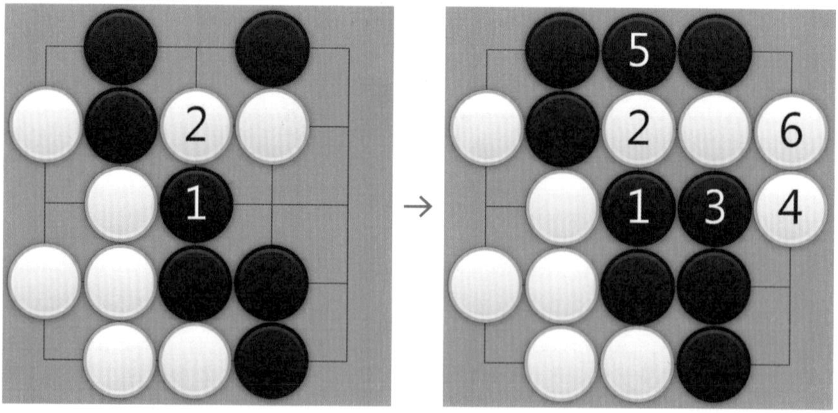

바로 이렇게 백 ②로 끊는 수입니다. 흑이 ❸으로 압박을 하면서 공격해도 백이 ④와 ⑥으로 이으면, 흑은 더 이상 할 수 있는 것이 없습니다. 어쩔 수 없이 흑이 패스를 하면 백은 ④의 아래쪽으로 두어서 흑돌을 이내 따낼 수 있게 됩니다.

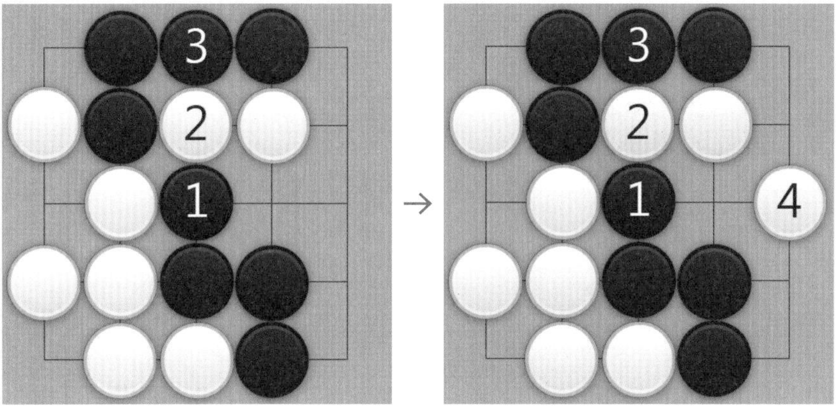

흑이 ❸으로 공격을 하지 않고 위쪽으로 이어서 버틴다 하더라도 백에게는 ④로 두는 묘수가 있습니다.

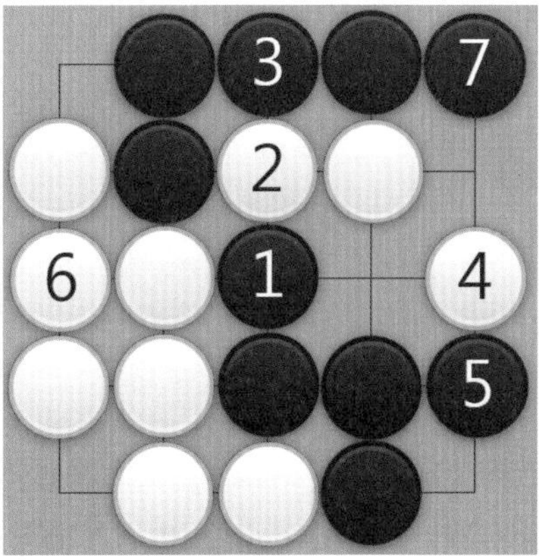

이후에는 흑이 ❺로 막고 흑 ❼까지 수가 이어지면 서로 패스를 할 수밖에 없는 빅이 됩니다. 이때 서로 잡은 포로가 없기에 무승부가 되어 실패하고 맙니다.

3도 정답

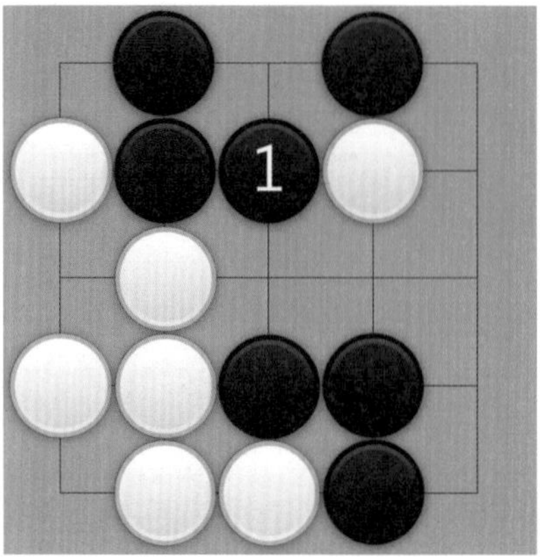

예시와 같이 흑 ❶로 두는 수가 정답입니다.

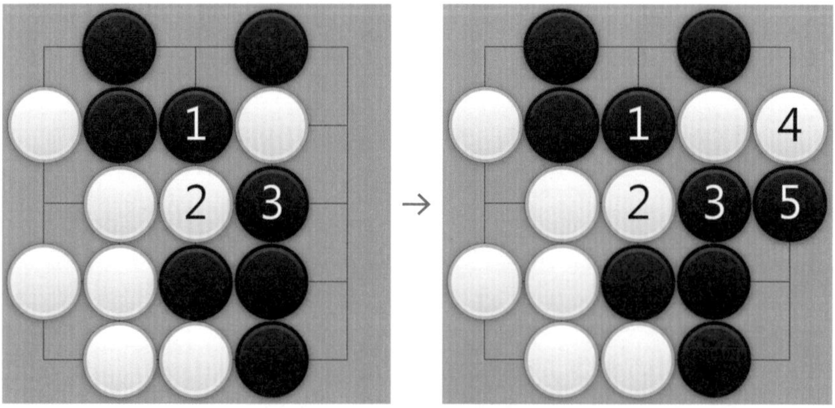

백이 ②로 뚫고 나오려고 하면 흑 ❸으로 끊어줍니다. 그다음 백이 ④로 나오면 흑은 ❺로 단수쳐서 오른쪽 위에 있는 백돌 2개를 쉽게 따낼 수 있게 되므로 흑의 완벽한 승리가 됩니다.

문제 ❷

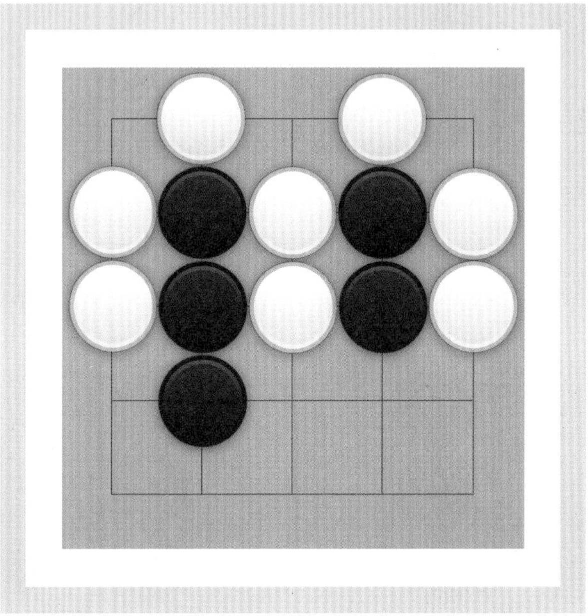

흑 차례 | 무승부 만들기

해설

1도 실패

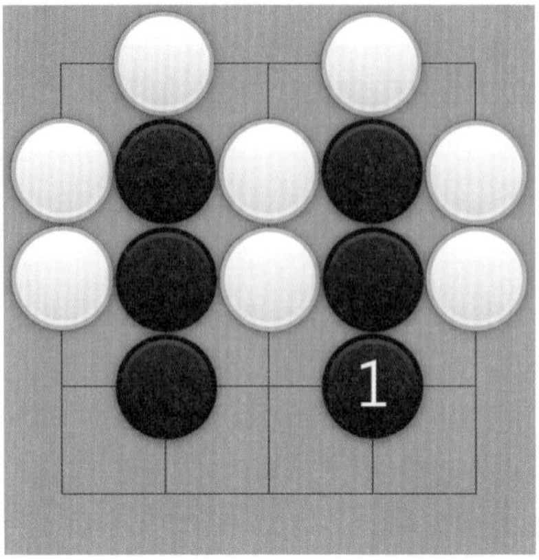

정답으로 가기 위해 꼭 두어야 하는 수는 흑 ❶로 오른쪽에 있는 흑돌 2개를 살리는 수입니다.

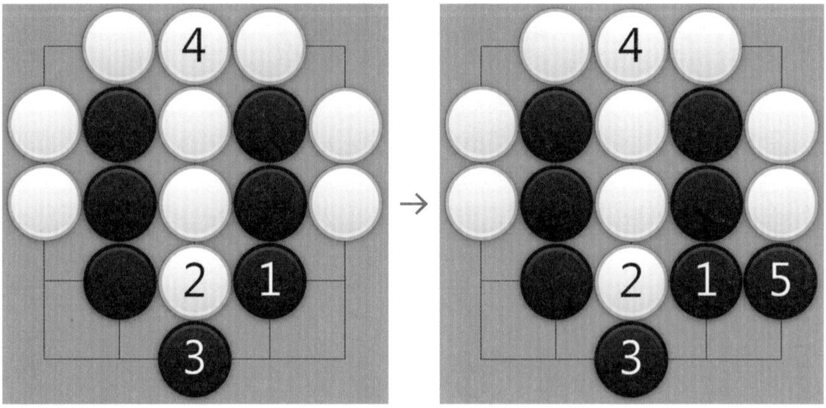

문제는 이 다음에 이어지는 진행입니다. 백이 ②로 찌르면 흑은 ❸으로 단수를 칩니다. 그다음 백은 ④로 이을 수밖에 없는데, 이때 예시와 같이 흑 ❺로 무심코 막으면 절대로 안 됩니다.

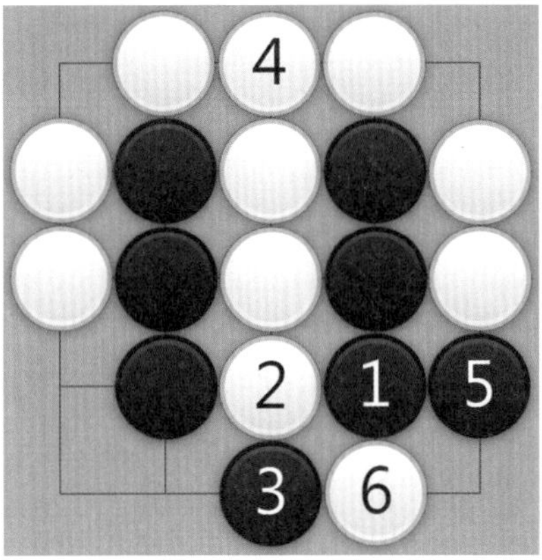

이렇게 백이 ⑥으로 두는 반격의 수가 있기 때문입니다. 이제 흑은 백 ⑥을 따낼 수가 없는 모양이 되었습니다.

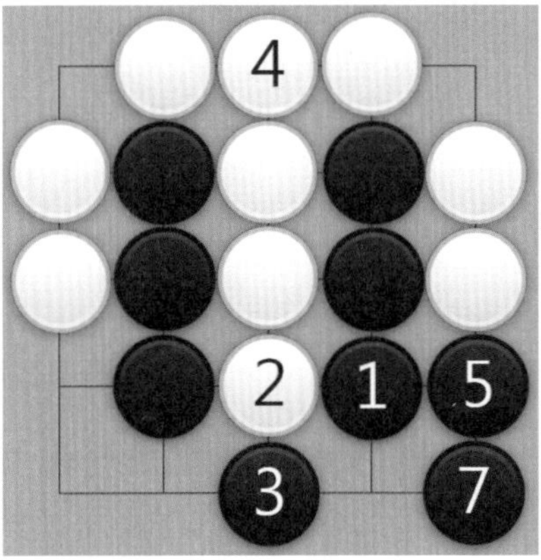

→

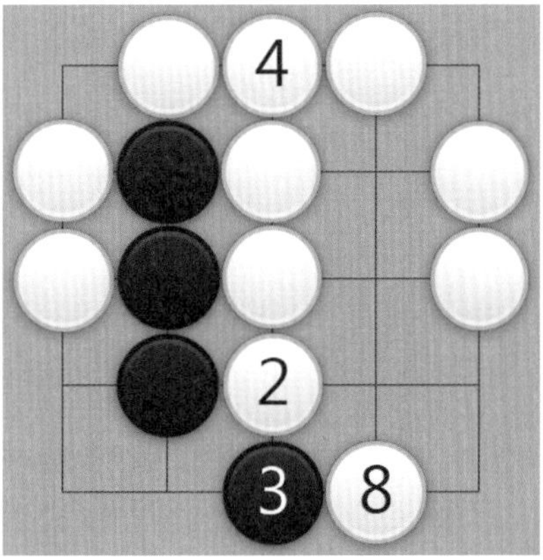

만약 흑 ❼로 백 ⑥을 따내면, 백 ⑧로 오른쪽에 있는 흑돌이 모두 잡히기 때문입니다.

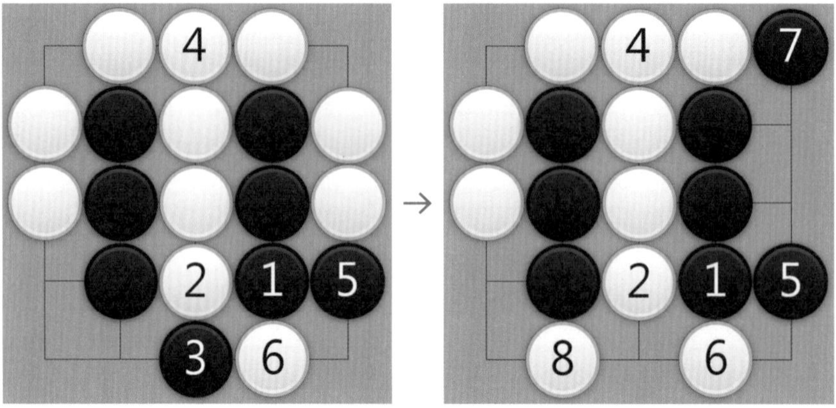

흑은 ❼로 오른쪽에 있는 백돌 2개를 따내는 것이 최선이지만, 그다음 백이 ⑧로 흑 ❸을 따내면 결국 흑이 패배하게 됩니다.

2도 정답

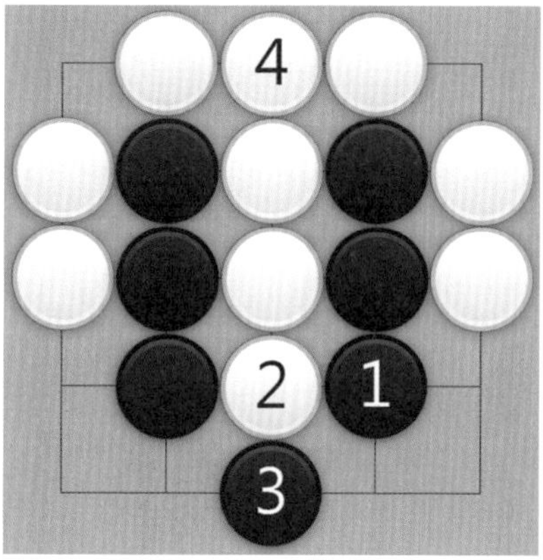

그렇다면 여기에서 흑 ❺를 어떻게 두어야 무승부를 만들 수 있을까요?

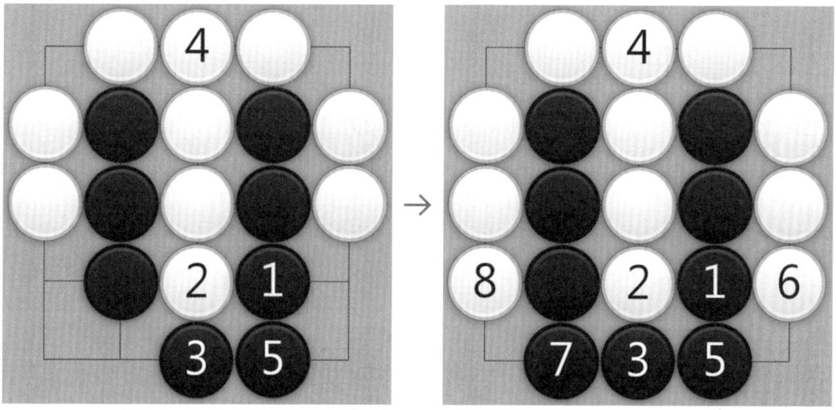

흑 ❺를 가만히 잇는 것이 올바른 선택입니다. 백이 ⑥으로 둔 이후에 흑 ❼로 잇는 것도 중요합니다. 이렇게 되면 백이 ⑧로 두었을 때 빅으로 마무리되어 무승부가 됩니다. 만약에 흑 ❼을 백 ⑧자리에 두어 왼쪽에 있는 백돌 2개를 단수치면 어떻게 될까요?

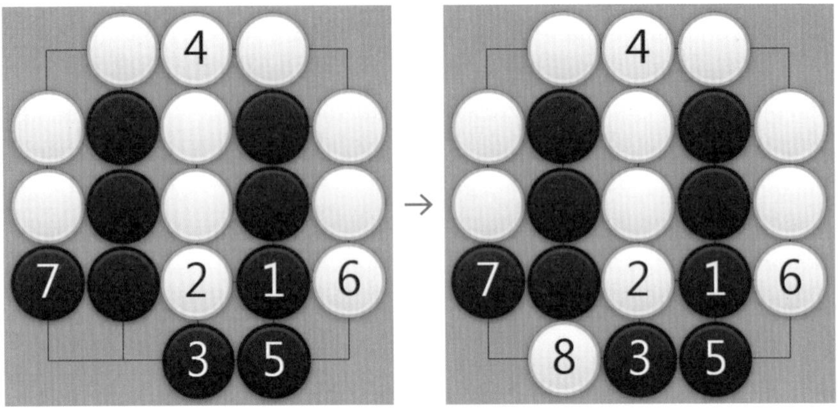

흑 ❼로 왼쪽에 있는 백돌 2개를 단수치면 백은 잇지 않고 ⑧로 흑을 양단수치게 됩니다.

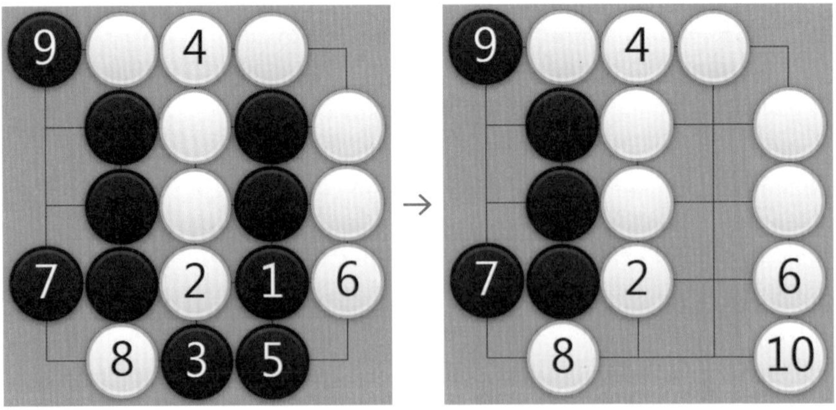

이어서 흑이 ❾로 왼쪽에 있는 백돌 2개를 따내도, 백은 ⑩으로 흑돌 5개를 모두 따내기 때문에 흑의 패배가 됩니다. 따라서 흑 ❼로는 앞서 보여드렸던 것처럼 가만히 잇고 참는 것이 정답으로 가는 좋은 선택이 됩니다.

TIP 때로는 공격을 참고 내 약점을 먼저 보강하는 것이 현명합니다.

문제 ❸

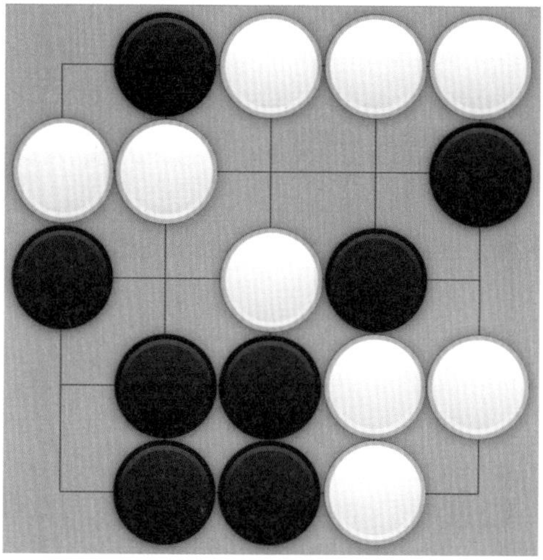

흑 차례 | 승리하기

1도 실패

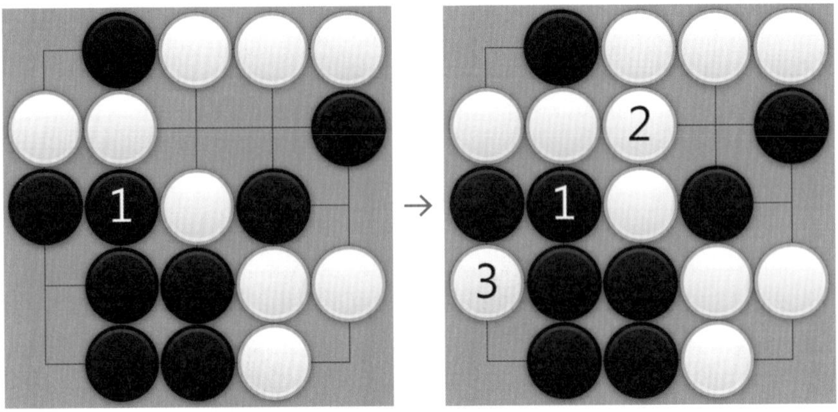

흑 ❶로 백을 단수치는 것은 방향 착오입니다. 백이 ②로 이으면 그다음 흑은 어디에 두어도 스스로 단수를 맞기 때문에 일부러 패스를 할 수밖에 없습니다. 하지만 이 역시도 백이 ③으로 두면 흑은 포로로 잡히게 됩니다.

2도 실패

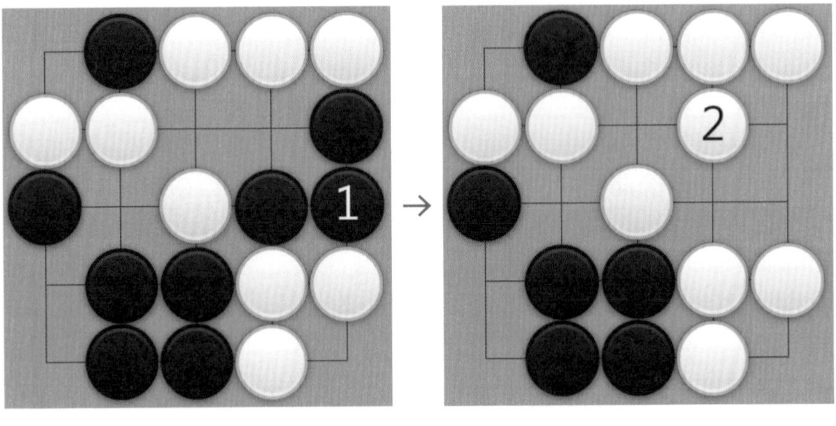

흑 ❶을 예시와 같이 두는 수도 백 ②로 잡히기 때문에 역시 실패입니다.

3도 실패

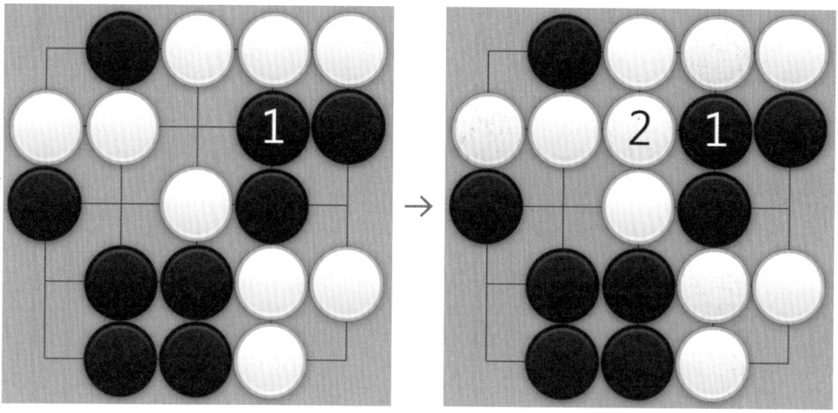

흑 ❶로 오른쪽 위에 있는 백돌 3개를 단수치는 수도 실패입니다. 그다음 백은 당연히 ②로 돌을 연결할 것입니다.

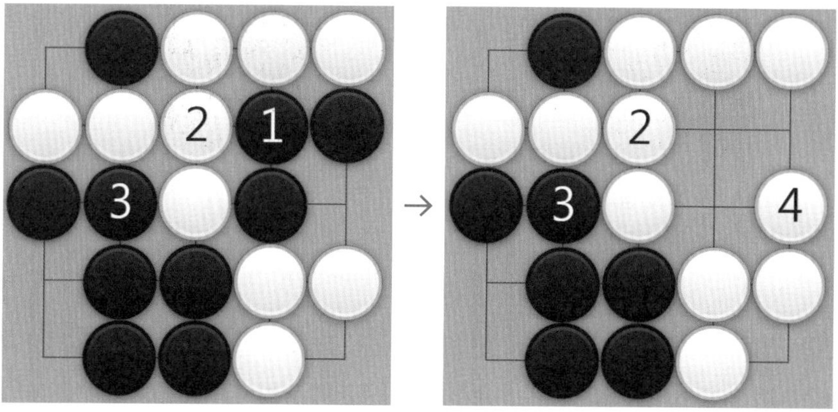

흑이 ❸으로 백을 단수쳐도 백 ④로 오른쪽에 있는 흑돌 3개를 따내면 흑이 아쉽게 패배하고 맙니다.

4도 정답

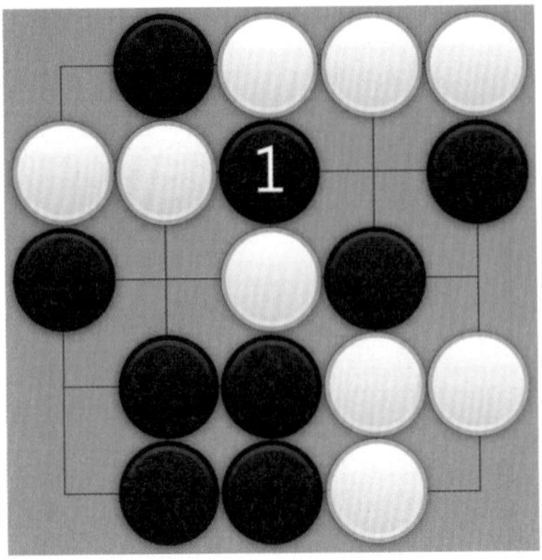

예시와 같이 흑 ❶로 두는 수가 정답입니다. 이는 자신의 돌을 일부러 상대에게 주면서 더 큰 이득을 얻는 수라고 할 수 있습니다.

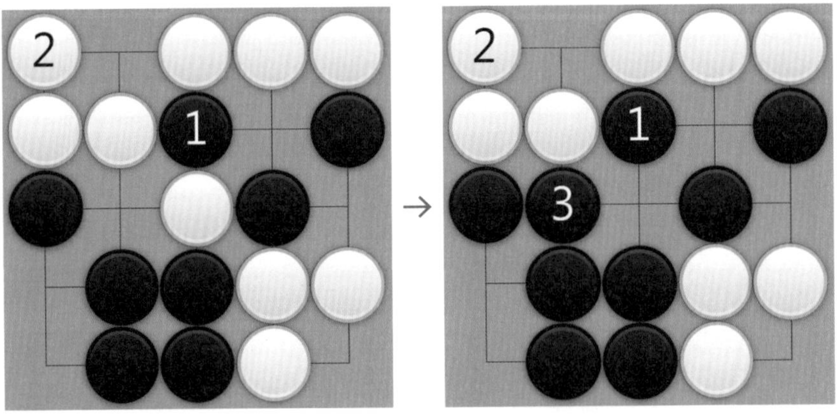

백은 어쩔 수 없이 ②로 위쪽에 있는 흑돌 1개를 따내야만 합니다. 하지만 흑이 ❸으로 두면 가운데에 있는 백돌 1개를 따내면서 백 전체를 가두는 모양을 만들게 됩니다. 흑의 급소 공격 한방으로 멋진 승리를 얻어내는 장면입니다.

문제 ❹

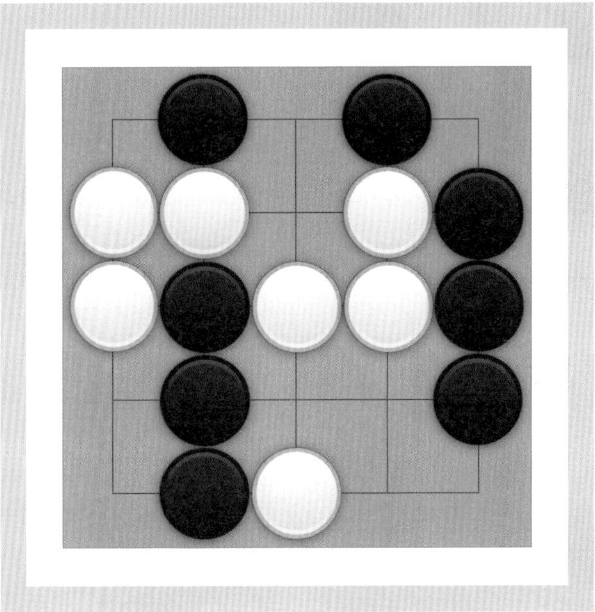

흑 차례 | 승리하기

해설

1도 실패

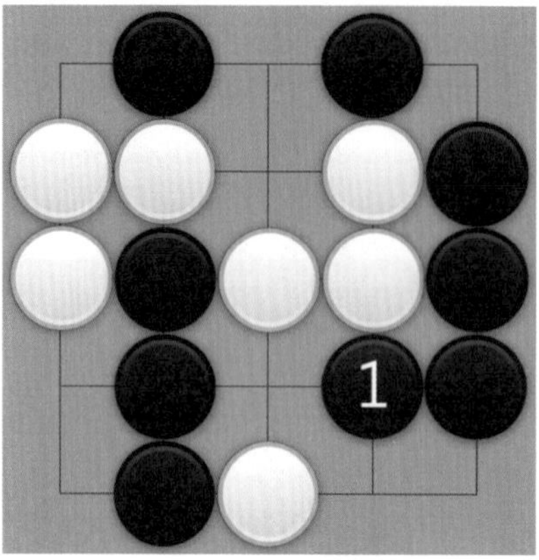

예시와 같이 흑 ❶로 백을 조이는 수는 실패의 수입니다.

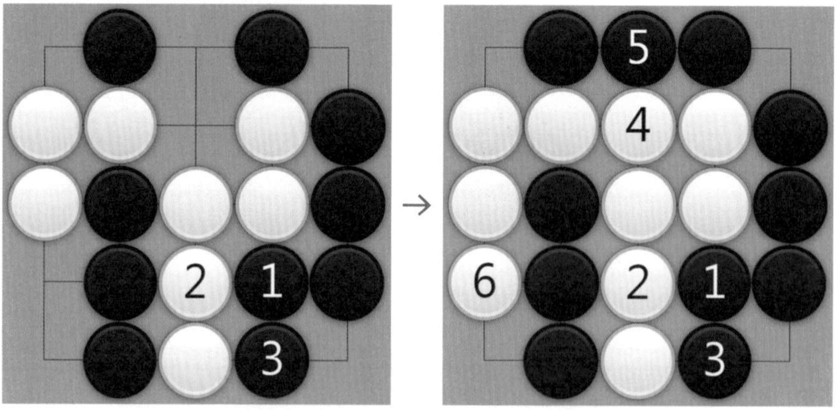

백이 ②로 이으면 흑이 ❸으로 단수쳐도 백 ④ 이후에 형세가 매우 불리해집니다. 백 ⑥까지 수가 이어지면 흑돌은 곧 잡힐 운명에 처합니다.

2도 실패

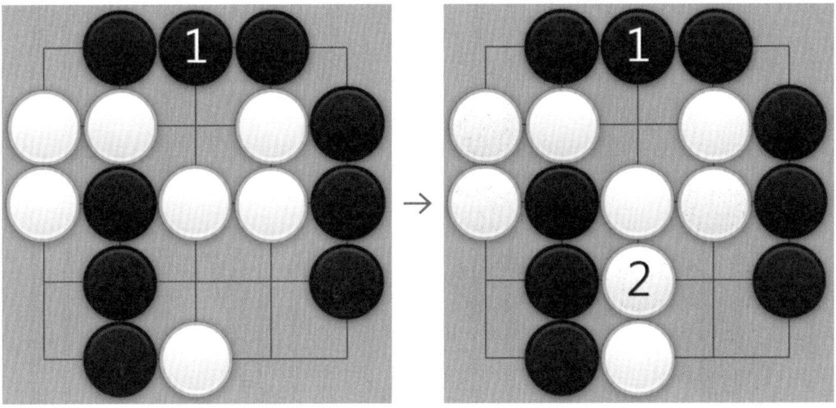

흑 ❶로 돌을 이으면 백도 ②로 자신의 돌을 이어버립니다.

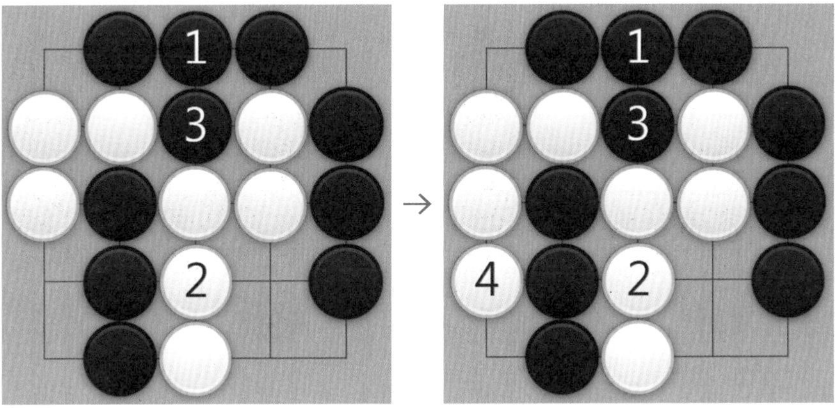

그다음 흑이 ❸으로 끊어가려 해도 백이 ④로 왼쪽에 있는 흑돌 3개를 단수치면, 튼튼한 숨구멍이 없는 흑이 패배하게 됩니다.

3도 정답

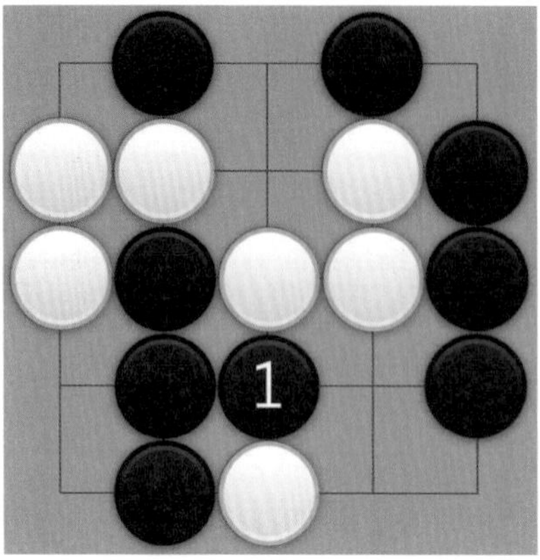

예시와 같이 흑 ❶로 끊으면서 단수치는 것이 정답의 수입니다.

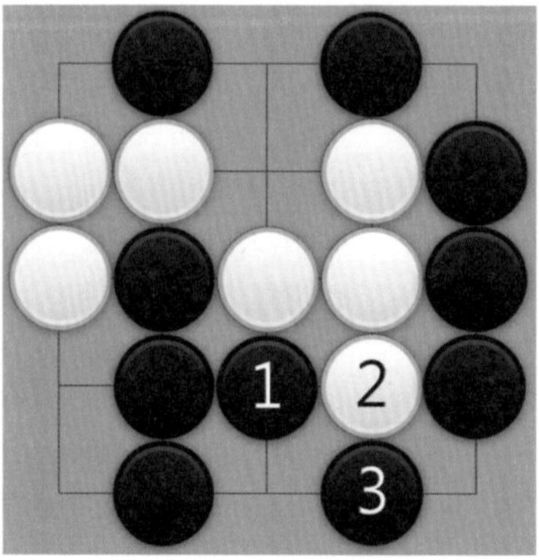

→

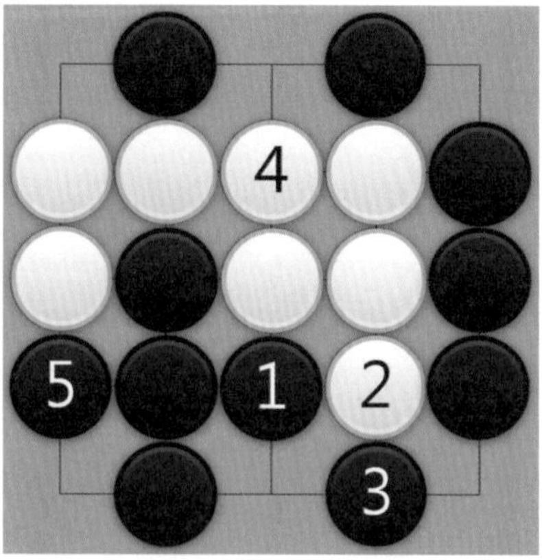

백이 ②로 끊어도 흑은 ❸으로 단수를 칩니다. 그다음 백이 ④로 이으면 흑은 ❺로 백돌을 전부 가두면서 승기를 가져오게 됩니다. 이후 백은 패스를 할 수밖에 없는데, 흑은 마음만 먹으면 차례로 백을 위협할 수 있습니다.

TIP 단수를 만드는 모양을 잘 살펴보세요!

문제 ❺

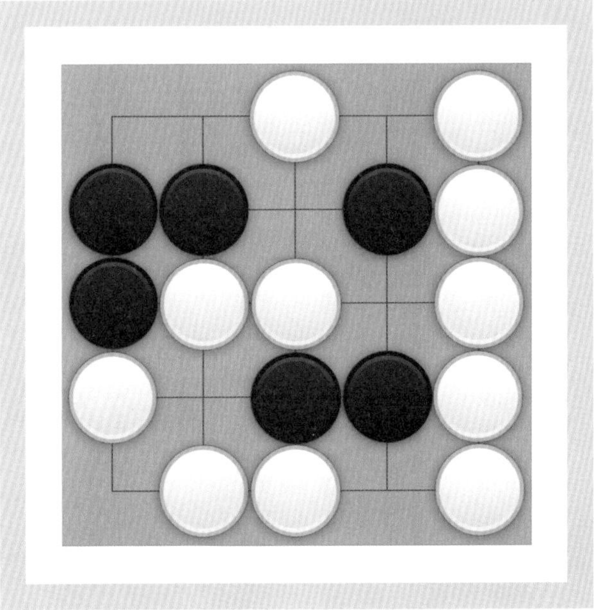

흑 차례 | 승리하기

1도 실패

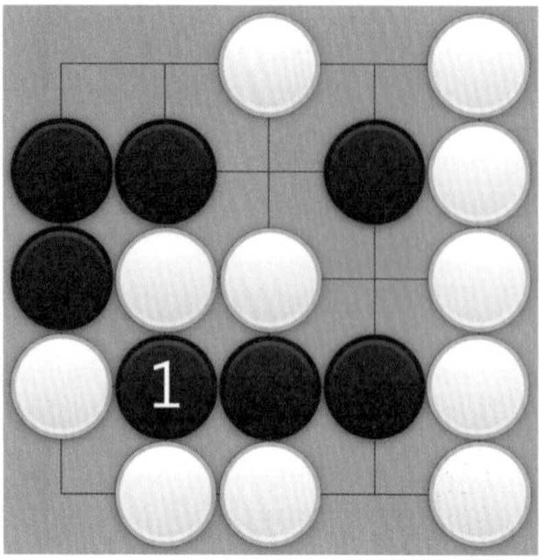

흑 ❶로 백을 끊는 수는 실패의 수입니다.

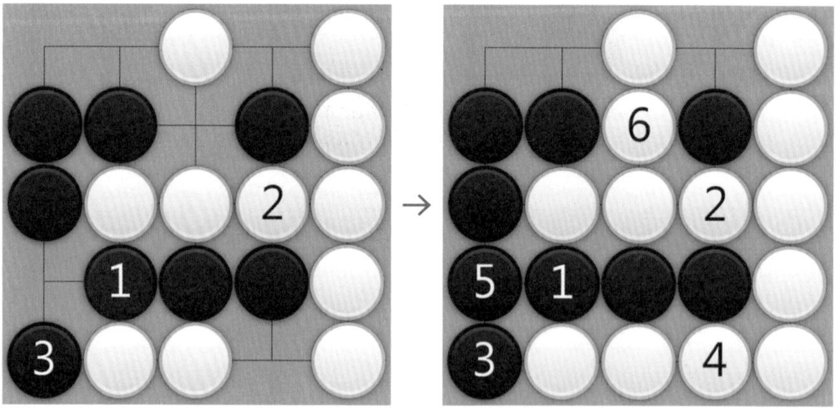

백이 ②로 이으면 흑은 ❸으로 왼쪽 아래에 있는 백돌 1개를 따낼 수가 있습니다. 하지만 백이 ④로 이으면 그다음 흑을 ❺로 이을 수밖에 없다는 것이 치명적인 약점입니다. 이후에 백이 ⑥으로 두면 결국 흑은 패배를 선언할 수밖에 없습니다.

2도 실패

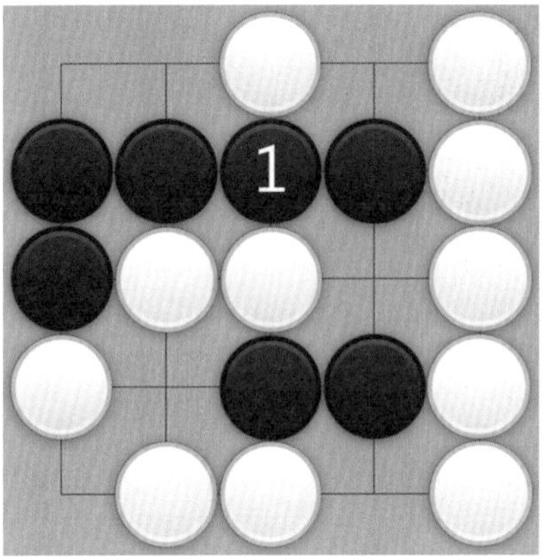

예시와 같이 흑 ❶로 두는 수도 실패입니다.

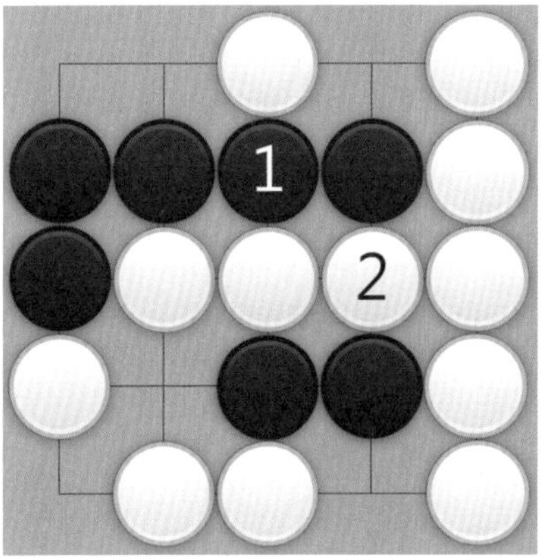

→

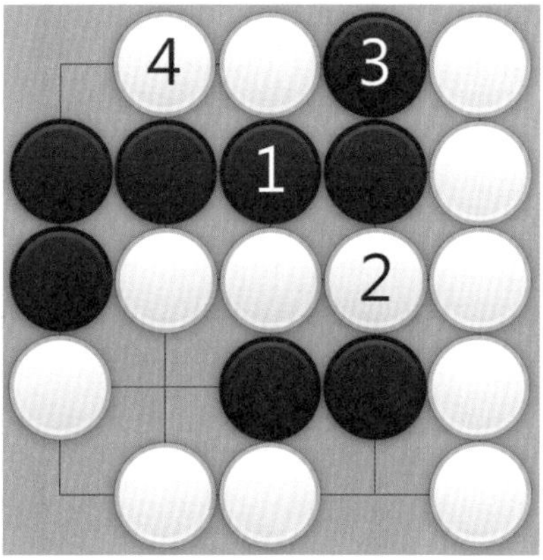

백이 ②로 이으면 흑이 ❸으로 단수를 쳐도 백 ④로 공격을 받기 때문입니다.

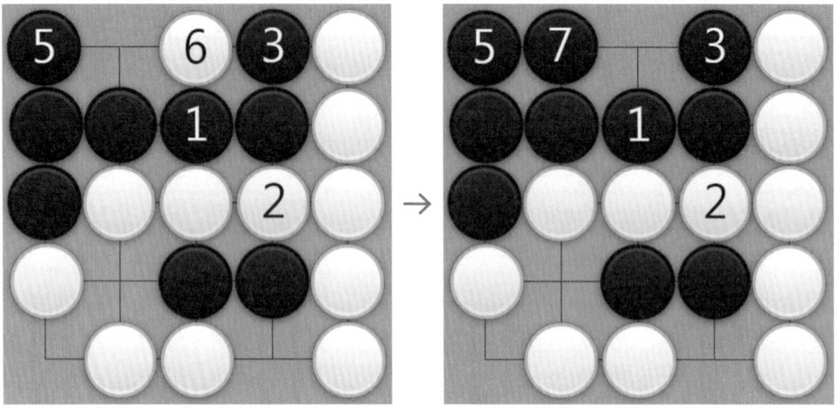

이후에 흑이 ❺로 위쪽에 있는 백돌 2개를 따내도 바로 백에게 ⑥으로 먹여치기를 당하게 됩니다. 그다음 흑이 ❼로 백 ⑥을 따내면, 다음 차례에 백에게 흑돌 8개를 잡히고 맙니다.

3도 정답

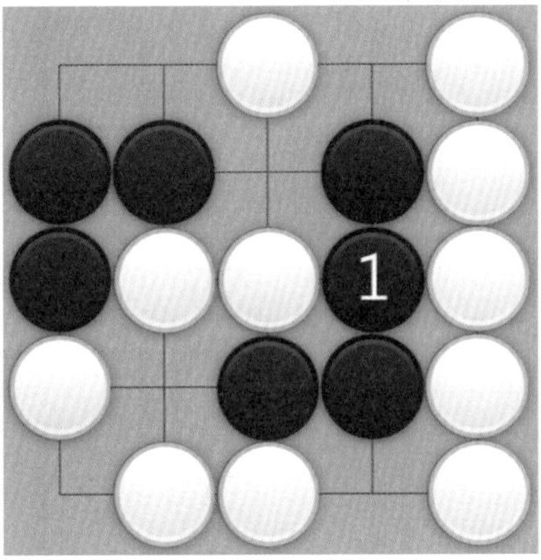

정답은 흑 ❶로 급소 자리를 노리는 것입니다.

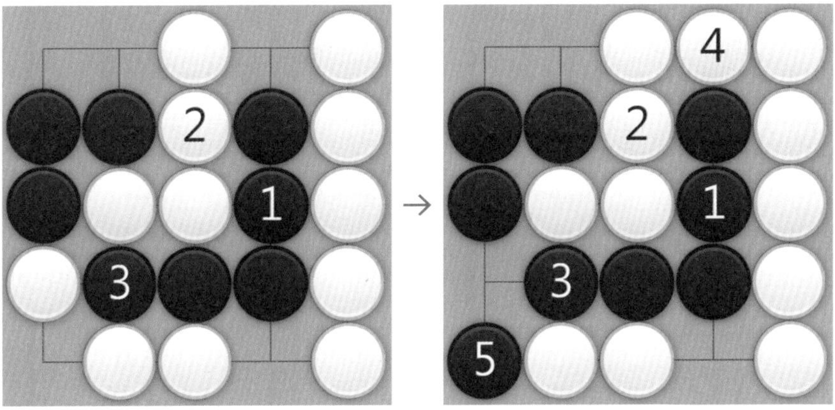

백이 ②로 흑의 연결을 차단하려고 하면 흑은 ❸으로 끊어갑니다. 백은 왼쪽의 백돌을 이을 수가 없기 때문에 ④로 반격하는 것이 최선인데, 이때 흑은 가만히 ❺로 왼쪽에 있는 백돌 1개를 따내면 됩니다. 이후에는 백이 이을 때 모두 잡히는 모양이 되기 때문에 흑의 승리가 됩니다.

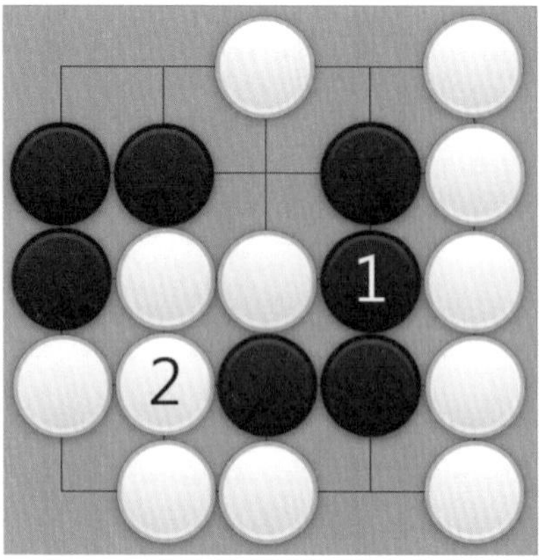

만약 백이 ②를 아래쪽으로 이으면 흑 ❸을 어떻게 두어야 할까요?

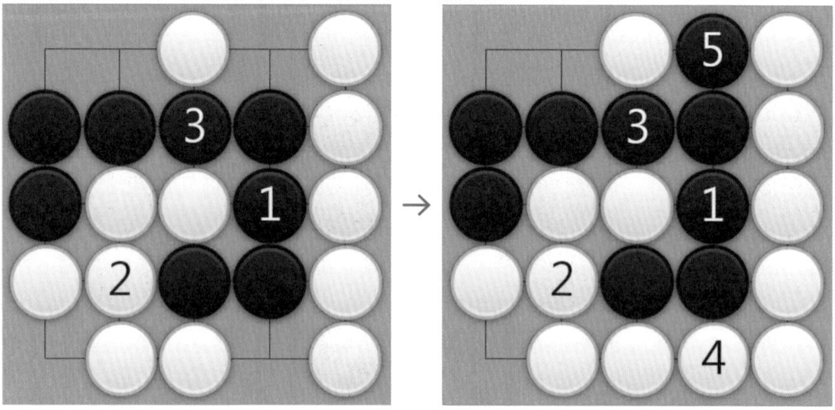

이 경우에는 흑 ❸을 예시와 같이 이으면 간단하게 해결됩니다. 백이 ④로 아래쪽을 연결해도 흑이 ❺로 단수치면 백은 패배를 선언할 수밖에 없습니다.

문제 ❻

흑 차례 | 승리하기

1도 실패

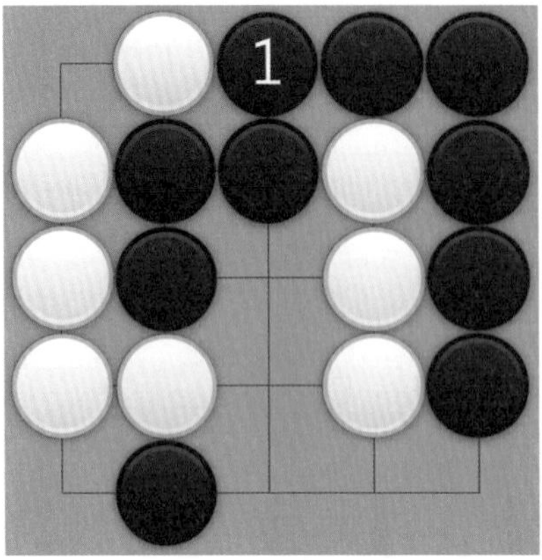

흑 ❶로 이어서 백을 공격하는 수는 실패입니다.

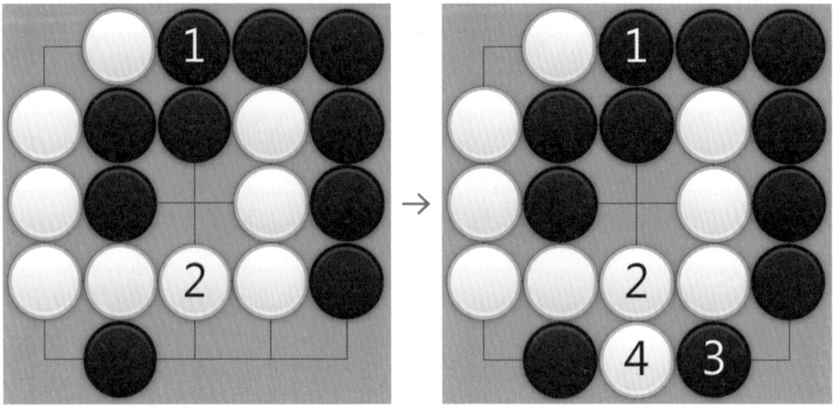

백이 ②로 이으면 흑이 ❸으로 두어도, 백은 ④로 차단하면서 튼튼한 숨구멍을 만들 수 있게 됩니다.

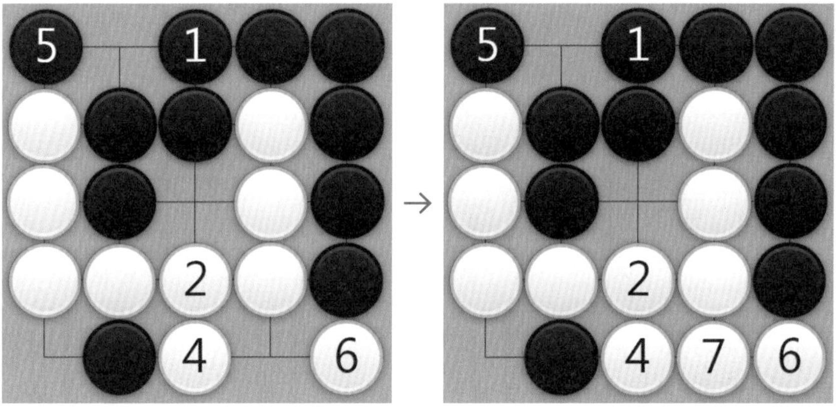

흑이 ❺로 왼쪽 위에 있는 백돌 1개를 따내면 백도 ⑥으로 흑 ❸을 따내게 됩니다. 이제 흑이 이으면 모두 잡히기 때문에 패스를 할 수밖에 없는데, 이마저도 백이 ⑦로 이으면 흑의 패배가 됩니다.

2도 정답

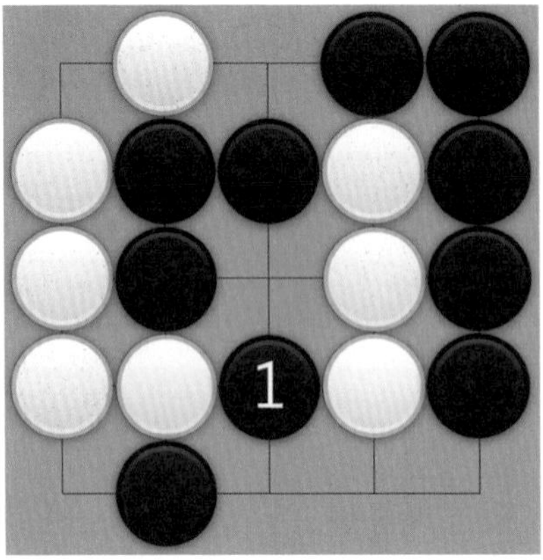

예시와 같이 흑 ❶로 급소를 찌르는 것이 정답의 수입니다.

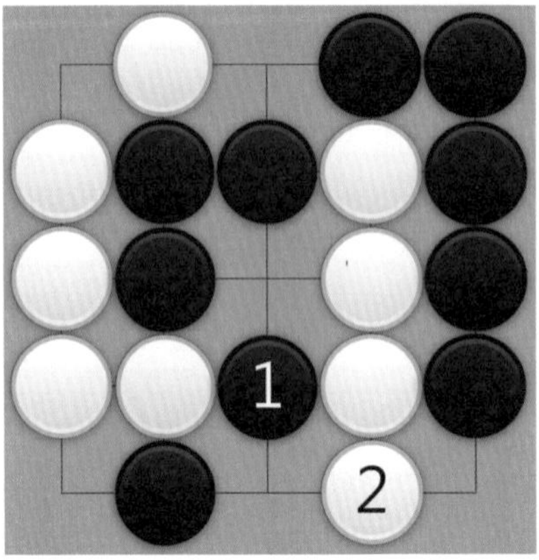

→

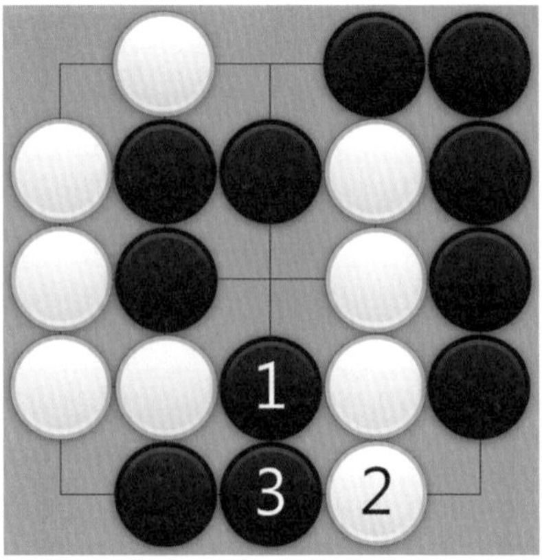

백은 ②로 뻗는 수가 최선이지만 흑이 ❸으로 두면 그다음 백은 둘 곳이 마땅치 않게 됩니다. 어디에 두어도 흑에게 잡히기 때문이지요. 반면에 흑은 그다음 차례에 백을 단수치면서 승리하게 됩니다.

TIP 급소를 노리는 치명적인 한방이 퍼즐의 승패를 좌우합니다.

문제 ❼

흑 차례 | 승리하기

1도 실패

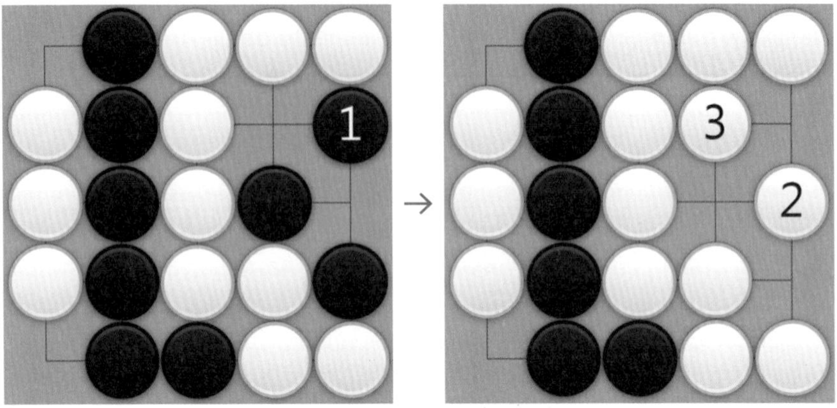

흑 ❶로 단수치는 수는 실패입니다. 백이 ②로 오른쪽 아래에 있는 흑돌 1개를 따내면 이후에 흑은 마땅한 응수가 없습니다. 어디에 두어도 다음 차례에 백에게 잡히기 때문이죠. 만약에 흑이 일부러 패스를 한다면 백은 ③으로 흑돌 2개를 더 따내게 됩니다. 이후에는 서로 패스를 할 수밖에 없는 빅이 되는데, 이때 백만이 포로를 3개 잡았기 때문에 흑이 패배하고 맙니다.

2도 정답

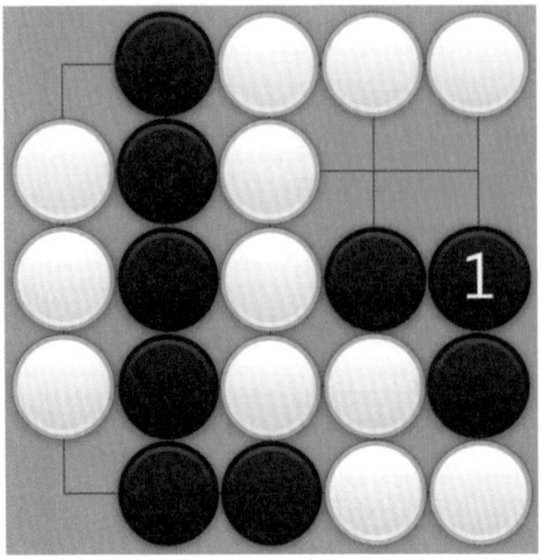

흑이 승리할 수 있는 유일한 수는 예시와 같이 흑 ❶로 두는 것입니다. 왼쪽은 이미 서로 유리하지도 불리하지도 않은 빅의 모습이고, 오른쪽도 언뜻 빅처럼 보여서 무승부인 것처럼 보이지만 오른쪽과 왼쪽의 모습은 확연한 차이가 있습니다.

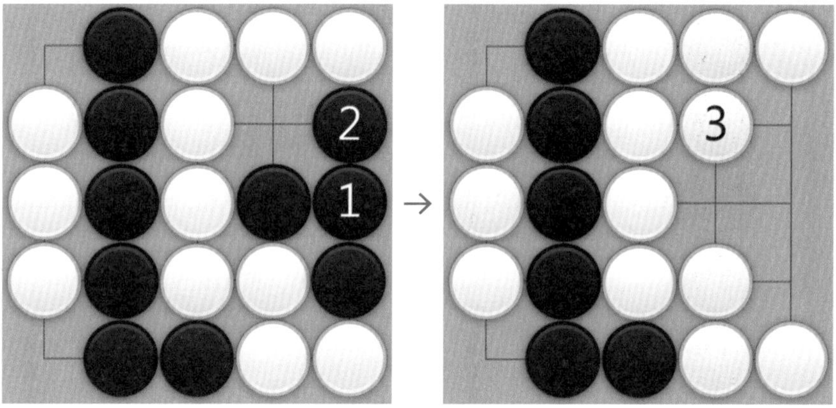

흑 ❶ 이후에는 백이 둘 곳이 마땅치가 않습니다. 어디에 두어도 스스로 단수가 되는 모양이기에 일부러 두지 않고 패스를 하게 됩니다. 그다음 흑이 ❷로 자신의 돌을 키워서 백을 단수치면, 백은 ③으로 오른쪽에 있는 흑돌 4개를 따냅니다.

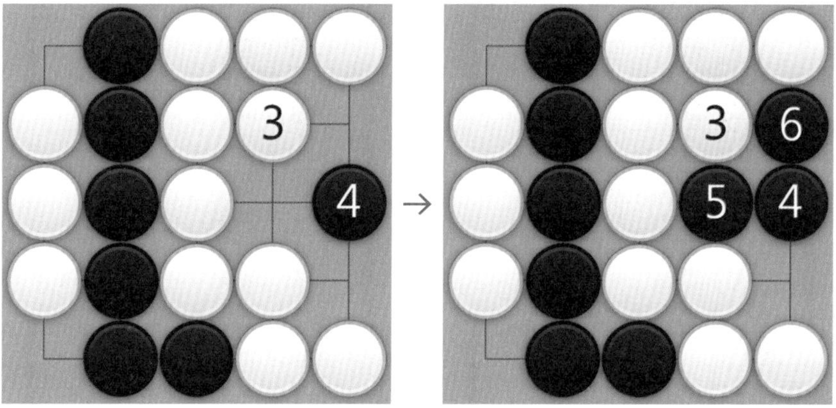

지금부터가 중요합니다. 흑의 입장에서는 ❹로 두는 수가 백의 급소를 찌르는 수이기에 반드시 두어야 하는 자리입니다. 이후에 백은 이미 포로를 따낸 상황이고 더 두어도 이득이 없기에 계속 패스를 할 가능성이 높습니다. 이때 흑은 ❺와 ❻을 연속으로 두어 백을 단수칩니다.

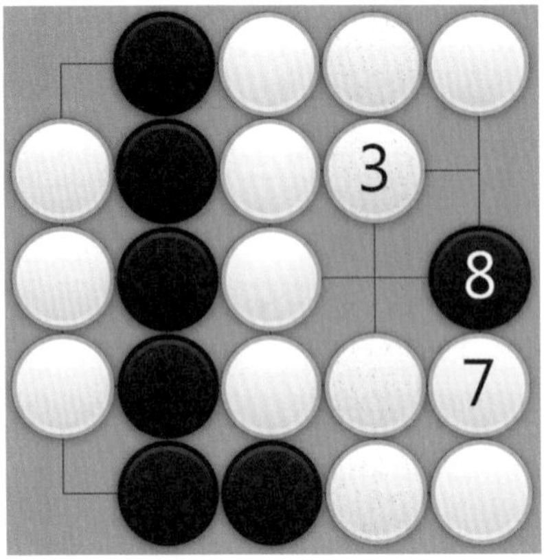

백은 어쩔 수 없이 ⑦로 오른쪽에 있는 흑돌 3개를 따냅니다. 이때 흑은 다시 ❽로 급소 자리를 노립니다. 여기까지 흑은 7개의 포로를 상대에게 헌납한 상황이지만, 사실은 이 모든 것이 계산된 희생 전략입니다.

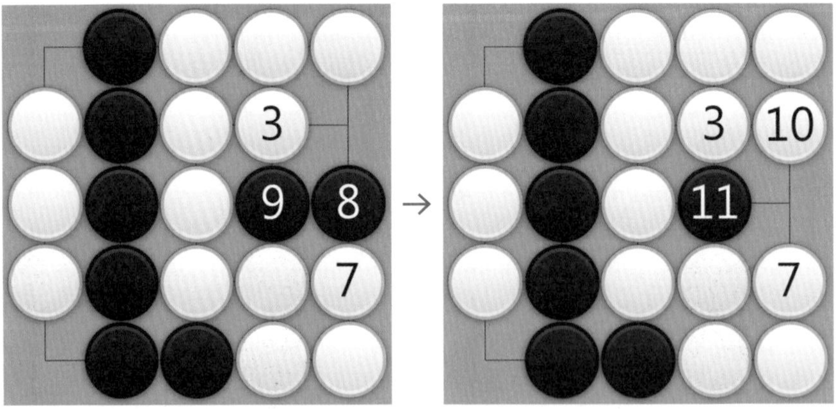

백이 패스를 하면 흑은 다시 ❾로 둡니다. 백이 ⑩으로 흑돌 2개를 또 따내면 다시 흑 ⓫로 둡니다. 여기까지 왔다면 이제 보이실 겁니다. 백이 흑 ⓫을 따내면 흑은 이내 오른쪽에 있는 백돌을 모두 따내게 되어 승리를 가져갈 수 있습니다. 흑이 많은 돌을 희생했지만, 결국에는 백돌 전체를 잡으면서 퍼즐을 해결하는 멋진 과정이라고 할 수 있습니다.

TIP	때로는 나의 돌을 키워서 포로로 만들게 한 후에 상대방의 돌 전체를 잡는 작전이 유효할 때가 있습니다.

문제 ❽

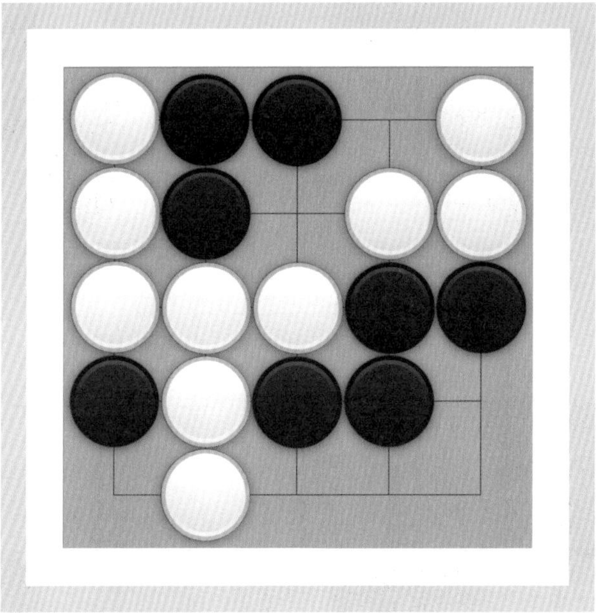

흑 차례 | 승리하기

1도 실패

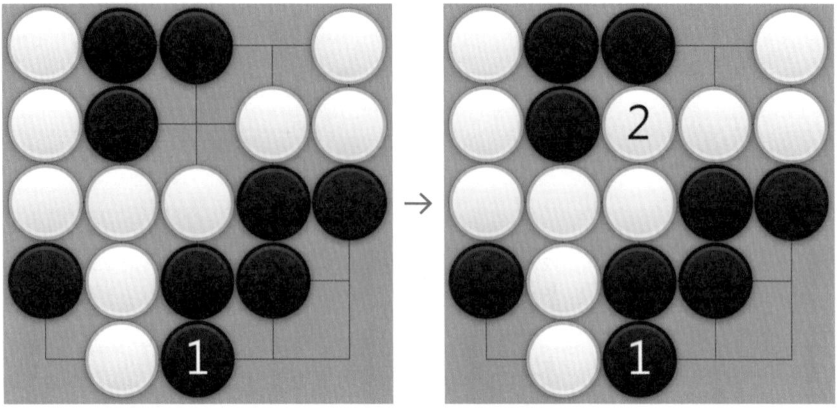

흑 ❶로 두는 수는 간단하게 실패하고 맙니다. 백이 ②로 잇는 순간, 흑돌 3개가 단수를 맞기 때문이지요.

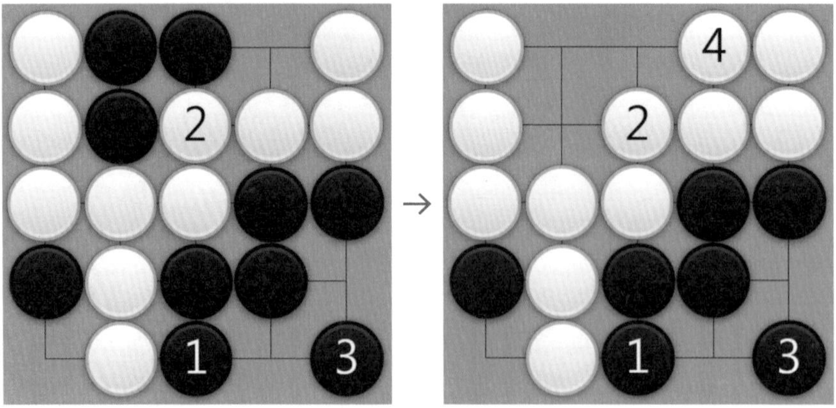

이후에 흑이 ❸으로 튼튼한 숨구멍을 2개 만들더라도 백 ④로 흑돌 3개를 잡아 버리면 흑이 패배하고 맙니다.

2도 정답

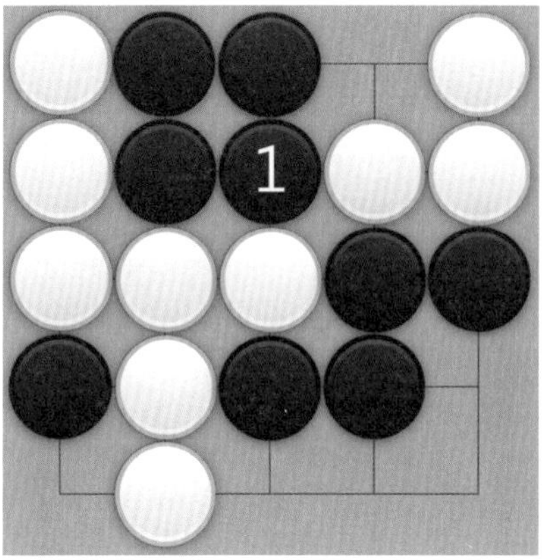

정답으로 가는 첫 번째 수는 흑 ❶로 가만히 웅크려서 스스로 단수를 맞는 수입니다.

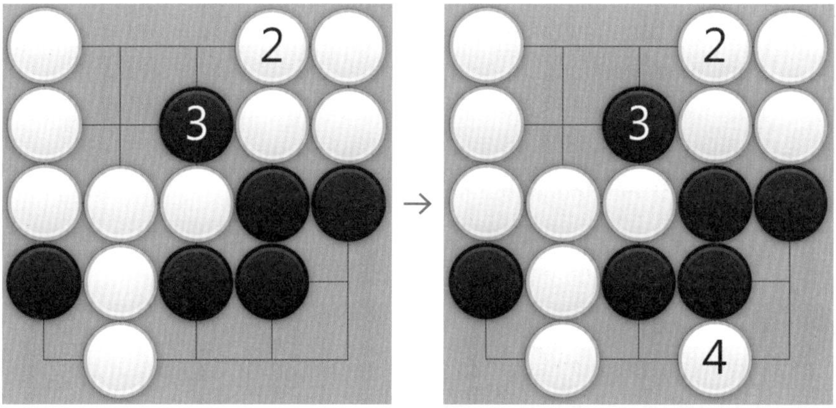

백은 당연히 고마워하며 ②로 흑돌 4개를 따내게 됩니다. 그런데 흑에게는 그 다음 차례에 준비된 수가 있습니다. 바로 흑 ❸으로 다시 백돌을 끊는 수입니다. 이렇게 되면 백은 도망갈 곳이 없어집니다. 남아있는 유일한 틈인 흑 ❸의 위로 두어도 흑에게 모두 잡히기 때문입니다. 백이 반격할 수 있는 유일한 자리는 아래쪽 백 ④의 자리입니다.

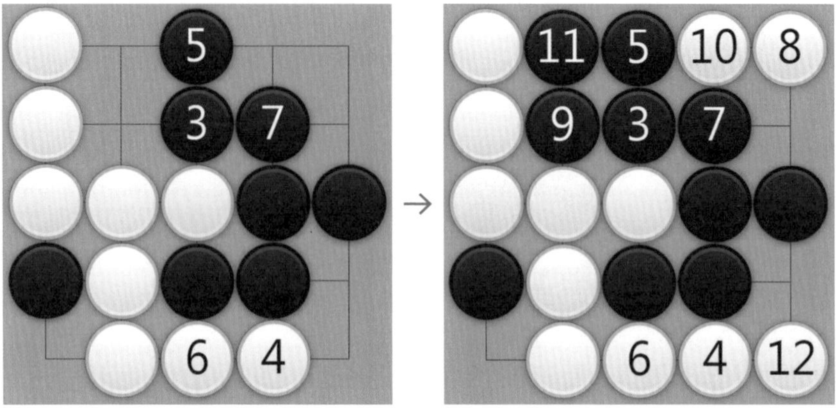

이어 흑이 ❺로 백돌 4개를 따내고 백은 ⑥으로 잇게 되는데, 흑이 튼튼한 숨구멍을 만들기 위해 ❼로 두면 백은 흑이 숨구멍 2개를 만들지 못하도록 ⑧로 막습니다.

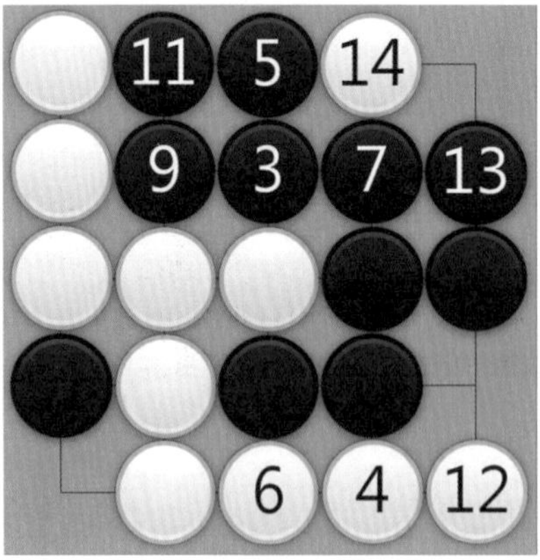

이후 백 ⑭까지 수가 이어지면 빅이 되는데, 이때 포로를 2개 더 잡은 흑이 승리하게 됩니다.

TIP '후절수'를 이용한 공격은 '새옹지마'의 격언을 떠올리게 합니다.

세계 바둑대회의 역사

현대에 접어들면서 바둑은 새로운 변화를 맞이했습니다. 지난 1988년에는 처음으로 세계 바둑대회가 개최되었는데, 이 대회가 만들어진 배경에는 다음과 같은 이야기가 있다고 합니다. 대만의 재벌인 '응창기'씨가 소위 응씨룰로 세계 바둑대회를 만든다는 소문이 돌면서, 당시만 해도 세계 바둑의 중심이었던 일본이 '최초의 세계 바둑대회'라는 타이틀을 대만에게 빼앗길까 두려워 황급히 추진해서 대회를 만들었다는 이야기입니다. 그 대회가 바로 일본 후지쯔사의 후원을 받아 실시된 '후지쯔배 세계 바둑대회'입니다. 1회 우승자인 다케미야 마사키 9단을 비롯하여 수많은 스타들을 배출한 대회이죠.

그 후에 응씨배(1988년~현재), 동양증권배(1988년~1998년), LG배(1996년~현재), 삼성화재배(1996년~현재), 춘란배(1999년~현재), 농심 신라면배(1999년~현재) 등 수많은 대회가 만들어져 지금까지도 이어지고 있습니다. 물론 그중에는 현재 중단된 대회도 있지만, 여전히 많은 대회가 성황리에 진행 중이며 꾸준히 세계 바둑대회가 신설되고 있습니다.

최근에는 천부배 세계 바둑대회, 오청원배 세계 여자바둑대회 등이 추가로 신설되어 더욱 다양한 대회들이 수많은 바둑애호가들의 눈을 즐겁게 하고 있습니다.

미니 바둑 퍼즐

1판 1쇄 | 2019년 2월 25일
지 은 이 | 전기현
발 행 인 | 김인태
발 행 처 | 삼호미디어
등 록 | 1993년 10월 12일 제21-494호
주 소 | 서울특별시 서초구 강남대로 545-21 거림빌딩 4층
www.samhomedia.com
전 화 | (02)544-9456(영업부) (02)544-9457(편집기획부)
팩 스 | (02)512-3593

ISBN 978-89-7849-595-0 (13690)

이 도서의 국립중앙도서관 출판예정도서목록(CIP)은
서지정보유통지원시스템 홈페이지(http://seoji.nl.go.kr)와
국가자료공동목록시스템(http://www.nl.go.kr/kolisnet)에서
이용하실 수 있습니다.
(CIP제어번호 : CIP2019003193)